Dossiers et Documents

Collection dirigée par
Martine Podesto

Du même auteur

Comment mettre la droite K.-O. en 15 arguments, Stanké, 2012.
Troisième millénaire : Bilan final – Chroniques impertinentes de Jean-François Lisée, Stanké, 2011.
Pour une gauche efficace, Boréal, 2008.
Nous, Boréal, 2007.
Sortie de secours – Comment échapper au déclin du Québec, Boréal, 2000.
Le Tricheur – Robert Bourassa et les Québécois, 1990–1991, Boréal, 1994.
Le Naufrageur – Robert Bourassa et les Québécois, 1991–1992, Boréal, 1994.
Les prétendants : Qui sera le prochain premier ministre du Québec, Boréal, 1993.
Dans l'œil de l'aigle : Washington face au Québec, Boréal, 1990.
Carrefours Amérique, coll. Papiers collés, Boréal, 1990.

COLLECTIF
Imaginer l'après-crise : Pistes pour un monde plus juste, équitable, durable, Boréal, 2009.

LE PETIT TRICHEUR

TRICHEUR

ROBERT BOURASSA DERRIÈRE LE MASQUE

Catalogage avant publication de Bibliothèque et Archives nationales du
Québec et Bibliothèque et Archives Canada

Lisée, Jean-François
Le petit tricheur : Robert Bourassa derrière le masque
(Dossiers et documents)
ISBN 978-2-7644-2170-3
1. Bourassa, Robert, 1933-1996. 2. Québec (Province) - Politique et gouver-
nement - 1960-   . 3. Canada - Politique et gouvernement - 1984-1993.
4. Québec (Province) - Histoire - Autonomie et mouvements indépendantistes.
5. Premiers ministres - Québec (Province) - Biographies. I. Titre.
II. Collection : Dossiers et documents (Éditions Québec Amérique).
FC2925.1.B68L572 2012   971.4'04092   C2012-940180-3

Conseil des Arts   Canada Council
du Canada   for the Arts

SODEC
Québec ⬛⬛

Nous reconnaissons l'aide financière du gouvernement du Canada par l'entremise
du Fonds du livre du Canada pour nos activités d'édition.

Gouvernement du Québec – Programme de crédit d'impôt pour l'édition de
livres – Gestion SODEC.

Les Éditions Québec Amérique bénéficient du programme de subvention globale
du Conseil des Arts du Canada. Elles tiennent également à remercier la SODEC
pour son appui financier.

Québec Amérique
329, rue de la Commune Ouest, 3e étage
Montréal (Québec) Canada H2Y 2E1
Téléphone : 514 499-3000, télécopieur : 514 499-3010

Dépôt légal : 1er trimestre 2012
Bibliothèque nationale du Québec
Bibliothèque nationale du Canada

Projet dirigé par Martine Podesto en collaboration avec Myriam Caron Belzile
Révision linguistique : Chantale Landry
Mise en pages : Karine Raymond
Conception graphique : Nathalie Caron
En couverture : Photomontage réalisé à partir d'une photographie
    de Ron Kocsis / © Publiphoto

Cet ouvrage est une version abrégée des volumes *Le Tricheur* et *Le Naufrageur*,
écrits par Jean-François Lisée et publiés par Les Éditions Boréal en 1994.

Imprimé au Canada

JEAN-FRANÇOIS LISÉE

LE PETIT TRICHEUR

ROBERT BOURASSA DERRIÈRE LE MASQUE

Québec Amérique

CE QU'ILS AVAIENT DIT DU *TRICHEUR*

« [Lisée] *est le détective politique du Québec. Il est intelligent, éveillé, implacable et rigoureux. Il construit ses démonstrations méticuleusement, interroge suspects et témoins et examine les documents. [...] Le verdict sur* Le Tricheur *est donc : une autre superbe intrigue politico-policière de l'inspecteur Lisée.* »

DON MACPHERSON, *THE GAZETTE*

« *Je ne pouvais m'arracher à cette lecture. Au fait, l'expérience m'a rappelé l'adolescence, lorsqu'en quelques jours, j'ai dévoré tout Arsène Lupin.* »

PIERRE DE BELLEFEUILLE, *L'ACTION NATIONALE*

« *Meilleur que du Le Carré. Je l'ai lu en deux jours. Jean-François Lisée est non seulement un des journalistes les plus importants au Québec, mais aussi un de nos meilleurs écrivains.* »

FEU SYLVAIN LELIÈVRE, AUTEUR-COMPOSITEUR

« *Ça deviendra un classique. Je n'ai jamais lu un livre politique au Canada qui nous montre aussi bien ce qui se passe en coulisses, pas à pas.* »

WILLIAM JOHNSON, *THE GAZETTE*

« *À l'écrit comme au micro, Jean-François Lisée frappe et frappe fort. Il assume. Il a le courage de ses opinions et des faits qu'il rapporte. Il donne des noms, des dates, des lieux. Juste pour ça, juste pour cette plume en quête de vérité, je lui lève mon chapeau.* »

FRANCO NUOVO, *JOURNAL DE MONTRÉAL*

« *Ce livre constitue [...] un plaidoyer tragique pour le retour d'une certaine moralité en politique. Ce n'est pas vrai qu'on doit mentir effrontément et s'en vanter.* »

DANIEL LATOUCHE, *LE DEVOIR*

À ma lectrice favorite,
Marie Claude

TABLE DES MATIÈRES

CONCLUSION
UNE TRAGIQUE ERREUR DE *CASTING*

ÉPILOGUE

CHRONOLOGIE SOMMAIRE

MEMBRES DE LA TROUPE / QUE SONT-ILS DEVENUS ?

SOURCES

INDEX

REMERCIEMENTS

INTRODUCTION
EN FLÂNANT SUR L'AVENUE ROBERT-BOURASSA

Dix ans après le décès de Robert Bourassa, le maire de Montréal a voulu rebaptiser une avenue en son honneur. Pourquoi pas ? Bourassa fut élu quatre fois par les Québécois entre 1970 et 1993. Il a laissé sa marque dans notre histoire. Il pourrait aussi la laisser sur la carte.

Les journalistes qui m'appelaient pour recueillir mon opinion, pendant ce débat en 2006, étaient un peu interloqués. Ils croyaient qu'ayant publié deux livres très sévères sur le personnage, *Le Tricheur* et *Le Naufrageur*, j'allais m'opposer à cet hommage avec la dernière énergie. Mais je me déclarais au contraire d'accord avec le maire. J'ajoutais cependant une condition. S'il fallait qu'il y ait, à Montréal, une Avenue Robert-Bourassa, j'insistais pour qu'on aménage sur cette artère une Place des poètes emprisonnés.

Robert Bourassa a beaucoup géré la province en gardant fermement un pied sur le frein. Mais ses partisans comme ses détracteurs braquent, c'est normal, le projecteur sur ce qu'il a fait d'étonnant. On retient d'un homme politique ses paroles et ses décisions originales, hors norme.

Or pour le démocrate que je suis, la décision du premier ministre Robert Bourassa de faire emprisonner, une nuit d'octobre 1970, plusieurs centaines de personnes pour simple délit d'opinion et spécifiquement cinq poètes (dont Gérald Godin et Gaston Miron) fait sortir l'homme du rang. Du rang de tous les chefs d'État de démocraties occidentales depuis la

Seconde Guerre qui, jamais, n'ont suspendu les libertés civiles et, au grand jamais, n'ont mis de poètes en prison.

Du rang aussi des premiers ministres québécois. Seul Maurice Duplessis le talonne. Il a, comme Bourassa, emprisonné des syndicalistes. Il a aussi emprisonné des Témoins de Jéhovah. Mais, jamais, de poètes.

Réfléchissant avec le recul à ce que devrait être l'aménagement d'une artère portant le nom de l'ex-premier ministre, j'admets qu'il faudrait y prévoir un « carrefour de l'énergie ». Car sa décision, très risquée à l'époque, de lancer le titanesque projet de la Baie James fut, pour le développement du Québec, proprement formidable.

Mais il faudrait aussi planter à une intersection un de ces panneaux qu'on voit beaucoup sur les routes de France et où on lit : « Toutes directions ». Sur l'avenue Robert-Bourassa, le panneau pointerait vers une rue assez large qui, graduellement, se resserrerait pour, au final, aboutir sur un cul-de-sac.

Car si l'emprisonnement de poètes et le lancement des travaux de la Baie James sont les symboles forts des deux premiers mandats de Robert Bourassa (1970-1976), l'acharnement avec lequel le premier ministre a conduit le Québec tout entier dans un cul-de-sac politique lors de son retour (1985-1994) mérite de s'inscrire dans la toponymie.

Pourquoi revenir, en 2012, sur cette personnalité du siècle dernier ? Parce que nous soulignerons, en octobre, le 20e anniversaire du référendum qui marqua l'échec de l'immense volonté de changement alors exprimé au Québec et la plus grande défaite politique personnelle de Bourassa ?

Oui, en partie. En octobre 1992, les Québécois furent 57 % à rejeter l'accord dit de Charlottetown, qui prétendait offrir une version améliorée de la constitution imposée au Québec 10 ans plus tôt. Cette consultation populaire s'efface aujourd'hui dans l'histoire, plus généreuse avec celles de 1980 et 1995 sur la souveraineté. Octobre 1992 incarne surtout la mort du grand rêve de toute une famille politique du Québec, de la famille de Robert Bourassa : celui d'un pays, appelé Canada, qui accepterait enfin de s'adapter au fait national québécois.

Plus on s'éloigne des faits, plus on prend conscience que la fenêtre ouverte entre 1990 et 1992 pour donner au Québec un statut à sa mesure – à l'intérieur ou à l'extérieur du Canada – était historiquement précieuse. On sait maintenant que l'histoire n'a pas repassé les plats. Qu'elle n'a pas bégayé. Rien de ce qui était possible dans cette conjoncture bénie ne l'a été depuis, et ne semble pouvoir se représenter.

L'histoire québécoise du début du XXIᵉ siècle trouve donc une de ses principales racines dans ces années charnières. On ne peut comprendre le rapport des forces entre le Québec et le Canada (donc la faiblesse structurelle du Québec) si on ne replonge pas dans les événements de l'époque.

Robert Bourassa le dira le jour de sa démission comme premier ministre en septembre 1993 : « J'ai assumé le destin du Québec. » Assumé, c'est dire qu'il a pris sur lui de déterminer ce destin, malgré ou contre la volonté des uns et des autres.

Il a parfaitement raison, et nous sommes dans un de ces exemples historiques où la volonté d'un seul homme a réellement déterminé le cours des choses.

La responsabilité de Robert Bourassa, qui a patiemment et délibérément gaspillé la chance historique qui se présentait aux deux grandes familles politiques québécoises – fédéraliste et souverainiste –, n'en est que plus écrasante. Il a arnaqué les souverainistes pendant cette période. Certains diront que c'était dans sa définition de tâche, quoique, parmi ses dupes, on comptait une grande majorité de Québécois qui avaient eu le tort de croire en sa sincérité. Mais qu'il ait roulé les fédéralistes réformateurs dans la farine et brisé durablement leur élan, voilà qui est encore plus difficilement excusable.

Ce 20e anniversaire du référendum de 1992 n'est qu'un prétexte. Partisan de la transparence, je vous livre ici la vérité sur ce qui motive l'existence du livre que vous avez en mains.

La publication, en 1994, de mes livres *Le Tricheur* et *Le Naufrageur* et la diffusion d'un documentaire basé sur ces ouvrages* ont mis M. Bourassa, alors à la retraite, et ses partisans dans l'embarras.

Aucun proche de Robert Bourassa n'a, jamais, accepté de débattre des révélations du livre avec moi. M. Bourassa lui-même a promis aux journalistes de donner un jour « sa version » des faits, mais n'en a pas écrit une ligne, n'en a pas préparé même le canevas, avant de nous quitter en 1996.

Il n'a abordé la question que de façon incidente, dans une entrevue accordée au *Soleil*, où il me reprochait de n'avoir nulle part cité dans les 1 200 pages des deux ouvrages une lettre qu'il avait envoyée au premier ministre canadien Brian Mulroney et qu'il m'avait remise. Or la lettre y est longuement citée, accompagnée des commentaires de Bourassa qui en soulignait l'importance. Un mensonge de plus.

Jean-Claude Rivest, son conseiller de toujours, a publié en 1995 un document prenant la défense de son ancien patron, document dans lequel il admet que dans mes ouvrages, « toutes les citations sont vraies ». Ce qui était déjà tout un aveu, mon récit s'appuyant largement sur les témoignages des principaux acteurs, dont Rivest.

En effet, pendant plus de 200 heures d'entrevues réalisées entre 1990 et 1994, Robert Bourassa, ses conseillers, ses ministres, ses députés ont été avec moi d'une grande candeur. Au début parce qu'ils croyaient faire l'histoire, ensuite parce qu'ils voulaient se justifier de ne pas la faire. J'ai eu également accès à des milliers de pages de documents jusque-là confidentiels, du gouvernement, du Parti libéral, du gouvernement fédéral.

---

* On peut le visionner en ligne à **bit.ly/tricheur**

Pour la partie qui concerne le jeune Robert Bourassa, j'ai dépouillé la littérature existante, notamment celle produite au moment des faits, ajouté mes propres sources, et complété, pour cette édition, avec les nouveaux éléments mis au jour.

BOURASSA : L'OPÉRATION RÉHABILITATION

Les amis de Robert Bourassa souhaitent réhabiliter la mémoire de leur homme. C'est leur droit le plus strict et ils savent que, pour ce qui est de l'opinion publique au sens large, leur combat est déjà gagné.

Des sondages publiés en 2006 ont montré qu'une majorité de Québécois ont une image positive de Robert Bourassa. Je suis prêt à parier gros que, plus les années passeront, plus ce sera vrai. Les Québécois ont l'identité trop fragile pour accepter que plusieurs de leurs anciens premiers ministres aient été, pour l'essentiel, nuisibles à leur vie collective. Duplessis tient déjà ce rôle, et cela suffit amplement. Ajouter Bourassa, ce serait avouer que nous ne savons pas choisir nos chefs.

Mais les jardiniers de l'image de Robert Bourassa ne veulent pas se contenter de l'adhésion molle d'une plèbe oublieuse. Ils souhaitent mettre dans les bibliothèques et sur les ondes des œuvres solides faisant l'éloge de leur héros.

Ainsi, Radio-Canada a produit en 2005 une biographie radiophonique de l'homme qui sentait bon l'hagiographie et faisait complètement l'impasse sur son double-jeu pendant la période 1990-1992. « Ton livre l'avait assassiné, la série radio l'a encensé, les choses sont en équilibre », m'écrivit un jour un ami de Bourassa, Jacques Godbout, qui avait participé à l'opération de béatification.

L'ex-conseiller en communication de Robert Bourassa, Charles Denis, se livra ensuite à l'écriture d'une biographie en trois volumes (deux ont été publiés au moment d'écrire ces lignes).

L'opération ne fut pas un succès de librairie. Il faut dire que M. Denis a dû admettre avoir travesti la vérité dans l'affaire des poètes emprisonnés. Il avait écrit que M. Bourassa était intervenu pour faire libérer Gérald Godin pendant la crise d'Octobre. Or l'ex-premier ministre avait lui-même raconté en entrevue avoir pris la décision de ne pas se mêler de l'affaire – sauf pour donner aux policiers le feu vert pour les arrestations, y compris celle de Godin.

Il fallait donc trouver mieux pour réhabiliter Robert Bourassa dans les milieux intellectuels et chez les gens qui sont intéressés aux détails. Les amis de Bourassa se sont donc tournés vers une des meilleures plumes au Québec : Georges-Hébert Germain.

Ils l'ont convaincu, lui, le biographe de Guy Lafleur, Céline Dion et de René Angélil, de mettre – en toute indépendance d'esprit, cela va sans dire – sa plume et son énergie au service du personnage de Robert Bourassa. Il a accepté et publie ce printemps le fruit de ses travaux. Un portrait où il démontre, a-t-il expliqué en entrevue, que Robert Bourassa n'est pas seulement « un honnête homme », mais « un homme honnête ».

Cette affirmation prend l'exact contre-pied de la démonstration faite dans *Le Tricheur* et dans *Le Naufrageur*. La malhonnêteté intellectuelle est, à mon avis, le mode de fonctionnement principal de Robert Bourassa. On ne peut imaginer, aujourd'hui, la vase mentale dans laquelle il a entraîné pendant de longues années un Québec qui avait pourtant soif de clarté.

On a également peine à imaginer le prix que le Québec paie, encore, pour le refus de Robert Bourassa de se battre visière levée pour ses convictions et ses opinions. Pour son choix parfaitement assumé de tromper, de louvoyer, d'éteindre. De tricher. Que dire d'autre d'un homme qui, pendant six mois cruciaux, a refusé de répondre à la simple question : « Êtes-vous fédéraliste ? »

J'ai donc pensé rendre service aux lecteurs d'aujourd'hui et de demain qui veulent en avoir le cœur net sans devoir se plonger dans deux longs tomes, en leur offrant une version courte des principaux éléments du récit de 1994 avec des noms, des dates, des témoignages irréfutables et irréfutés. Ils y trouveront aussi, ici et là, quelques ajouts.

Contrairement à ses deux grands frères, *Le Tricheur* et *Le Naufrageur*, ce *Petit Tricheur* suit notre protagoniste dans l'ordre chronologique. D'abord en examinant son enfance et son parcours pré-politique. Ce que j'appelle *L'apprentissage de l'insécurité*. Puis vient la construction du jeune premier ministre avec *L'initiation au cynisme*. Son rôle dans la crise d'Octobre y est examiné avec soin – et avec les derniers éléments disponibles à ce jour – comme l'est aussi, dans une digression nécessaire pour livrer l'ensemble du portrait, celui de Pierre Trudeau.

Suivent les moments essentiels de la surréaliste saga politique qui s'ouvre avec la mort de l'Accord du lac Meech et se referme le jour où les Québécois expriment, lors du référendum de 1992, leur rejet de la méthode Bourassa, de ses entourloupes, de sa triche.

Au lecteur de juger si on était en présence, là, d'un homme honnête. Et s'il faut nous souhaiter en avoir d'autres, de cette trempe, aux commandes.

PREMIÈRE PARTIE
L'ÉDUCATION POLITIQUE DE ROBERT BOURASSA

« Je me suis fait tout seul.
Je me faisais mal.
Mais les gens disaient : "C'est bien fait"
Alors moi, je continuais. »

RAYMOND DEVOS

1.

L'APPRENTISSAGE DE L'INSÉCURITÉ

« L'enfant est le père de l'homme »
WILLIAM WORDSWORTH

«Il y a des choses que vous n'oubliez jamais», dit Robert Bourassa. Il parle d'une nuit de mai 1950. Il avait 16 ans. «À 2 h du matin, ma mère est venue me réveiller pour me dire que mon père était souffrant. On était à son chevet. On l'a regardé mourir. Il est mort à 5 h du matin.»

L'événement marque profondément l'adolescent. «Ce fut un choc, dit-il. C'est une des choses qui m'ont le plus marqué dans la vie. […] Ça a introduit un élément d'inquiétude.»

Bourassa est orphelin à plus d'un titre. Il n'a pas connu ses grands-parents ni du côté paternel ni du côté maternel.

Son père, Aubert Bourassa, était commis aux écritures à la Commission des ports nationaux, un emploi fédéral modestement mais correctement rémunéré où il fallait, comme de bien entendu, parler l'anglais avec ses patrons. «On ne manquait de rien», dira Bourassa. Son voisin et ami Jacques Godbout affirme toutefois que Robert est «né dans la gêne». Pour la famille logée dans l'est de Montréal, au rez-de-chaussée d'une maison de trois étages au coin de la rue Parthenais et du boulevard Saint-Joseph, la mort du pourvoyeur est aussi un choc budgétaire. Surtout que Robert est le seul autre homme de la maison, où on trouve deux filles, son aînée et sa cadette, qui le couvent et le libèrent des tâches domestiques. «J'aurais été

le quatrième à la cuisine », explique-t-il. Il a tout le temps de
se plonger dans ses bouquins, car il est déjà très sérieux. On le
voit livrer l'épicerie dans le quartier pour se faire un peu
d'argent de poche.

Dans cette paroisse de Saint-Pierre-Claver, sur le plateau
Mont-Royal dont Michel Tremblay écrira un jour la chronique,
Bourassa et son copain Godbout, dont l'oncle Adélard est,
depuis 1939, premier ministre libéral du Québec, ont la fibre
politique précoce. À l'élection de 1944, les deux gamins, âgés
de 11 ans, courent les assemblées du Bloc populaire. C'est
Robert qui y entraîne Jacques, non l'inverse. Le Bloc, « c'était
les péquistes du temps », dira Bourassa. Il les trouvait meilleurs
orateurs que les candidats de l'Union nationale, de Maurice
Duplessis, « qui n'étaient, dit Bourassa, que des comédiens ».
Mais il préfère déjà les Libéraux, et distribue des tracts pour
le candidat libéral local. Malgré ce juvénile coup de pouce,
l'oncle Adélard perd son élection aux mains de Duplessis et
de ses comédiens. Après ce baptême du feu politique – une
première défaite –, Robert ne perd pas espoir et prédit à Jacques :
« Un jour, je serai premier ministre. » Le Parti libéral devient
« la famille étendue » de Bourassa, raconte Godbout, et le garçon
devient bientôt membre des Jeunes libéraux.

CHEZ LES FILS DE RICHES, À BRÉBEUF

Les parents de Godbout ont décidé que leur fils serait bien
éduqué, et ils l'envoient faire son cours secondaire au collège
Brébeuf, école de l'élite juchée sur les hauteurs d'Outremont,
où les jésuites ont déjà formé, avec des succès divers, un futur
premier ministre canadien, Pierre Trudeau, et un futur syndicaliste haut en couleur, Michel Chartrand. Les frais de scola-
rité pour les étudiants externes ne sont ni exorbitants ni à la
portée de toutes les bourses. Les parents de Godbout plaident
la valeur de l'investissement auprès de ceux de Bourassa, qui
acquiescent.

À 12 ans, Bourassa se retrouve dans la minorité des moins bien nantis parmi les étudiants du collège – ils sont 10 % environ du total. Claude Béland, fils d'Outremont où son père a fondé une Caisse populaire, se souvient d'un Bourassa fort en thème. Dans une activité estudiantine, Béland, futur président du Mouvement Desjardins, est nommé « président de la république des as » et choisit Bourassa comme « ministre de la balle molle ». C'est peut-être parce que Robert connaît sur le bout des doigts les statistiques de base-ball et qu'il ne rate pas une partie des Royaux – équipe dont le père de Pierre Trudeau est copropriétaire –, qui jouent au bout de sa rue, au stade De-Lorimier (avec la politique, qu'il pratiquera, le base-ball, qu'il regardera, sera son seul divertissement). En tout cas, l'enfant de la rue Parthenais ne doit pas son titre de ministre de la balle-molle à sa participation aux activités sportives ; au contraire, il s'en fait exempter. « C'était pas un dépensier, explique Béland. Robert Bourassa participait à rien à ce moment-là. Dans toutes nos activités, s'il y avait des concerts, des pique-niques, des sorties, Bourassa venait pas. Peut-être que sa situation économique ne lui permettait pas. À cet âge-là, vous savez, c'est pas des questions qu'on se pose. Mais il y avait le problème de ses équipements sportifs. Les fils de riches arrivaient avec les patins les plus raffinés et lui, il faisait pas de sport. En regardant ça avec un peu de recul... »

À Brébeuf, Bourassa n'a ni le recul ni la désinvolture des p'tits messieurs d'Outremont. Dans les textes qu'il écrit pour les journaux étudiants au collège, les questions d'argent occupent presque toute la place, surtout après 1950 et la mort de son père. Il insiste sur les difficultés financières des étudiants et, dans une phrase un peu pathétique, écrit qu'il s'agit d'une situation « qu'on a tendance à oublier, probablement à cause de la discrétion des étudiants eux-mêmes sur les problèmes personnels ».

Bon élève, déterminé mais effacé, Robert préfère régler ses problèmes par de petits conciliabules avec le professeur, à la fin du cours, plutôt qu'en lançant la charge en pleine classe, comme le fait son camarade Richard Drouin, fort en gueule et futur président d'Hydro-Québec. Développant un talent pour les mathématiques, Robert est généreux de ses conseils, notamment envers un certain Pierre Nadeau plus fort en charme qu'en algèbre. Bourassa devient son tuteur, les mardis et les jeudis, pour quelques dollars. Pendant les décennies à venir, chaque fois que Nadeau, devenu un des plus importants journalistes au Québec, posera une question de nature économique au politicien Bourassa, ce dernier le désarmera d'un sourire et d'une phrase : « Je vois que vous faites des progrès, Pierre ! »

En droit à l'Université de Montréal, à compter de 1953, Bourassa se fait de nouveaux camarades de classe, notamment le jeune Antoine (Tony) Lamer, futur juge en chef de la Cour suprême. Bourassa croise aussi toute une brochette de futurs juristes, avocats et hommes d'affaires.

À L'UNIVERSITÉ : TOUJOURS DÉSARGENTÉ

À l'université, Bourassa-l'introverti sort de sa coquille, est élu président de sa classe, participe à l'Association étudiante et à l'Association France-Canada, s'active chez les jeunes libéraux. « Il avait toujours son petit caucus autour de lui », raconte un camarade de classe, futur sondeur, Maurice Pinard. Pendant l'élection provinciale de 1956, il participe même, sur l'estrade, à une assemblée contradictoire dans le comté de Saint-André-d'Argenteuil, car on lui demande d'appuyer au pied levé le candidat libéral.

Ses adversaires : Paul Sauvé, député du comté mais surtout adjoint de Duplessis et futur premier ministre (pour 100 jours, le temps d'entonner dans un discours le mot « Désormais », signal de départ de la révolution tranquille), et un représentant de l'aile québécoise du CCF (Co-operative Commonwealth Federation), l'ancêtre du Nouveau Parti démocratique, Roger Séguin. Sauvé avise Bourassa : « Qu'est-ce que nous faisons concernant ce gars du CCF? Nous n'avons pas de temps à perdre avec ces penseurs!» Bourassa et Sauvé font voter par l'assistance – majoritairement unioniste –, d'exclure le candidat CCF du débat.

Présent à l'assemblée, le jeune Pierre Elliott Trudeau, de 12 ans l'aîné de Bourassa, était intervenu en faveur du candidat CCF et fut outré de son exclusion. La mémoire étant une faculté affaiblie, Robert Bourassa racontera cette anecdote en magnifiant la gifle faite à Trudeau. Il a raconté que Sauvé et lui-même ont «conclu une entente pour empêcher Trudeau de parler [plutôt que le candidat CCF]. Trudeau était furieux et il a écrit un long article dans *Le Devoir* à ce sujet.» Pas surprenant qu'on trouve ici le point de départ d'une longue inimitié.

Mais quoi qu'il fasse, où qu'il aille, Bourassa a toujours une préoccupation: comment joindre les deux bouts? À partir de 16 ans, pour payer ses études universitaires, il perçoit le péage au pont Jacques-Cartier – un emploi que le Parti libéral lui a trouvé, selon Godbout. Pendant deux ou trois étés, il devient employé de banque. Les sous, toujours les sous… On le retrouve aussi employé dans un restaurant chinois et ouvrier dans une usine textile du centre-ville, un *sweat shop* où il prend contact avec la condition ouvrière la plus misérable.

Bourassa continue à se faire journaliste étudiant, maintenant au *Quartier Latin* de l'Université de Montréal. Son premier haut fait: interviewer le premier ministre Maurice Duplessis, en tandem avec Jacques Godbout. Les deux garçons notent dans les environs la présence « des photographes et des journalistes des grands quotidiens ». Bigre !

Mais Bourassa ne perd pas le nord et demande à celui qu'on surnomme le *Cheuf*:

Bourassa / Godbout: *Les étudiants travaillaient-ils dans votre temps, monsieur Duplessis?*

Duplessis: *Oui, on travaillait.* [...] *Je gagnais quatre pias-tres par semaine, je donnais deux piastres pour ma cham-bre; puis après je gagnais soixante piastres par mois, mais comme je fumais le cigare, il ne m'en restait plus. Pas besoin de vous dire que j'allais à pied au théâtre et que c'est dans le «pit» que vous auriez pu me trouver...*

Bourassa / Godbout: *Alors vous croyez que les autorités doivent donner la chance aux étudiants de travailler?*

Duplessis: *Oui, ils ont besoin de gagner.*

Fort d'un appui aussi puissant et entraîné par sa plume, Bourassa réclame au début de décembre 1953 dans *Le Quartier Latin* qu'on devance d'une semaine le congé de Noël. Il ne s'agit pas de faciliter l'organisation d'un *party:*

> *Ce n'est pas par caprice, qu'on veuille bien le croire, que les étudiants s'obstinent chaque année à demander ce congé prématuré. Ces quelques dizaines de dollars gagnés aux Postes ou ailleurs signifient pour plusieurs l'unique moyen de défrayer des dépenses scolaires ou autres, sujettes à des hausses continuelles. [...] On comprendrait ce refus irré-vocable des autorités si les étudiants réclamaient la gratuité des cours ou encore le présalaire comme il existe en Europe, pourtant plus pauvre que notre «prospère» province*.*

L'administration universitaire ne se rendant pas aux argu-ments du scribe – qui constate au passage combien le pouvoir de la presse est limité –, Bourassa récidive à la mi-décembre, mais avec plus de sens politique: il insère les besoins étudiants dans un grand dessein national.

On parlote beaucoup ces temps-ci des besoins des univer-sités, et moins souvent de ceux des étudiants eux-mêmes. Pourtant, on peut affirmer sans exagérer que les intérêts de la

---

* Presque tous les écrits de jeunesse de Bourassa cités ici ont été dénichés par Michel Vastel pour son livre, *Bourassa*, publié en 1991.

nation trouveraient profit à ce que la formation de son élite se fasse dans les meilleures conditions possibles pour y éliminer la médiocrité. On se demande pourquoi? Certains, l'œil bien ouvert, répondront que c'est parce que la valeur électorale des étudiants est nulle, du moins certes moindre que celle des contracteurs de routes.

On sent dans la plume un mariage de lucidité, d'agressivité et d'assurance qu'on retrouvera au tournant. Bourassa maintient ce cap revendicateur pendant tout son cours de droit. En 1955, au nom de son Association étudiante, il rédige un mémoire destiné au premier ministre Duplessis. Il y affirme que les « obligations financières » imposées à l'étudiant équivalent à « taxer lourdement sa santé physique, intellectuelle et parfois morale ». Ça devient grave. Il faut, ajoute-t-il dans *Le Quartier Latin*, « que l'argent cesse d'être un obstacle pour ceux qui ont talent et désir d'acquérir une compétence professionnelle ».

ENFIN, LA FORTUNE !

Bourassa réussira à surmonter l'obstacle financier qui le tenaille depuis l'adolescence, d'abord grâce à son talent et à son désir. Premier de classe, il convoite les bourses, mais rate la prestigieuse Rhodes, car il n'a du muscle que dans la tête, alors que pour les Rhodes Scholars, il en faut aussi aux bras, aux épaules et aux jambes. Il décroche une bourse de 5 000 dollars de la Société royale du Canada, une grosse somme à l'époque. Avec cette manne, après avoir complété son barreau (en 1956), il part pour Oxford et obtient une première maîtrise en « économie politique » (en 1959). Une seconde bourse de 5 000 dollars de la Fondation Ford lui permet d'étudier à Harvard le droit fiscal et d'en revenir avec une maîtrise en droit des affaires internationales (en 1960). Il se spécialise dans la fiscalité et les corporations.

Ce parcours universitaire n'est dicté ni par le hasard, ni par le goût, ni par la mode. Ou plutôt si, par la mode. Car Bourassa fait exprès de lui tourner le dos. Après son droit, une profession qui mène à tout, à condition d'en sortir, l'étudiant choisit spécifiquement un domaine où on trouve peu de Canadiens français : la fiscalité. Il sera d'autant plus facile d'y briller que les étoiles y sont rares. Et comme il y excelle…

Puis, le destin vient couronner l'effort. À l'Association étudiante de l'Université de Montréal, Bourassa représente la faculté de droit. La jolie Andrée Simard représente la « pédagogie familiale ».

Andrée est la fille d'Édouard Simard, un des piliers de ce que quelqu'un appellera plus tard « le vieil argent canadien-français ». La famille, dirigée par un trio de frères : Joseph, Édouard et Ludger, a fait sa fortune pendant la Seconde Guerre en collectionnant les contrats fédéraux de construction navale, dans les grands chantiers de Sorel. L'auteur Peter C. Newman, dans son monumental *The Canadian Establishment*, qualifie les Simard des années 50 de « clan le plus riche et le plus puissant au Québec ». Newman est l'ami et le biographe du grand capital canadien et un détracteur du nationalisme québécois. Son récit, qui est donc exempt de toute animosité, vaut le détour. D'abord, pour la période pré-Bourassa :

Le duché privé de Joseph Simard à Sorel comprend une forêt d'installations industrielles qui valent des milliards de dollars, plantées autour de la jonction de la rivière Richelieu et du fleuve Saint-Laurent. Leur position privilégiée au sommet de la liste du patronage libéral fédéral avait permis aux frères Simard d'acheter, en 1937, les chantiers maritimes fédéraux de Sorel et une vaste flotte de bateaux de dragage pour la modeste somme d'un million de dollars. Les contrats fédéraux de défense qui allaient suivre devaient mettre aux pieds des Simard un des plus importants complexes de construction d'armements lourds d'Amérique du Nord. […]

En plus de leurs travaux liés à la défense, leurs pétroliers et leurs dragueurs sillonnaient le globe. À eux trois, les frères Simard étaient directeurs de 46 compagnies, impliquées dans toutes sortes d'activités, depuis les bennes à ordures jusqu'au brise-glace Labrador, vaisseau amiral de la Royal Canadian Navy. Quand les Simard manquaient de commandes, Joseph, Édouard ou Ludger se rendaient tout simplement à Ottawa, et les contrats apparaissaient, comme par magie.

Toutes leurs entreprises semblaient couronnées de succès. En 1953, Joseph Simard s'est rendu à Seattle pour acheter le schooner de 700 tonnes Fantôme, ex-propriété du magnat de la bière A. E. Guinness, qui l'avait abandonné là au début de la guerre. Le Fantôme était un des bateaux les plus luxueux jamais construits. Il nécessitait un équipage de 40 marins, pour seulement huit chambres de passagers. [...] Simard l'a acheté contre le simple paiement des frais d'ancrage dus, puis l'a vendu avec un profit astronomique à Aristote Onassis, le grand armateur grec, qui en a fait cadeau au prince Rainier de Monaco pour son mariage avec Grace Kelly en 1956.

Voilà de quoi Robert discutait à table, avec beau-papa, les oncles et belle-maman Orise. Lorsque Bourassa intègre la famille, en 1958, elle est donc au faîte de sa gloire. Les Simard exercent une influence considérable sur la politique québécoise, ce qu'il ne peut ignorer. Dans ses Mémoires, Georges-Émile Lapalme raconte comment Édouard Simard l'a pratiquement nommé chef du Parti libéral du Québec en 1950.

Édouard l'avait fait venir à Sorel et lui avait dit, parlant du sénateur Élie Beauregard, organisateur en chef libéral au Québec : « Le prophète Élie et moi-même souhaitons vous rappeler qu'un emploi est disponible à Québec. M. Adélard Godbout a démissionné du poste de leader du Parti libéral. Il y aura un congrès au leadership au printemps. Le prophète Élie souhaite que vous sachiez que nous pensons à vous et que vous seriez certainement choisi si vous étiez candidat. C'est aussi mon opinion.» Il y eut un soir et il y eut un matin. En 1958, après deux échecs électoraux, Lapalme décide de se retirer de la direction et un jeune ex-ministre fédéral, Jean Lesage, lance son chapeau dans l'arène.

Cette filiation libérale des Simard n'excluait pas le copinage avec Maurice Duplessis. Dans son excellent livre sur les hommes d'affaires québécois, *Quebec Inc*, le journaliste Matthew Fraser explique que les Simard avaient tenté d'amadouer l'autocrate unioniste en appelant leurs 7 000 employés de Sorel à voter pour lui en 1948 et en 1952. «Le jour de la mort de Duplessis, le 7 septembre 1959, raconte Fraser, Joseph Simard était sur un de ses navires avec quelques parents et amis. Lorsque la nouvelle du décès fut entendue à la radio, Joseph a demandé à ses invités de prier avec lui. Ils s'agenouillèrent tous sur le pont et dirent un rosaire pour l'âme du premier ministre qui avait été un si bon ami.»

UN MARIAGE DIGNE D'HOLLYWOOD

Georges-Émile Lapalme n'est pas le seul à tenir en main un carton d'invitation, le 28 août 1958. Il se rend au mariage d'Andrée Simard et de Robert Bourassa. La réception se déroule sur la grande pelouse de la résidence de Sorel. Parmi les 1 500 invités, des centaines de personnalités du monde de la finance, de l'entreprise et de la politique s'échangent les derniers potins. Certains y débarquent en hélicoptère, dont le ministre fédéral Lionel Chevrier. La rotation des hélices fait frissonner l'eau de la piscine, à quelques mètres du débarcadère.

Édouard est fou de joie et très heureux de son nouveau gendre. Un fiscaliste dans la famille, ça peut toujours servir. Bourassa cultive le genre sérieux qu'Édouard aurait voulu trouver chez ses deux fils, Claude et René, qui sont loin du compte. La légende veut que Joseph, Édouard et Ludger se soient répartis les qualités chez les Simard : le premier ayant le cerveau, le second, la conscience, le troisième, le cœur. Ce jour de mariage, Édouard, montrant le parterre d'invités, lance : « Ça ressemble à Beverly Hills ! » Son nouveau gendre, détonnant un peu dans un tel assemblage, prononce un discours d'une phrase : « J'espère que je ne vais pas vous décevoir ! »

Puis Bourassa répète la phrase en anglais, car il a constaté que son père Aubert Bourassa n'était pas le seul à devoir parler à ses patrons une autre langue que la sienne. Son beau-père est peut-être l'homme le plus puissant au Québec, mais même Édouard Simard est tenu de parler l'anglais quand il va faire apparaître des contrats au ministère de la Défense à Ottawa et quand il converse avec ses partenaires anglo-montréalais ou torontois. L'anglais est le signe audible du pouvoir, en haut comme en bas de l'échelle sociale québécoise.

« *I hope*, dit Bourassa, *that I will not let you down !* »

Bourassa est loin de la rue Parthenais. Loin de la « gêne » et de « l'inquiétude ». « Robert avait désormais les moyens de ses ambitions », écrit Godbout. Il n'en abuse pas. À Oxford, où il va étudier dès la lune de miel terminée, il vit sans ostentation, comme il le fera presque toute sa vie. Devenu premier ministre en 1970, il insiste d'abord pour habiter dans une simple chambre de l'hôtel Victoria, à Québec. La crise d'Octobre l'en déloge. Il ne sera jamais dépensier et 30 ans plus tard il hésitera encore, dans les restaurants qu'il fréquente peu, à acheter un vin qui coûte trop cher.

Il est indubitable que ce diplômé brillant aurait rapidement amassé un petit pécule dans un grand bureau d'avocats montréalais, comme s'y astreint alors le jeune Brian Mulroney. Mais la filiation Simard lui permet de sauter cette étape de l'accumulation primitive du capital. Bourassa peut vivre tout de suite comme si son compte en banque était dorénavant et à jamais inépuisable.

r la première fois l'utilité en 1963, alors qu'il
nt en tant que conseiller fiscal au ministère
..awa, son premier emploi sérieux. Il est aussi
..c cours en fiscalité, à l'Université d'Ottawa, et fignole
quelques travaux pour la Commission fédérale Carter, toujours sur la fiscalité. Politiquement, dans la capitale fédérale, les choses traînaillent alors qu'à Québec, depuis l'élection de Jean Lesage en juin 1960, tout bouge. Il brûle de s'y rendre pour faire démarrer son avenir, lui qui a déjà 30 ans. Mais comment?

ENFIN, LES MOYENS DE FAIRE DE LA POLITIQUE!

L'occasion se présente lorsqu'un important comptable de Québec, Marcel Bélanger, vient le voir pour défendre les intérêts d'un client mal en point. Une interprétation stricte des faits pousse le ministère du Revenu à considérer que le client de Bélanger a fraudé l'impôt, en revendant son entreprise à ses fils à un prix pour le moins généreux. L'attitude fédérale est dure: qu'il paie les arriérés et l'amende en entier. Dans le groupe de fiscalistes fédéraux, Bourassa semble moins intransigeant. Pendant le déjeuner, sentant l'ouverture, Bélanger entraîne à l'écart le jeune fiscaliste maigrichon à lunettes. Il raconte l'échange:

Bélanger: *On n'est pas bien raisonnables, nous deux, si on ne peut pas régler ça à l'amiable.*

Bourassa: *C'est aussi ce que je pense.*

Bélanger: *Je vais voir mes gens, voyez les vôtres et, cet après-midi, on va trancher dans le milieu!*

Bourassa: *D'accord, je m'en charge.*

Ce qui fut fait. Puis, l'air de ne pas y toucher, Bourassa demande à Bélanger: «Est-ce que c'est vous qui présidez la Commission Bélanger?»

Comme s'il ne le savait pas! Bélanger n'est pas seulement comptable, mais conseiller de Jean Lesage. Il est en train de constituer une commission d'enquête québécoise sur la fiscalité, pour laquelle il se cherche encore un secrétaire et directeur de recherche. C'est la porte d'entrée rêvée pour Bourassa, qui s'y engouffre.

« Ça m'intéresse beaucoup, dit encore Bourassa, faisant état de son impressionnant curriculum vitæ : Oxford, Harvard, Commission Carter. Si je peux vous être utile… »

Bélanger acquiesce. « Il était exactement le genre de gars qu'il me fallait », racontera l'intéressé. Il lui offre le poste sur-le-champ, mais le met en garde :

« Le salaire est plutôt maigre. »

Il est inférieur d'environ 30 % à celui que reçoit alors un Bourassa bien placé, de surcroît, pour gravir progressivement à Ottawa les échelons fort rémunérateurs de la haute fonction publique canadienne. « J'aurais pu devenir un grand commis de l'État », convient Bourassa. Bélanger a rarement vu un jeune homme qui a une femme, un jeune enfant et un bébé naissant à nourrir, accepter une telle chute de revenus.

« Pas de problème, répond Bourassa. Je suis marié à une Simard de Sorel. »

Le jeune fiscaliste explique vouloir faire de la politique et désire d'abord multiplier ses relations au sein de l'administration. Bélanger est le mentor idéal, lui qui connaît tout le monde. Quelques mois plus tard, comme s'il voulait renouveler les vœux qu'il a prononcés à l'âge de 11 ans, Bourassa confie à Bélanger : « Un jour, je serai premier ministre. »

Rasséréné par la fortune (dans les deux sens du terme) des Simard, Bourassa se retrouve dans une situation idéale. Car si la cagnotte familiale subsiste, le pouvoir politique et économique effectif des Simard se désagrège peu après sa propre entrée dans le cénacle. Lorsqu'il atteindra le pouvoir en 1970, il en restera peu de chose. Sa belle-famille lui aura donc été utile sans avoir le temps de lui devenir trop nuisible. Ici encore, Peter C. Newman est le meilleur guide. Il écrit sur la période 1960-1975:

> *Secoués par des scandales, des dissensions internes et une gestion falote, les héritiers de la fortune Simard ont perdu l'influence d'antan.* [...] *Leur compagnie de* holding, *Marine Industries, allait passer aux mains de la Société générale de financement, société d'État du Québec* [qui en achète 60 %, sous Lesage en 1962; c'est pratique: Ludger Simard siège au CA de la SGF]. *Les six neveux et nièces Simard* [dont Andrée] *continuent de posséder 21,2 % de Marine via une fiducie familiale appelée La Compagnie de Charlevoix. Mme Bourassa, ses frères Claude* [qui sera ministre de Bourassa] *et René, et sa sœur Michelle possèdent également chacun 23,7 % de Clauremiand Limited* [c'est la mode: notez les premières lettres de chaque prénom dans Clau-Ré-Mi-And], *une autre fiducie familiale, qui elle-même contrôle 73 % de la compagnie d'imprimerie Paragon, qui devint un important fournisseur du gouvernement du Québec.* [Ce dont on reparlera...]

> [De 1962 à 1970] *le gros de la fortune des Simard avait silencieusement quitté le territoire canadien – via une autre compagnie de holding, appelée Simcor – pour se réfugier dans les paradis fiscaux des Bahamas, dans des investissements pétroliers texans ou dans d'autres entreprises étrangères.*

Bref, 10 ans après la cérémonie du mariage, ni Joseph, ni Édouard, ni Ludger ne sont plus en position de décider du nom du futur chef du Parti libéral. Ils sont toujours immensément riches. Mais ils ne sont plus des acteurs de la vie économique, ou politique.

Pour Bourassa, cet effondrement n'est donc pas fatal. En fait, c'est un don du ciel. Car Bourassa peut continuer à se faire tout seul, libéré de son insécurité personnelle, mais non lesté d'une parenté trop encombrante, qui viendrait quérir au bunker des faveurs dont le dispensateur pourrait vite devenir le prisonnier.

L'argent de sa femme lui permet de vaincre les craintes matérielles qui le tenaillent depuis l'enfance et la nuit de mai 1950. Mais il est introduit, à 25 ans, dans un milieu très particulier. Une famille dont l'empire s'effondre, membre d'un circuit du vieil argent canadien-français, vantard mais frileux, dépendant des largesses d'Ottawa et se sachant au second rang, derrière les fortunes anglo-montréalaises et torontoises. Bourassa ne s'imbibe-t-il pas ainsi de leur peur du déclin, de leur dépendance envers les banques contrôlées par d'autres, les contrats distribués par d'autres, les clubs privés où ne se parle que la langue de l'autre?

BOURASSA ET LE « VIEIL ARGENT CANADIEN-FRANÇAIS »

À partir de 1960, à Québec, le jeune ministre René Lévesque, dont Bourassa est déjà un admirateur, affronte le pouvoir de l'argent. Bourassa, lui, épouse ce pouvoir, s'y associe, s'y identifie. Dans cette caste qui devient sa nouvelle famille, la stabilité économique à tout prix, la peur du désordre civil et du changement sont une religion. D'individuelle, l'insécurité économique de Bourassa devient un phénomène de classe. C'est une notion qu'il intègre dans sa pensée et qui s'exprimera aux moments forts de son histoire future, donc de l'histoire future du Québec.

Lorsqu'il assumera d'abord le pouvoir de 1970 à 1976, Bourassa ne jurera ainsi que par les multinationales étrangères. Une force solide, réconfortante à ses yeux. Quand son ministre de l'Industrie, Guy Saint-Pierre, estimera que le Québec dispose de l'épargne nécessaire «pour penser à des formules de croissance qui lui soient propres», Bourassa fera la sourde oreille. On ne peut lui reprocher de voir petit, car il lancera l'énorme projet de la Baie James. Cependant, contre l'avis de

Saint-Pierre, il donnera au géant américain Bechtel la maîtrise d'œuvre des travaux, quand des compagnies québécoises prétendaient pouvoir abattre le boulot. (Ce qu'elles ont d'ailleurs fait, avalant pour ainsi dire de l'intérieur le contrat de Bechtel.) Bourassa sera le dernier à croire qu'il y a au Québec une « garde montante » d'entrepreneurs francophones, avant de la découvrir à son retour d'Europe en 1981.

Son insécurité économique se fixera sur une donnée en particulier : la cote de crédit du Québec. Elle lui tiendra lieu de pouls. L'indicateur est certes d'autant plus important que les emprunts consentis à Québec et à Hydro-Québec prennent une ampleur gigantesque, à cause de Bourassa et de sa Baie James. Le chef libéral fera de la cote, dira un de ses conseillers en 1991, « une préoccupation maladive – enfin, disons très importante ». C'est d'ailleurs là qu'il faut trouver la cause de sa hantise des manifestations et des désordres sociaux. Là, et pas dans le malaise social lui-même. « Ce qui l'énerve, expliquera son bras droit, Jean-Claude Rivest, c'est le message à l'extérieur. […] Si tu as 200 000 personnes dans la rue et qu'il y a quelque grabuge à ce moment-là, puis qu'ils voient ça dans les bulletins de nouvelles à Toronto, à New York, et cætera, les téléphones se mettent à sonner. "Est-ce que le gouvernement est encore en contrôle ?" […] Les gars de New York arrivent pis ils viennent voir ci et ça, pis au ministère des Finances, pis à Hydro, pis ils regardent le *rating*. » Le *rating* : la cote. Voilà pourquoi Bourassa détestera les manifs. En avril 1991, il dira d'ailleurs, au sujet du rapport d'une commission dont il ne compte pas appliquer les conclusions : « Ça ne règle pas le problème, mais on ne sera pas pris, ce printemps ou cet automne, avec des manifestations dans les rues [pour réclamer un référendum sur la souveraineté]. »

Lorsque les manifs resurgiront, dans des régions souffrant de chômage, de surtaxation et de désespérance, en juin 1993, il aura ce mot : « Le gouvernement ne peut se faire dicter sa conduite par la pression de la rue.» Dans *Le Devoir*, le chroniqueur Michel Venne observera: «... à moins que la rue ne s'appelle Wall Street.»

Insécurité toujours, au début des années 80, il se prononcera contre l'accord de libre-échange canado-américain, un «risque» que seuls des péquistes comme Parizeau et Landry sont assez kamikazes pour défendre. Il changera d'avis, et prononcera à ce sujet en 1989 une phrase atypique entre toutes: «C'est sûr qu'il y a des risques. Mais qui ne risque rien n'a rien.»

Mario Bertrand, qui fut son chef de cabinet en 1989, tire, dans une entrevue qu'il qualifiera ensuite de «remarquablement candide», les enseignements de 10 ans d'observation de Robert Bourassa.

Bertrand: *Bourassa n'est pas un Québécois moyen. Il est l'objet de deux, je dirais, de deux influences – pas des gens qui exercent de l'influence sur lui – mais disons qu'il est l'objet de deux courants d'influence.*

Celui que j'appelle – pis il aimera pas ça s'il regarde ça dans ton livre – mais celui que j'appelle «le vieil argent canadien-français». C'est-à-dire les gens qui le côtoient à Miami. Les «vieux argents», les [Clément] *Massicotte* [gros entrepreneur sous Duplessis et Lesage, membre de la famille Simard] *pis les Jean Coutu* [de la chaîne de pharmacies], *les Simard* [famille de l'épouse de Bourassa], *donc les gens qui ont bâti leur petit capital au Québec, dont l'essentiel de leur fortune est au Trust Général.* [...] *Je les appelle, même devant Bourassa, les «Canadiens français», tous ceux dont l'essentiel de l'activité économique, dans les années 40, 50, 60 reposait au Québec.*

C'est pas les Canam-Manac, c'est pas les Bombardier, la garde montante, tsé? C'est le vieil argent canadien-français et qui ont donc une grande préoccupation sur la sécurité économique du Québec et le PM [Bourassa], comme il est pas né avec une cuiller d'argent dans la bouche, je pense que ça vient de là, par son réseau social, les gens qui l'entourent...

L'auteur: *Il leur parle à ces gens-là: Massicotte, Coutu, tout ça?*

Bertrand: *Ils placotent. Pis dans son lieu privilégié de vacances, la Floride: ces gens-là ont tous quitté le Québec 6 mois par année. Ils sont tous là. [...] Des gens comme Maurice Mayrand, l'ancien président du Trust Général. Alors je dirais que c'est pas une influence* [dans le sens d'un lobby], *parce que ces gens-là ne sont pas des* movers and shakers *en 1990. Donc c'est pour ça que je dis qu'il faut faire attention. C'est pas une influence directe. Ces gens-là ne gèrent plus grand-chose.*

L'auteur: *Est-ce que ce sont des gens qui le menacent, qui lui disent: «Si tu fais ça, on va retirer notre argent»?*

Bertrand: *Non. Mais ils l'insécurisent. Ils l'inquiètent. C'est des gens inquiets qui véhiculent leur inquiétude. [...]*

L'auteur: *Sauf Paul Desmarais* [président de Power Corporation].

Bertrand: *Non, Desmarais, moi je l'identifie même pas au vieil argent canadien-français. Desmarais, je pense que ça fait partie du deuxième courant. [...] Le deuxième courant est propre à Bourassa. Il se l'est donné d'abord comme PM, comme intellectuel de la politique. [...] C'est un courant qu'il s'est donné lui-même, par ses capacités intellectuelles, avec les contacts accumulés au fil des ans, pendant sa traversée du désert en Europe. [...] Il connaît les* movers and shakers *internationaux. [...] Il a un réseau de contacts dont le Canadien le plus important est bien sûr M. Desmarais.*

On a fait beaucoup de cas des liens qui unissaient Bourassa à Paul Desmarais, une des plus grandes fortunes au Québec.

Il est vrai que les deux hommes se fréquentent, que le premier appelle souvent le second. Mais en 1973, puis en 1987, Desmarais, qui possède *La Presse*, demande à Bourassa de le laisser acheter *Le Soleil*, de Québec. Une transaction légale, défendable économiquement en 1973 et promue par certains journalistes en 1987 comme un bon moyen de revivifier le quotidien de Québec. Les deux fois, Bourassa refuse ce simple petit service à son copain Desmarais, car il se méfie, pour des raisons politiques, de la concentration de la presse. (C'est Lucien Bouchard qui permettra cet achat en 2001, une des pires décisions de son mandat.) « Robert admire et aime beaucoup Paul Desmarais, raconte Jean-Claude Rivest. Des fois, Robert me parle, il me dit : " Paul Desmarais a dit telle chose. " Je réponds : " Ah oui ? Paul ? Paul, là ? Paul qui avait oublié ton numéro de téléphone [après la défaite électorale] de 1976 ? " Il aime pas ça. »

L'auteur : *Alors ce deuxième courant valorise aussi beaucoup la stabilité économique en soi, donc la stabilité politique en soi ?*

Bertrand : *Oui. La tendance de Bourassa c'est celle-là. Pis, l'autre tiroir, c'est le courant du vieil argent canadien-français et c'est celui-là qui recherche la sécurité du Québec à tout prix, pis la sécurité économique, la sécurité du territoire, pis la protection des droits individuels. Et ça, je pense que ça vient pas de naissance...*

Au début des années 60, marié à Andrée Simard, Bourassa n'a plus mal à son porte-monnaie, mais il ne voudra plus jamais sortir sans parapluie. L'éducation politique qui le conduira à la grande triche de 1990-1992 n'est pas terminée, tant s'en faut. Maintenant qu'il a bien intégré le mobile de sa future arnaque – l'insécurité économique – il doit encore en acquérir la méthode.

LE JEUNE AMBITIEUX

Photo : *La Presse*

En 1964, en compagnie du premier ministre Jean Lesage et de Marcel Bélanger, lequel lui a ouvert les portes de la politique québécoise en lui offrant un emploi mal rémunéré. « Pas de problème, a répondu Bourassa, je suis marié à une Simard de Sorel ! »

2.

L'INITIATION AU CYNISME

« La politique, c'est jouer aux hommes »
NAPOLÉON BONAPARTE

À Brébeuf, Godbout dédie un conte à Bourassa. Il commence par ces mots : « Il était une fois un prince solitaire et triste qui vivait entouré de livres… » C'est Robert. Mais quels livres ? Des bouquins d'histoire, bien sûr. De politique. Un peu d'économie. Mais pas seulement. Montaigne, Mauriac, Pierre Daninos figurent parmi ses préférés, nourrissent son imaginaire, élargissent ses horizons.

« À l'âge de 20 ans, il s'intéresse aux idées, aux livres, à la philosophie », raconte un autre ami. « Quand il était en Europe, il a organisé une rencontre privée avec l'auteur français Henry de Montherlant. Il lisait énormément. […] Progressivement, son horizon s'est rétréci. C'était une décision voulue. Et, à la fin, il était surtout intéressé au pouvoir. »

Certains abordent la politique comme un pianiste son instrument. Ils en apprennent les rudiments, font des gammes, jouent des mélodies simples, travaillent les accords. Les médiocres arrivent à jouer la polka. Les passables, des airs d'opérette. Les meilleurs donnent vie, au bout de leurs doigts, aux grands classiques.

Bourassa, lui, aborde la politique comme un sculpteur, sa matière brute. Face au bloc de granit, il enlève des morceaux, pour dégager une forme dans la pierre. Grossière, d'abord, puis plus fine. À mi-chemin, il trouve la forme encore trop complexe. Alors il retire des fantaisies, supprime le superflu, lime les arêtes. En cours de route, une œuvre a failli jaillir de la pierre. Mais Bourassa n'y a pas pris garde, ou plutôt, il l'a jugée trop lourde. Il a donc continué à éliminer, jusqu'à ce qu'il ne reste que l'essentiel. Une forme, fonctionnelle et efficace, mais n'exprimant ni élan, ni désir, ni plaisir. Une forme de pierre, sans l'œuvre d'art. La politique, sans le projet.

L'étudiant avait commencé avec un bloc assez gros, donc plein de promesses. Être né dans l'est de la ville, y devenir orphelin de père à 16 ans n'avaient pas engendré que la frilosité, mais aussi une volonté de réforme. On le sent dans ses articles du *Quartier Latin*, au ton revendicateur. À Oxford, il va plus loin, et s'inscrit à la section étudiante du Parti travailliste. Parfois, il se rend au parlement britannique où il aime surtout entendre le chef socialiste Aneurin « Nye » Bevan. L'homme a des idées et surtout du courage. Ancien ministre après la guerre, Bevan participa à la mise sur pied du système de santé public de Grande-Bretagne et devient un des inventeurs de l'État-providence britannique. Homme fort du parti, enseignant, puissant conférencier, *debater* redoutable, Bevan est un aimant pour les progressistes et les idéalistes. Quand Bourassa vient l'observer, le travailliste est en révolte contre son propre parti. À l'heure où Londres songe à se doter de l'arme nucléaire, Bevan mène le combat pacifiste, et accuse la direction du parti de dérive droitière et pro-américaine. Mis en minorité, Bevan devient un des chefs de la gauche travailliste : la conscience, audible et irréductible, du parti.

De retour dans son appartement londonien, Bourassa règle sa radio à ondes courtes pour capter chaque soir les nouvelles françaises. On est en pleine guerre d'Algérie, en plein retour de de Gaulle, on craint la guerre civile. Il ne cessera plus jamais de s'intéresser à la politique française et européenne. Devient-il anglophobe ? Mauvais plaisant, en tout cas. Il racontera un jour à l'émission *Les Couche-tard* que, durant ses études londoniennes, il lui arrivait de monter à l'étage pour pisser sur la tête des Anglais.

Social-démocrate, Bourassa se dira «homme de gauche», voire «socialiste» jusqu'en 1977 au moins, même après avoir emprisonné les chefs syndicaux québécois. À Harvard, il rédige sa thèse sur la taxation des biens de capital, une idée alors radicale, dont on ne sait quel effet elle a provoqué à la table des frères Simard, ni si le jeune gendre a osé l'y exprimer. Mais, indubitablement, voilà son bagage intellectuel – ouverture d'esprit, idées de gauche, volonté de réforme – lorsqu'il devient secrétaire de la Commission Bélanger en 1963.

«Fais-moi une bonne job, lui dit son nouveau patron, et je te présenterai à Lesage.»

LESAGE ET LÉVESQUE : LE PROTECTEUR ET L'IDOLE

Il ne faut que quelques mois, que vienne le temps de la préparation du prochain budget québécois, pour que Bélanger tienne parole. Dès le premier contact entre l'avocat d'affaires devenu premier ministre et le fiscaliste qui veut le devenir, le courant passe. Ils parlent le même langage : balance commerciale, points d'impôt, ajustements budgétaires, assiette fiscale. Tellement que lorsque Bélanger envoie au premier ministre la liste des augmentations de salaire à consentir aux employés de la commission, Lesage note que le nom de Bourassa n'y figure pas et s'enquiert par écrit : «À quand une augmentation de salaire à M. Bourassa, qui est un as ?»

Bourassa, lui, est attiré par un autre as : le ministre René Lévesque, ex-star du journalisme et de la télévision à l'émission *Point de mire*. Ils se croisent notamment à la Commission politique du PLQ (dont Bourassa deviendra président). Comme beaucoup d'autres libéraux de la nouvelle génération, il tombe sous le charme de Lévesque, admire son énergie réformiste, applaudit ses projets comme ses incartades, que

Lesage supporte de moins en moins. Bourassa racontera cet engouement, 25 ans plus tard :

> *Il y avait d'abord l'admiration personnelle que j'avais pour René Lévesque. Quand on est jeune et qu'on travaille pour des personnalités politiques, on a toujours l'impression de travailler pour l'avancement de leur carrière. Alors que dans le cas de Lévesque, c'était pas du tout ça. Je trouvais que quand on travaillait pour René Lévesque, ou avec lui, on travaillait pour des idées, pour l'avancement de ses idées, donc le progrès du Québec, et non pour des ambitions. Et c'est assez rare que ça arrive dans la vie politique.*

À l'élection de 1966, Lesage tient à ce que Bourassa soit candidat. Le premier ministre assume alors en plus la fonction de ministre des Finances et il entend, après sa réélection, céder ce portefeuille à Bourassa. Toute une promotion. Bourassa est-il au fait de ce projet ? En entrevue, quatre ans plus tard, il fera part de son propre projet, tel qu'il l'esquisse avant même d'être élu à l'Assemblée nationale :

Je ne pensais pas que M. Lesage se retirerait [pendant le mandat] s'il gagnait [l'élection de 1966]. Je m'attendais à ce qu'il démissionne comme chef du parti au milieu du terme subséquent, soit en 1972. En 1972, j'aurais eu 38 ans et je considérais alors la chose possible.

La chose ? Devenir premier ministre. Résumons-nous : Bourassa n'est pas député. Il se voit, à compter de 1966, ministre, c'est sûr. Réélu en 1970, il se voit prenant du coffre et de l'expérience, et prêt à prendre la relève en 1972. Ce n'est plus de l'ambition, c'est de la planification. D'ailleurs, Bourassa soigne déjà ses relations. La Commission Bélanger ayant été itinérante il a pu saluer, dans les régions, les responsables libéraux locaux. Et une fois le rapport de la commission rédigé, il va en personne en remettre une copie à une éminence intellectuelle et médiatique : le directeur du *Devoir* et grand sage du fédéralisme québécois, Claude Ryan.

Lesage ne voit pas à si long terme, mais compte sur Bourassa dans l'immédiat. C'est pourquoi il veut lui offrir une circonscription sûre, peuplée d'une bonne proportion d'anglophones. Bourassa en parle avec Lévesque :

> *René ne voulait pas que je sois élu par une proportion trop grande d'anglophones et il m'incitait à aller dans Mercier* [circonscription francophone du plateau Mont-Royal où se situe la maison natale de Bourassa], *même si c'était risqué.* [...] *Des gars comme* [le ministre de l'Éducation] *Paul Gérin-Lajoie m'ont dit : « Voyons Robert, va pas là ! »* [...] *Sauf René qui me disait : « Tu auras une main derrière le dos si tu es élu par une majorité anglophone. »*

Les deux hommes deviennent bientôt amis. Suffisamment pour que Bourassa se laisse aller aux confidences, devant Lévesque et un de ses amis, Gérard Bergeron, peu avant l'élection de 1966. « Il nous a dit, à Lévesque et à moi, qu'il se considérait comme une bête politique et qu'il ne pouvait envisager de vie autre que politique », rapporte Bergeron. Ce n'est pas une tare. Churchill en aurait dit autant.

Il se présente donc dans Mercier. Le soir du 5 juin 1966, avec 650 voix de majorité, à 33 ans, Robert Bourassa devient député. Mais pas ministre des Finances. Car son parti, bien qu'ayant remporté une majorité des voix (47 % contre 40 % à l'Union nationale), n'a qu'une minorité de sièges (50 contre 56 à l'UN). C'est la réforme de la carte électorale qu'il aurait fallu faire (Bourassa s'en souviendra, et la fera), pas la nationalisation de l'électricité.

APRÈS LA DÉFAITE : PREMIER EXERCICE DE PATINAGE POLITIQUE

Il y a deux façons d'interpréter la défaite. Il y a ceux qui pensent que « l'équipe du tonnerre » de Lesage a fait tant de réformes, si rapidement, qu'elle a perdu le contact avec beaucoup d'électeurs conservateurs, allés se réfugier dans les jupes unionistes.

Il y a ceux qui pensent au contraire que le gouvernement n'a pas réalisé assez de réformes, perdant de ce fait le vote des jeunes (l'âge de la majorité vient tout juste d'être ramené de 21 à 18 ans). Ces nouveaux électeurs auraient donc mordu la main qui les avait investis du pouvoir électoral, pour lui préférer le poing levé du Rassemblement pour l'indépendance nationale de Pierre Bourgault (le RIN a obtenu 6 % du vote, le Ralliement national, indépendantiste de droite, 2 %).

Tous, cependant, pensent que Lesage s'est tiré dans le pied en faisant une campagne « présidentielle » où on ne voyait que lui sur les affiches, au podium et à l'écran. Il avait pourtant dans son équipe la vedette Lévesque, l'étoile montante Paul Gérin-Lajoie, le fort en chiffres Eric Kierans, le vieux sage Georges-Émile Lapalme, le fougueux Pierre Laporte, ex-as reporter du *Devoir* où il avait nargué Duplessis de ses articles, l'homme de la loi et de l'ordre Claude Wagner, autant de visages qui auraient pu additionner les votes, ratisser large. Mais ils ont été repoussés dans l'ombre par le chef, qui se méfie d'eux comme d'autant de Brutus polissant leurs poignards.

Telle est l'ambiance, au premier caucus des députés libéraux auquel assiste Bourassa en 1966. Il y fait deux découvertes. D'abord, il révèle, aux autres comme à lui-même, qu'il sait patiner même sous un vent fort et sur une glace mince. Car Lesage demande aux troupes rassemblées de faire un *post mortem*. On craint la vivisection. Autour de la table, les libéraux de droite font le procès des libéraux de gauche. Wagner, Jérôme Choquette, Bona Arsenault jettent les pierres. Les libéraux de gauche font aussi le procès des libéraux de droite. Lévesque, Kierans, Gérin-Lajoie lancent leurs obus.

Victime de ce tir croisé, Lesage interrompt le flot de paroles.

« Je veux entendre le point de vue de Robert Bourassa », annonce-t-il, comme s'il testait un dauphin.

Bourassa pige dans les arsenaux des deux camps, mais en prenant bien soin de ne point éclabousser la performance électorale du chef. Mieux, il en fait une habile lessive. La défaite était programmée mathématiquement dans les tendances lourdes de l'économie et de la politique, explique-t-il. Dans un monde en quête de changement, après six ans de pouvoir libéral, les électeurs voulaient de nouvelles têtes, voilà tout. Et puis, il n'y avait rien à faire contre l'addition, d'une part, des mécontents face à la réforme de l'éducation, très impopulaire chez les grenouilles de bénitiers et, d'autre part, des radicaux du RIN qui n'auraient jamais voté libéral, quelle qu'ait été la rapidité des réformes. Bref, même le meilleur chef au monde n'y pouvait rien.

Il n'est pas certain que Bourassa croie à ce qu'il dit, comme on le verra tout à l'heure. Mais il a le droit de pousser un beau « ouf ! » à la fin du boniment – à la fois révérencieux et crédible, c'est un art –, car Lesage l'adopte comme conseiller financier. L'historien Dale Thomson, qui a beaucoup interviewé Lesage pour la biographie qu'il en a brossée, résume ainsi la relation Lesage-Bourassa des années 1966-1969 :

> *Parmi les nouveaux députés, ce fut Robert Bourassa qui réussit le plus vite à assumer un rôle d'importance. Intelligent, conciliant, il s'associa au groupe restreint qui entourait le Chef de l'opposition, et sut se rendre utile, par exemple, en préparant la documentation dont Lesage se servait en qualité de critique financier. […]*

> *Lesage en était venu à lui vouer un intérêt quasi paternel, le conseillant et l'emmenant souvent avec lui en tournée de conférences hors de la capitale. En retour « Bob » Bourassa* [la mode était aux prénoms anglicisés : Danny Johnson, Gaby Loubier] *était toujours serviable, aimable et, surtout, sans outrecuidance dans l'ambition.*

Premier caucus, premier test, première étape d'une jolie entreprise de séduction du chef, donc. Aussi, première prise de conscience de visu de la qualité des hommes qui l'entourent (il n'y a qu'une femme, Claire Kirkland Casgrain). À la commission de Marcel Bélanger, Bourassa n'était pas sans connaître le caractère hétéroclite de la députation libérale. Mais la nature politique est ainsi faite qu'on présume toujours qu'il se dit et se passe des choses plus importantes derrière des portes closes qu'il ne s'en répète et ne s'en raconte à l'extérieur. Il faut entrer dans ce conclave, puis dans les autres encore plus restreints, pour constater avec l'âge et l'expérience qu'on trouve des médiocres à tous les étages.

BOURASSA, MEMBRE DU CLUB DES PROGRESSISTES

Au sein du caucus libéral, on trouve du pire et du meilleur. Bourassa connaît le second groupe – Lévesque, Kierans, Gérin-Lajoie –, qu'il côtoie à la Commission politique du parti, au restaurant, et dans des réunions de «réformistes», au club Saint-Denis, dans le salon dit de l'Épave. Nom prémonitoire. Pour le reste, le caucus constitue, écrira un jour Bourassa sans affection, «un réservoir qui est en grande partie le fruit des conventions de comtés». Barons locaux, patroneux rivés à leurs banquettes, quasi-analphabètes, saoûlons et brutes font encore partie du paysage, au milieu des années 60[*]. L'étudiant d'Oxford et de Harvard se sait en piètre compagnie. Il n'a guère que la consolation de savoir que c'est pire en face, chez les unionistes.

Cette semi-révélation n'entame en rien les idéaux progressistes de Bourassa, qui, bien que connu comme «protégé» de Lesage, assiste aux réunions des réformistes qui se tiennent

---

[*] Les Québécois s'éveillant à la politique après 1976 ne connaissent pas leur chance : le député libéral moyen est remarquablement mieux formé, plus compétent, plus sobre qu'il ne l'était naguère.

tantôt ouvertement, tantôt à l'insu du chef. On y critique la caisse électorale occulte contrôlée par Lesage et son trésorier ; on y critique le despotisme de l'appareil du parti. On tente, au congrès de 1966, de faire élire à l'exécutif des représentants intègres et de nettoyer la caisse noire, véritable « scandale », selon Lévesque. L'assaut est un échec et seul Kierans est élu. Dans les mois qui avaient précédé le congrès, Bourassa avait fait l'aller et retour entre Lesage et Lévesque, son protecteur et son idole, tentant des médiations, sans succès. Au congrès, à l'automne de 1966, quand les réformistes lancent publique-ment leur offensive, Bourassa reste muet.

Un jour de l'hiver 1966-1967, cinq vedettes libérales sont réunies dans un bureau du parlement. Lévesque se met à jon-gler tout haut avec les chances de succès des prétendants au trône de Lesage, chef qui ne semble cependant pas pressé de déguerpir. Les prétendants sont tous dans la pièce. Pierre Laporte – devenu héraut du « bon patronage » – fait un gros travail d'organisation et un numéro de charme devant le cau-cus. Claude Wagner joue les grands justiciers. Gérin-Lajoie soigne son profil de dauphin officiel. Dans ses mémoires, Lévesque raconte la suite :

Jouant les agents provocateurs, j'évoquais ces visées qu'ils se défendaient bien de nourrir, quand tout à coup, j'aperçus au fond de la pièce notre cinquième larron, qui était assis sur un pupitre, les jambes ballantes. Il avait une discrète rou-geur au visage et dans les yeux le reflet d'un certain tumulte intérieur.

— Ma parole, dis-je en me tournant vers lui, il y a ici quelqu'un d'autre que ça intéresse au moins autant que vous trois.

— Voyons René, répliqua Robert Bourassa en sursautant, vous vous moquez de moi. Où allez-vous chercher ça ?

Mais il ne dit pas non et se contenta de rougir davantage.

À la même époque, Bourassa, qui se familiarise aussi avec les militants de la base et l'organisation provinciale, se rend en Abitibi en petit avion, accompagné d'une militante loyale et énergique : Lise Bacon. « Un jour, lui dit-il, je serai premier ministre et tu seras ma ministre. »

En 1967, tout était trop. C'était l'année de l'Expo, c'était l'année de de Gaulle, c'était l'année des choix déchirants. Ce n'est plus seulement dans le salon de l'Épave mais aussi dans le sous-sol fini – une nouveauté de banlieusards – d'Andrée et de Robert que le petit groupe de réformistes se réunit maintenant, rue Britanny, à Ville-Mont-Royal. Autour de Lévesque, on commence à s'interroger sur la place du Québec au sein du Canada. Surtout que le nouveau premier ministre unioniste, Daniel Johnson, vient de déclarer que « la nation de langue française » dont le « foyer est au Québec » doit rapatrier les leviers sociaux, de santé, d'éducation, d'économie, de la culture et des rapports internationaux, sans compter 100 % de l'impôt sur le revenu personnel, 100 % de l'impôt des sociétés et 100 % de l'impôt des successions. Voilà sa définition de l'égalité. Sinon, feint-il de menacer, on fera l'indépendance.

L'élite politique conservatrice est en train de dépasser le parti de Lesage, celui du « Maîtres chez nous ! », sur son flanc nationaliste. La question constitutionnelle occupe tout le devant de la scène. Ce qui tombe mal pour Lévesque. Lui qui avait déclaré, en 1964, que la séparation du Québec n'était « pas la fin du monde » (devant un groupe d'Italo-Québécois, judicieux choix d'audience !) s'est ensuite opposé à ce qu'on insiste trop sur la question constitutionnelle à l'élection de 1966, jugeant le thème électoralement peu rentable. Un an plus tard, il s'immerge dans ce débat maintenant incontournable. Lui et son groupe, dont fait partie Bourassa, tentent de réaliser la quadrature du cercle. Lévesque compte beaucoup sur les connaissances de Bourassa en économie et en fiscalité pour compléter ses propres talents, plus purement politiques, sociaux et internationaux.

En avril 1967, au mont Tremblant, 20 réformistes entendent Lévesque brosser les grandes lignes de ce qui deviendra la souveraineté-association. Une autre présentation, faite par Bourassa et Gérin-Lajoie, détaille plutôt le projet de statut particulier. Au sein du groupe, le schisme s'ouvre. Plusieurs, dont Kierans et Gérin-Lajoie, ne reviendront plus débattre avec Lévesque. Le clan de Lesage, informé *a posteriori* de la tenue de cette réunion, se sent menacé par ce qu'il croit – à tort ? – être des factieux. Le chef du parti dénonce la rencontre et jure d'imposer des « corridors intellectuels ». Les corridors admettent le statut particulier, pas la souveraineté.

Puis il y a l'été. De Gaulle au balcon. « Il l'a dit, il l'a dit ! » s'exclame joyeusement Bourassa, présent à la scène de l'hôtel de ville. Lévesque, lui, toujours un peu francophobe, trouve au contraire que le général « est allé trop loin ». Lesage émet pour sa part une magnifique déclaration dans laquelle on lit que « ce n'est pas le temps pour le Québec de devenir un État souverain ». C'est donc envisageable, peut-être souhaitable, mais pas maintenant.

QUAND ROBERT ET RENÉ ÉCRIVENT LE MANIFESTE SOUVERAINISTE

Bourassa prend-il des notes ? En tout cas, il répond toujours présent aux appels de Lévesque. Andrée prépare les spaghettis, entrés dans la petite histoire, pendant que le groupe de réformistes nationalistes continue à gamberger au sous-sol des Bourassa, rue Britanny. Petit à petit un texte émerge de ces discussions ; il sera publié en septembre 1967 sous forme de manifeste, puis en décembre sous forme de livre, un best-seller intitulé *Option-Québec*. Le manuscrit est tapé sur la machine à écrire de Robert. Les portions économiques du document portent sa marque, notamment lorsqu'il est question du rôle que devra jouer l'État pour promouvoir l'économie francophone : complexe intégré de production de l'acier, centre de recherche industrielle, industrie de l'énergie, code des investissements, musculation de la Caisse de dépôt, autant d'idées de Bourassa dans le manifeste de Lévesque, écrit à deux cerveaux et à quatre mains.

Pendant l'été, Bourassa remet à la revue *Maintenant* un texte qui dit presque tout :

> *Nous risquons, pour le reste, de nous ménager des déceptions si, au lieu d'entreprendre ce début de planification, nous nous faisons accroire que nous pouvons dialoguer avec les représentants du gouvernement fédéral et de la grande industrie en vue de confronter nos prévisions, de concerter nos efforts et de prendre des décisions conformes à la planification intégrale* [thème à la mode], *tant que nous n'aurons pas réussi à rapatrier à Québec plus de pouvoirs économiques et les principaux centres de décision.*

Il écrit « plus de pouvoirs », les « principaux ». Il ne dit pas « tous » les pouvoirs. Lévesque non plus, qui parle d'association. (Lévesque dira d'ailleurs que c'est Bourassa qui a inventé l'expression « souveraineté-association ».) À la lecture du texte de *Maintenant*, Lévesque pense que Bourassa a choisi de le suivre, qu'il prépare le terrain. Le manuscrit du manifeste de la souveraineté-association est prêt. Chacun sait, dans le sous-sol de la rue Britanny, que sa publication sera un coup de tonnerre, précurseur à une sortie du parti. Pendant tout le mois d'août, Lévesque s'attend à ce que Bourassa soit du voyage. D'ailleurs, il a une alliée dans la bergerie : Andrée, devenue plus lévesquiste que son mari, et qui le pousse à franchir le Rubicon.

> *Lévesque a toujours eu le plus grand respect pour les économistes, raconte un ami des deux hommes. Et il ne voulait pas quitter le parti sans Bourassa. Il sentait qu'un économiste comme lui pourrait ajouter passablement de poids à son option.*

Bourassa hésite, hésite, hésite.

À tu et à toi avec les journalistes, il leur montre ses états d'âme, dont on ne sait s'ils sont réels ou feints. « Si je suis Lévesque, je suis fichu […] et je commence à peine à faire de la politique », dit-il à l'un. « Moi, je les connais les financiers, ils vont briser ma carrière », dit-il à l'autre.

René Lévesque a raconté la suite à son biographe Jean Provencher :

Robert a joué le jeu. Sincèrement ou pas ? Je ne le sais pas. Quels étaient ses calculs ? Je ne le sais pas. Mais pendant la période cruciale, les deux ou trois derniers mois avant le mois précédant le congrès – disons du début de l'été ou de la fin du printemps jusqu'en septembre – Bourassa s'est joint à notre groupe.

Robert Bourassa a joué là-dedans, d'accord avec nous autres. Et je me souviens que non seulement il a étudié le projet et il a aidé à l'étudier, mais c'est dans sa cave – ça c'est un fait – chez lui, que la veille du dernier jour on révisait pour la dernière fois le brouillon que j'avais fait – parce que j'avais été chargé de le rédiger – de la résolution qui était en fait une sorte de manifeste. Et il a trouvé des raisons ce soir-là, essentiellement monétaires, etc., mais qui venaient terrible-ment à la dernière minute, de ne pas être avec nous autres.

C'est comme ça qu'il nous a lâchés. Mais il avait été là durant toute la période cruciale, jusqu'à ce soir-là. Ça a été une assez grosse surprise, que j'aime mieux ne pas qualifier, là, de le voir lâcher à la dernière minute.

Il y en a un autre seulement qui a lâché, mais lui avait d'excellentes raisons : il était employé par une entreprise an-glaise et il avait une famille très jeune ; il n'avait pas d'argent et il était sûr qu'il se trouverait sur le pavé s'il signait ça. Alors, lui, on a compris tout de suite. Dans le cas de Bourasssa, qui n'avait pas les mêmes raisons, on a mal compris.

Bourassa soutient au contraire que pendant tout le printemps et l'été, il avait évoqué cette objection économique au projet de Lévesque : quelle monnaie pour le Québec ? La canadienne, l'américaine, la québécoise ? Toujours, ce sera l'explication officielle. Elle n'est pas fausse. Mais il y en a une autre, plus importante.

LE VRAI MOTIF DU DIVORCE
BOURASSA / LÉVESQUE : L'AMBITION

Deux ans plus tard, en 1969, Bourassa affirme en privé avoir donné ses raisons à Lévesque, lorsqu'il lui a tourné le dos, en septembre 1967 : « René, il y a une maudite bonne chance que je puisse remplacer Lesage comme chef. Je ne peux pas me permettre de gaspiller l'occasion. »

Un des intimes de Bourassa confirme et complète : « Bourassa n'essaya jamais de laisser le Parti libéral. Il resta [dans le groupe de Lévesque] au début avec l'espoir de convaincre Lévesque de ne pas partir. Il pensait que même s'il devait échouer [dans cette tentative], ça ne pourrait pas faire de tort qu'on se souvienne de lui comme du médiateur qui avait tenté de préserver l'unité du parti. »

Tout tourne, donc, sur l'ambition personnelle de Bourassa. Le reste – l'avenir politique du Québec – ne fait pas le poids.

Une fois qu'il a « lâché » Lévesque, Bourassa tente vraiment de retenir son ancien complice dans le parti. Tente même d'opérer une conciliation avec Lesage. Ses va-et-vient entre les deux clans sont si fréquents que des conseillers de Lesage le surnomment « le commissionnaire ». Il cite à Lévesque l'exemple du socialiste britannique Nye Bevan, le pacifiste de ses jours d'Oxford, qui avait perdu sa bataille fondamentale contre le nucléaire, mais qui était tout de même resté au Parti travailliste, pour en devenir la conscience. « René était un peu comme Bevan dans le Parti travailliste, explique Bourassa :

un peu à gauche, mais une bonne protection contre la faction bourgeoise.»(!) Lévesque n'a pas d'appétit pour les rôles de cocus contents, mais on voit l'intérêt que Bourassa, au-delà de l'amitié, pouvait tirer de sa présence au PLQ. Se sachant en ligne pour la succession de Lesage, observant Lévesque se dis-qualifier du poste de chef pour cause d'indépendantisme, ne voyait-il pas le beau ministre que Lévesque ferait dans un ca-binet Bourassa? «Il valait mieux qu'il soit à l'intérieur qu'à l'extérieur», expliquera Bourassa, plus fin analyste que la plu-part des membres du caucus libéral. (Bourassa connaît-il la règle édictée par Lyndon Johnson au sujet d'un rival: «Mieux vaut l'avoir dans la tente, pissant vers l'extérieur, qu'à l'exté-rieur pissant sur la tente.» Il y a bien sûr un risque: il peut être dans la tente pissant dans la tente.)

« LÈVE-TOI ROBERT ! »

Le 13 octobre 1967, le congrès libéral s'ouvre dans la grande salle de bal du Château Frontenac. La table est mise pour l'iso-lement de Lévesque. Le clan Lesage et ses anciens alliés dirigés par Kierans feront la lutte au séparatiste. Gérin-Lajoie a concocté une plate-forme de statut particulier dans laquelle il voit un tremplin pour sa propre course à la chefferie. On y lit: «Le Parti libéral rejette le séparatisme sous toutes ses formes.» Lesage annonce, pour qu'on comprenne bien: «Ceux qui ne veulent pas accepter la position du parti sans réserve n'auront d'autre choix que de se retirer du parti.»

En congrès, le samedi, les alliés de Lévesque sont conspués, insultés, excommuniés. La salle, le vote, les interventions, tout est «paqueté» par le nouvel organisateur de Lesage, un certain Paul Desrochers dont on n'a pas fini d'entendre parler. Bourassa reste à l'écart. Toutes ses tentatives de conciliation entre Lesage et Lévesque ont échoué.

Quand Lévesque se présente au micro, son apparition plonge la salle dans un silence tendu. Il parle pendant une demi-heure, présente ses arguments. Il le fait pour l'histoire plus que pour les militants assemblés. Le débat se poursuit ensuite sous les quolibets.

Bourassa va s'asseoir près de son ami. Le conjure de rester, malgré sa défaite imminente. Rien à faire. Lévesque marmonne qu'il est trop tard. Il sait que le sort en est jeté et, plutôt que de tenir un inutile scrutin – on lui a refusé le scrutin secret sur sa proposition –, retourne au micro annoncer qu'il retire sa proposition. Il déplore l'absence de réel débat et déclare que « c'est la responsabilité des dirigeants du parti qui ont prôné le "crois ou meurs", d'avoir voulu que ce Congrès soit un endosseur parfaitement docile. » Puis, « avec calme et assurance », dit-il au micro, il présente sa démission du parti, notant « qu'il n'est pas facile de quitter un parti quand on y a milité pendant sept ans ». Le journaliste Michel Roy décrit la scène dans *Le Devoir* du lendemain :

> *Durant quatre ou cinq secondes, un silence profond s'est abattu sur cette salle surchauffée et enfumée. Puis, comme s'ils obéissaient à un signal de l'histoire, les plus fidèles partisans du démissionnaire se sont levés d'un bond, applaudissant frénétiquement et lançant des « bravos ». Tandis que M. Lévesque – très ému, au bord des larmes, précisent les journalistes qui l'ont observé de près – regagnait les siens massés sur les premières rangées de la salle. On a pu voir sur le visage de Jean Lesage, immobile jusque-là, éclater l'un des sourires les plus triomphants de toute l'histoire politique du Québec. Entouré d'une soixantaine de personnes, René Lévesque a traversé toute la salle : jamais les quelque 1 300 militants qui se trouvaient là ne l'avaient-ils regardé avec autant d'intensité. Il a franchi la porte presque en courant.*

Quand ses fidèles se lèvent et suivent Lévesque vers la sortie, Bourassa reste assis. Un de ses proches, Ronald Poupart, est encore frappé par la froideur de Bourassa 41 ans après les faits, dans l'entrevue qu'il accorde en 2008 à l'auteur Julien Brault, pour son livre *Bourassa* :

> *Moi, je suis assis dans le fond de la salle, Bourassa est assis juste en arrière de moi. Moi, j'ai les larmes aux yeux, parce que les gens qui passent à côté de moi, ce sont tous des chums, et je sens bien que je viens de perdre des amis. Bourassa, lui, reste stoïque. Il ne montre aucune émotion.*

La froideur de Bourassa dans les moments de grands stress est une constante. Un de ses plus grands admirateurs et chef de cabinet, John Parisella, le décrira « un peu comme un extra-terrestre, en un sens. C'est comme s'il avait déjà vécu le moment qu'il est en train de vivre, comme s'il revenait seulement comme un figurant sur la scène. »

C'est le Bourassa du congrès libéral de 1967. Un pro-Lévesque qui passe le reconnaît et lui lance : « Lève-toi, Robert ! »

La méprise était possible. Bourassa s'était dissocié publiquement de la position de Lévesque une semaine avant le congrès devant le club Kiwanis, mais en des termes tellement vagues et choisis que *Le Devoir* avait titré « Robert Bourassa n'écarte pas l'option de Lévesque – L'indépendance dans l'association économique éviterait les effets fâcheux de la séparation. » *La Presse*, au lendemain du congrès, note que le député Bourassa peut par conséquent être « lui aussi placé devant un cas de conscience qui l'amène à quitter le parti ». Nenni. Le plus dur est fait. Il faut maintenant assumer. Deux jours plus tard, Bourassa sort ses plus gros canons pour dénoncer le projet souverainiste, usant toujours de l'argument monétaire, mais en omettant des nuances au passage. « La sécession du Québec entraînera des problèmes économiques graves dont les petits salariés feront les frais », lance-t-il. Il en omettra toujours un peu plus au fil des ans.

Après le départ de Lévesque, deux choses encore se produisent au congrès. Le rapport Gérin-Lajoie, au grand malheur de son auteur, est « déposé » au comité constitutionnel du parti, relevant de la Commission politique présidée par Robert Bourassa. (L'année suivante, quand le nouveau premier ministre fédéral Pierre Trudeau annoncera que le concept de statut particulier est «une connerie», Lesage et Bourassa enterreront à jamais le rapport.) Puis, un zélé vient au micro demander qu'on place l'unifolié sur l'estrade, où jusque-là le fleurdelisé trônait seul. Le journaliste du *Montreal Star* a le dernier mot: «*Everyone sang* Ô Canada *and went to bed. The job had been done.*»

The job. Bon choix de mots. Un observateur indépendant, le diplomate américain envoyé pour assister au schisme, note dans sa dépêche envoyée à Washington que les libéraux interrogés par lui sont «d'humeur presque triomphante» après *The job.* Il ajoute: «L'image d'innovation idéologique que le parti a reflétée depuis 1960, l'image de Lesage, maître politicien présidant une équipe de cerveaux s'opposant et se stimulant brillamment les uns les autres, vient d'être ternie par le renvoi, exécuté plutôt brutalement, de Lévesque.»

Bourassa en est conscient. Et s'il a choisi son ambition plutôt que sa conviction, il n'en a pas moins appris une grande leçon. S'il y avait, dans le caucus et le Parti libéral, le pire et le meilleur, il voit bien que c'est le meilleur qui part. Lévesque emporte des forces vives. «Une grande perte pour le parti, déplore Bourassa ce jour-là. Ce sera un homme difficile à remplacer.» Il en veut à la direction libérale qui a provoqué, plutôt que de prévenir, la rupture. Kierans part bientôt rejoindre Trudeau à Ottawa. Gérin-Lajoie, mis sur une voie de garage, n'aura de cesse de se recaser mandarin à Ottawa. Le groupe des réformistes est scindé, écrasé, récupéré. Le triomphe de Lesage est total. Quelle opinion peut avoir Robert Bourassa du parti qui vient d'expulser cavalièrement l'homme politique québécois qu'il admire le plus?

Hier, comme ses collègues réformistes, il dédaignait le caucus. Aujourd'hui, resté derrière, commence-t-il à détester le parti ? Il s'ouvre de cette tristesse politique au député libéral fédéral qui représente sa circonscription : Gérard Pelletier, rencontré un dimanche après-midi de janvier au festival sportif de l'école Saint-Pierre-Claver. Pelletier note dans son journal : « J'y rencontre Robert Bourassa, qui me laisse deviner son amitié fervente mais aussi son douloureux désenchantement à l'égard de René Lévesque. Je sens – parce que moi aussi j'aime bien René – que mon interlocuteur serait heureux de pouvoir l'admirer comme naguère. »

Mais puisqu'il a payé le prix émotif de la rupture, ne faut-il pas que le résultat en vaille la peine ? Les chroniqueurs ont toujours raconté cette histoire du point de vue de Lévesque. Libéré des pesanteurs du Parti libéral, il pouvait recommencer à zéro, fonder un parti neuf, sans caisse occulte, où il y aurait de vrais débats (trop !) où le quotient intellectuel serait valorisé, où on ne parlerait ni de contrats d'asphalte ni de « télégraphes », ces messages si utiles dans la fraude électorale.

Pour Bourassa, c'est aussi un commencement. Mais il part en sens inverse. À la fin de 1966, Claude Ryan avait écrit un éditorial sur Lévesque, Bourassa et leur groupe : « Ce qui unit ces éléments, c'est un attachement commun au contenu intellectuel de la politique, leur désir unanime de faire de l'engagement politique une aventure intellectuelle et sociale très exigeante. » Bourassa voudrait bien poursuivre dans cette voie. Mais Lévesque parti, avec qui pourrait-il s'y engager ? Avec les ex-ministres Claude Wagner, amant de la matraque, ou Pierre Laporte, qui semble avoir laissé son intégrité au vestiaire quand il a quitté son emploi au *Devoir* ? Les députés Bona Arsenault et Louis-Philippe Lacroix, anti-intellectuels notoires qui dominent maintenant le caucus ?

Cette « aventure intellectuelle et sociale », il l'entreprendra tout seul, décide-t-il sans doute. Il la vivra malgré le parti. Il la vivra une fois au pouvoir. Mais il faut d'abord y arriver. Et puisqu'il n'est plus question de suivre la voie de

« l'attachement au contenu intellectuel de la politique », il en prendra une autre. Mais c'est encore pour la bonne cause.

UN MENTOR POUR LE CYNISME

« Vous, allez-vous-en. Je ne veux plus vous voir ici ! » L'homme qui vient de faire irruption en haut de l'escalier du sous-sol de la rue Britanny s'appelle Paul Desrochers. Il met dehors les amis que Bourassa invite, chaque mois depuis un an, pour planifier sa course à la chefferie. À l'hiver 1969, Desrochers prend la maîtrise de la situation. Bourassa le laisse faire. Il vient de trouver son nouveau guide.

L'affaire n'est pas banale. Desrochers, c'est le fossoyeur de Lévesque au congrès de 1967. Celui qui a transformé le débat en abattoir, allant jusqu'à empêcher les lévesquistes de réserver des chambres au Château Frontenac, logis de tous les délégués qu'il fallait convaincre. Celui qui a interdit l'entrée du congrès aux photographes, caméramans et journalistes de radio, pour que ne subsistent pas de traces trop vives du règlement de compte. Bourassa embauchant Desrochers, c'est l'ami de la victime adoptant l'assassin et le priant de commettre de nouveaux forfaits.

L'irruption de Desrochers est la deuxième intervention du destin dans le trajet de l'orphelin de Saint-Pierre-Claver. En 1958, il y avait eu les Simard, pour apaiser son insécurité économique personnelle, la remplaçant par l'insécurité du « vieil argent ». À 11 ans de distance, il y a Desrochers, pour le désensibiliser aux impératifs de la morale politique et l'instruire dans l'art du double jeu, de la victoire à tout prix.

Desrochers, c'est l'anti-Lévesque. Le J. R. Ewing de la politique québécoise. Un être fascinant qui, au détour des témoignages et des notes de bas de page, réclame à grands cris l'avènement de son biographe. Que le lecteur se rassure, il ne le trouvera pas ici. Mais avis aux plumes qui cherchent un bon sujet.

De 10 ans l'aîné de Bourassa, Desrochers, bien qu'ayant travaillé pour Duplessis dans les années 50, n'est pas de la race des organisateurs antédiluviens qui occupaient jusqu'alors l'appareil. Au contraire, Desrochers est le porteur de la modernité dans l'art électoral et partisan. Ancien colonel de réserve – une blessure au dos l'empêche de dormir plus de quatre heures par nuit et en fait donc un bourreau de travail –, Desrochers avait été commissaire d'école, puis président de la Fédération des commissions scolaires. Il avait obtenu un diplôme en administration des affaires à l'Université Columbia. Intéressé par les techniques électorales développées par l'organisation de John Kennedy en 1960, puis perfectionnées par les démocrates et les républicains en 1964, Desrochers allait assumer les frais d'un stage de six mois, en 1966, pour étudier aux États-Unis cette révolution électorale. Le courriériste parlementaire Don Murray le décrit comme suit : « C'était un homme raide, les cheveux gris, la mâchoire carrée, les lèvres serrées, invariablement vêtu d'un complet discret et sans ostentation, à l'image de l'homme même. »

Il était passé de l'UN au PLQ au début des années 60, grâce notamment à des amitiés libérales entretenues au sein de l'Ordre de Jacques-Cartier – la « patente » secrète où s'entraidait l'élite canadienne-française. Il avait fait campagne pour Gérin-Lajoie, puis avait œuvré au sein du nouveau ministère de l'Éducation. En 1967, il atterrissait comme par magie au poste de secrétaire général du PLQ, devenant son grand organisateur. Sa loyauté à Lesage a fait quelques zigzags quand il a craint que l'homme ne puisse reconduire le parti au pouvoir.

Mais en 1969, Lesage et Desrochers obtiennent un document qui change tout. Le PLQ a commandé à une firme spécialisée de Chicago, la Social Research Inc, un mégasondage devant déterminer quel genre d'homme le peuple québécois voudrait comme chef.

LE SONDAGE PROVIDENTIEL

La réponse est surprenante à plus d'un titre et témoigne à la fois du changement social considérable opéré au Québec depuis 1960 et des inquiétudes induites par ce changement. Les Québécois veulent un homme décidé et compétent, qui doit s'occuper principalement d'économie – thème alors mineur en politique. Les électeurs croient que cette science « nouvelle » est l'outil indispensable pour régler un problème alors extrêmement aigu : le conflit des générations. La croissance économique, conclut le sondage, permettrait selon les électeurs de « détourner les jeunes du chaos et de les diriger dans la voie de la croissance et de la maturité ». En ces matières, il ne s'agit pas d'être d'accord, mais de répondre au besoin exprimé.

Un chef fort, féru d'économie, ce pourrait être encore Lesage, pense Desrochers. Mais il y a plus : le sondage décrit un chef bien versé « dans la plupart des aspects d'un monde maintenant complexe ». Lesage représente la compétence, pas la complexité.

« Nous étions stupéfaits, dira un des membres de la direction libérale. Le portrait-robot ne correspondait ni à Laporte ni à Wagner. Le chef recherché était plutôt un jeune homme d'affaires, avec des connaissances très poussées en économie. L'homme qui répondait le mieux au portrait était Bourassa. Moi, je ne le connaissais guère à l'époque, mais sans le connaître, j'ai accepté qu'il devait devenir chef. » Un aveu qui en dit beaucoup sur les critères de sélection d'un chef.

L'histoire retient que Lesage a démissionné en août 1969, victime d'un quasi-putsch ourdi par Claude Wagner et appuyé par les libéraux fédéraux. Mais l'arrivée de Desrochers dans le sous-sol de la rue Britanny plusieurs mois plus tôt, au début de l'année 1969, impose une autre hypothèse. Il semble que Lesage ait accepté de laisser sa place, heureux qu'aucun de ses vieux ennemis ne la lui arrache, content plutôt de la céder à celui qu'il considère presque comme son fils. « C'est Lesage qui avait décidé que ce serait moi », confiera l'intéressé 20 ans plus tard.

Ce n'est pas dans la poche, car Wagner, le plus populaire des prétendants libéraux dans les sondages d'opinion publiés par les journaux, et Pierre Laporte, le mieux organisé dans le parti et au sein du caucus, tentent leur chance. Pourquoi pas? Car ce Bourassa, faut-il le souligner, personne ne le connaît à l'extérieur des cercles d'initiés. Il est député d'opposition depuis quatre ans, n'a jamais été ministre, n'a jamais pris le devant de la scène. Comment peut-il même prétendre au poste suprême?

Desrochers va s'occuper de tout. Monopolisant la liste des membres du parti, il envoie une lettre à chacun des 70 000 militants, les invitant à plébisciter Bourassa en envoyant des cartes-réponses l'encourageant à se présenter. C'est la copie québécoise du mouvement *Draft Kennedy* utilisé avec succès pendant la course à l'investiture du Parti démocrate américain en 1960. Les 16 000 libéraux qui renvoient leurs cartes deviennent les troupes, fichées, répertoriées, que Desrochers va mobiliser dans les assemblées de circonscription pour faire triompher son candidat. Ces informations, alors traitées par Desrochers sur un ordinateur (c'est d'un modernisme fou à l'époque) loué par le PLQ, lui permettent de prévoir l'issue du scrutin, à 100 votes près. Jamais campagne québécoise à la chefferie n'avait été aussi professionnelle.

L'OMBRE DE PAUL DESMARAIS

Jusque-là, tout est presque de bonne guerre. Jusque-là seulement. En début de campagne, Desrochers laisse entendre à Laporte qu'il sera son organisateur. Trop content, l'ex-ministre ne s'en cherche pas d'autre, jusqu'à ce qu'il découvre que son *king pin* travaille pour l'ennemi! Les clans Laporte et Wagner aimeraient bien eux aussi disposer de la liste des membres. Mais Desrochers la garde pour lui et le PLQ ne la leur «vend» 1 200 $ qu'à la toute veille du déclenchement des conventions de sélection des délégués au congrès.

Bourassa n'a pas besoin d'argent. Non parce que sa belle-famille lui signe des chèques, mais parce que le nom Simard délie toujours les bourses. Laporte, lui, accumule une dette de 169 000 $. Il soupçonne Desrochers de faire pression sur des gros donateurs du parti, les menaçant de représailles s'ils versent leur obole au clan Wagner ou au sien. Laporte compte beaucoup sur la patience d'un de ses principaux créditeurs, une imprimerie qui a fabriqué son matériel de campagne et qui appartient au journal *La Voix de l'Est*. Laporte lui doit 9 000 $. Quelques jours avant le congrès, un huissier se présente à la résidence du candidat, avec ordre de saisir ses meubles. Laporte doit faire appel à la générosité de ses amis pour éviter le scandale, et l'annihilation de sa crédibilité politique. *La Voix de l'Est* appartient à Paul Desmarais, et on entend Laporte jurer : « Ça, c'est du Paul Desrochers. » Mais Laporte doit encore emprunter pour éponger la dette.

Bourassa, lui, joue son rôle avec brio et incorpore dans son comportement et dans son discours chaque détail du sondage de Chicago. Il parle d'« intégrer la jeunesse à l'ensemble de la collectivité », de « combler le fossé chaque jour plus profond qui se creuse entre les générations ». Loin de gommer ses airs de technocrate, il les met en valeur, porte presque ses diplômes d'Oxford et de Harvard sur le revers de son veston, ne camoufle en rien sa jeunesse. C'est tout un atout en 1969, en pleine révolte étudiante. « Bourassa était le seul député libéral qui pouvait aller devant les étudiants des HEC et leur parler sans se faire huer », se souvient un organisateur du parti.

Le 17 janvier 1970, au Colisée de Québec, après que les défilés de militants pro-Bourassa eurent scandé le nom du futur chef avec la spontanéité de *cheerleaders* américaines, et dans le minutage imparti, Bourassa l'emporte au premier tour de scrutin, avec 53 % des voix. Ce n'est pas une victoire, c'est un triomphe.

Bourassa n'a que deux mois de répit, car le gouvernement déclenche bientôt des élections, pour le 29 avril 1970. Toujours bon étudiant, Bourassa choisit avec Desrochers trois thèmes découlant du grand sondage de Chicago. Les sondés veulent de la croissance pour pacifier la jeunesse ? Il promet de créer 100 000 emplois. Le nombre presque exact d'emplois générés par la croissance prévue ! (Le slogan lui est venu sous la douche, en se lavant les cheveux.) Les sondés veulent un chef qui connaît les complexités de la vie moderne ? Il parle d'instaurer dans l'administration du budget le système de gestion PPB – pour *Planning, Programming, Budgeting system* –, un jargon qui impressionne les badauds. Les sondés ont peur de l'inconnu ? Il attaque « l'aventure » qu'incarnent le PQ et le séparatisme.

Reste à trouver quelque chose à dire sur le plan constitutionnel. Sa contribution à *Option-Québec* maintenant reniée, son goût marqué pour le statut particulier désormais tabletté, Bourassa s'invente un slogan qui tient essentiellement du positionnement politique. Vingt ans plus tard, il avouera qu'il était toujours, en 1970, d'accord avec la revendication du statut particulier. « Mais je ne suis pas sûr que le Parti libéral fédéral, qui était quand même très présent dans la politique québécoise, l'était, lui. Il ne faut pas oublier la popularité de Trudeau. » Oui, évidemment, dans ce cas, pourquoi s'encombrer de principes ? Entre Lévesque et Trudeau, ajoute-t-il, « il ne me restait plus grand-place ». Alors il invente une position à saveur économique, comme le reste : le fédéralisme rentable.

Pour amuser les foules, il lui arrive même d'être dangereusement allusif : « Les libéraux du Québec doivent être prêts à pousser la logique du fédéralisme jusqu'à ses conséquences ultimes, et certaines d'entre elles pourraient fort bien prendre au dépourvu leurs vis-à-vis fédéraux. » Une menace ? Non. Des mots.

Ces thèmes sont testés, affinés, calibrés, grâce à un autre supersondage. Voilà pour le contenu. Mais pour le style? Ça tombe bien, Joe McGinniss vient de publier aux États-Unis un livre décrivant avec moult détails comment la campagne présidentielle de Richard Nixon s'est déroulée en 1968; on a tout contrôlé: ses apparitions télévisées, la couleur de sa cravate, le décor, les angles de caméra, les publicités, les discours préenregistrés. Les conseillers de Bourassa s'en inspirent largement pour la mise en marché de leur poulain. Le maître d'œuvre de cette opération, Charles Denis, deviendra, avec Desrochers, un des principaux conseillers de Bourassa. Il tourne entre autres ses propres «reportages» de campagne, professionnels et flatteurs. Le résultat est expédié aux stations de télévision. Radio-Canada refuse de les utiliser, mais plusieurs stations régionales, trop heureuses d'avoir ce matériel gratuit et léché, se font les relais de la propagande bourassienne.

LE PLUS JEUNE PREMIER MINISTRE

Le 29 avril 1970, à 36 ans, Robert Bourassa devient le plus jeune premier ministre de l'histoire du Québec, avec 45 % des voix et 72 sièges sur 108. Est-il seulement certain de mériter cette victoire? «Il y a toujours un concours de circonstances qui fait que la chance nous favorise, expliquera-t-il. C'est ce qui m'est arrivé la première fois que j'ai été élu en 1970.» Concours de circonstances? Plutôt deux fois qu'une! Sans le sondage de Chicago, sans Desrochers, il ne serait pas chef du PLQ, donc pas premier ministre, c'est une absolue certitude. À la fin du congrès de 1967, après le départ de Lévesque, Bourassa était presque seul. Même l'appui de Lesage n'aurait pas suffi à lui obtenir la victoire. L'étoile du père de la révolution tranquille s'éteignait – il s'était même effondré, ivre mort, pendant un caucus – et, qui sait? ce seul appui aurait pu constituer un boulet pour le député fiscaliste. Sans le sondage et Desrochers, Wagner-le-populaire ou Laporte-l'organisé aurait gagné la chefferie. Quant à l'élection, qui sait? Bourassa aurait été une figure majeure, mais pas dominante du parti. Ministre des Finances, peut-être.

Une fois franchie, grâce au «concours de circonstances», l'étape de la chefferie, et compte tenu de la faiblesse du gouvernement unioniste sortant, il eût fallu être bien médiocre pour perdre l'élection. Dans ce dernier test, Bourassa fut un bon candidat, crédible et compétent. Mais la campagne fut pour beaucoup l'œuvre de Charles Denis, de Paul Desrochers et d'un de ses adjoints, bon élève *ès* cynisme, Jean-Claude Rivest.

Bourassa est assez intelligent pour constater que sa victoire est le fruit d'un raccourci. Il voit bien que, pendant la course à la chefferie, Desrochers a usé du PLQ comme d'un citron que l'on presse, sans ménagement si nécessaire, excisant les pépins au passage. Bourassa pensait-il que le parti du libéralisme au Québec devait être un forum d'idées, de débats, un creuset de programmes, une courroie de transmission entre le peuple et son élite éclairée? «Le départ de René Lévesque a complètement changé la dynamique au parti», expliquera-t-il. Il parle de la dynamique politique. C'est vrai aussi de la dynamique tout court. Bourassa et Desrochers se servent du PLQ comme d'une courroie, mais en sens inverse, du haut vers le bas, de l'élite vers le peuple.

Bourassa voit bien aussi que sa campagne électorale a été préfabriquée de bout en bout. Rien à voir avec le programme politique libéral de 1962, sur la nationalisation de l'électricité, ou avec celui de 1966, qu'il avait préparé avec Lévesque. Il s'agissait, là, de trouver de vraies solutions à de vrais problèmes, puis d'en faire un tri électoralement rentable. Au contraire il s'est agi, en 1970, de trouver ce qui était électoralement rentable, puis d'en extraire des thèmes ou des slogans. Que ces thèmes constituent ou non de vraies solutions à de vrais problèmes, on s'en foutait.

Qu'en aurait dit Nye Bevan?

« Le sens politique, on l'a ou on ne l'a pas, expliquera un jour Bourassa. C'est inné. Si on ne l'a pas, il n'y a rien à faire. Si on l'a, il faut le développer. C'est comme un muscle. Un politicien, comme un athlète, doit s'entraîner. » La course à la chefferie, la campagne électorale, constituent le grand Nautilus de Robert Bourassa. Éprouve-t-il quelque remord ? Quelque gêne ? Si oui, il le cache bien. Et partout autour de lui, les politiciens semblent faire de même. De Gaulle, en 1958, n'a-t-il pas au moins péché par omission, sur l'affaire algérienne, dans sa marche vers le pouvoir ? Il a cependant été clair et net sur toutes ses autres intentions et les a concrétisées. Kennedy ne s'est-il pas fait élire, en 1960, en accusant les républicains de s'être laissés distancer par Moscou dans la course aux armements ? C'était faux, et Kennedy s'en doutait. Il n'en a pas moins redonné à l'Amérique l'espoir et une nouvelle jeunesse. Lyndon Johnson, son successeur, n'a-t-il pas multiplié les bassesses pour occuper le bureau ovale ? Ça ne l'a pas empêché, une fois installé, d'être le plus progressiste des présidents depuis Franklin Roosevelt.

Au Canada, Bourassa voit bien que le libéral Pierre Trudeau, qu'il n'aime guère, que René Lévesque, qu'il admire toujours, que son camarade de classe Pierre Bourgault font, chacun, le pari de la conviction, de la franchise et de la transparence. Bourassa prendra-t-il ce risque ? Au début, oui.

FAIRE DE LA VRAIE POLITIQUE ?

Le soir de son élection, le 29 avril 1970, alors qu'il réalise le rêve de toute une vie : devenir premier ministre du Québec, Bourassa brûle de partager sa joie avec un compagnon. Qui appelle-t-il d'abord ? Jean Lesage ? Marcel Bélanger ? Édouard Simard ? Jacques Godbout ? Non. Il appelle René Lévesque qui, lui, n'a pas été élu dans son comté, ne forme pas l'opposition officielle mais récolte quand même, au premier essai de son Parti québécois, 23 % du vote.

On ne sait pas ce que Bourassa lui dit. Mais c'est sans doute sur le mode *René, j'y suis arrivé, j'ai gagné, je peux commencer.*

Les moyens, presque toujours, façonnent la fin. Et si Bourassa s'est laissé porter par le cynisme de Desrochers pour prendre le pouvoir, cette encre antipathique a certes déteint sur lui. Mais ne l'a pas encore englouti. Malgré le choix déchirant de 1967, malgré le compagnonnage amoral de 1969-1970, l'ex-membre étudiant du Parti travailliste britannique n'est pas mort.

Bourassa mesure, dans l'intervalle de trois mois entre le congrès et l'élection générale, le prix à payer pour les étapes sautées. Au caucus, il se heurte au pouvoir de Laporte, qui compte beaucoup de députés alliés. Bourassa compense, s'astreignant à former autour de lui une équipe de réformistes compétents et dévoués. De plus en plus allergique au caucus, il sera choyé au cabinet. Il semble vouloir recréer une troupe de sociaux-démocrates comme celle qu'animaient, au salon de l'Épave, René Lévesque et Eric Kierans de 1964 à 1966.

Il accueille dans son équipe de ministres Claude Castonguay, coauteur d'un plan de réforme du régime d'assurance-santé, et Guy Saint-Pierre, croisé à Oxford et devenu ingénieur. Il tente de recruter Claude Morin, le haut fonctionnaire spécialiste de la constitution, pourtant mal vu dans les cercles libéraux, car soupçonné de tendances séparatistes. « Nous formerons une équipe formidable, il y a tellement à faire », dit-il à Morin, sur un ton pressant, presque suppliant. La nouvelle équipe compte Jean-Paul L'Allier, qui a fait sa marque à l'Office franco-québécois pour la jeunesse. Raymond Garneau, aussi, ex-chef de cabinet de Lesage, dans les années d'opposition, a le profil du jeune loup. Bourassa gardera les Finances par-devers lui, comme l'avait fait Lesage. Il garde aussi la direction des relations fédérales-provinciales, un dossier qu'il préfèrerait balayer sous le tapis. S'étant posé comme un politicien

« économique », il sent que le terrain constitutionnel, sur lequel Trudeau et Lévesque campent, ne peut lui être favorable.

Mais ce qu'il apprend dès son élection lui donne, il le dira, un certain vertige :

Ce que j'ai découvert, la première journée de mon mandat, c'est un pouvoir immense. Le premier ministre actuel a un pouvoir beaucoup plus grand qu'au temps de Maurice Duplessis : l'État est présent aujourd'hui dans tous les secteurs, c'est la moitié de l'économie.

Et dans notre système parlementaire, le premier ministre nomme les ministres, les sous-ministres et, à toutes fins utiles, les candidats dans les comtés. C'est lui qui détermine l'agenda du Conseil des ministres, en interprète le consensus [donc décide de tout], *choisit le moment de l'annonce des décisions, de l'ouverture de la session et du dépôt des projets de loi, déclenche les élections.*

C'est un système presque présidentiel, à la française plutôt qu'à l'américaine. Si les ministres ne sont pas d'accord, ils peuvent toujours démissionner. La seule façon de renverser un premier ministre, c'est un vote en Chambre.

Au début de 1970, il n'est pas question de ça. Et il laisse ses ministres concocter des réformes, comme s'il voulait reprendre le flambeau de la révolution tranquille là où Lesage l'avait laissée en 1966. Castonguay, surtout, applique sa réforme de l'assurance-maladie et se heurte à la farouche résistance des médecins. Bourassa l'appuie, tant pis s'il y a un peu de grabuge. Dans les champs qui ne touchent pas strictement l'économie, les réformistes se mettent à l'œuvre : adoption d'un code des corporations professionnelles, de l'aide juridique, de la cour des petites créances, création de l'Office de protection des consommateurs, indemnisation des victimes d'actes criminels. « Bourassa nous laissait presque entièrement libres, raconte un de ses ministres. Alors, si on avait des choses qu'on voulait faire, on les faisait. C'était très bien pour ceux qui avaient des idées. »

Puis, six mois après l'élection, survient la crise d'Octobre 1970. Un point tournant dans la vie politique de Bourassa. Pas pour les raisons qu'on croit.

L'IDOLE ET LE PROTECTEUR

Photo: BAnQ-Québec
réf. E10,S44S51,D70-114, PF3 / Jules Rochon

Jeune député, en 1966, sérieux et socialiste.

Photo: *La Presse*

René Lévesque l'avait intégré à son groupe de réformistes. «Il nous a lâchés à la dernière minute.»

Photo: *La Presse* / Paul-Henri Talbot

Course au *leadership* de 1970. Bourassa répond en tous points au profil du *leader* modèle, tel que défini par un sondage.

Photo: Alain Renaud / *Le Devoir*

L'organisateur Paul Desrochers prend Bourassa sous son aile et lui enseigne le cynisme.

3.

LES CHOCS D'OCTOBRE 1970, CÔTÉ BOURASSA

« Sous un gouvernement qui emprisonne injustement,
la place de l'homme juste est aussi en prison. »
HENRY DAVID THOREAU

À quatre heures du matin, le 16 octobre 1970, un événement inédit dans l'Occident de l'après-guerre se produit. Au Canada et surtout au Québec, les libertés des citoyens sont suspendues. Quelque 500 Québécois seront emprisonnés pendant en moyenne un mois, pour simple délit d'opinion. Les résidences de 4 600 Québécois seront perquisitionnées, sans mandat, souvent à répétition.

Dans les années précédant et suivant octobre 1970, plusieurs pays occidentaux sont aux prises avec du terrorisme, y compris des kidnappings, y compris politiques. Aucun d'entre eux n'agira de façon aussi liberticide qu'au Québec. Deux ans auparavant, de Gaulle affrontait en mai 1968 la plus grande révolte observée en Occident. Jamais il n'a suspendu les libertés.

Il est donc important de savoir, avec le recul, qui sont les responsables d'un geste aussi contraire à l'éthique politique. Ils sont deux :

Pierre Trudeau, le premier ministre canadien qui, seul, avait le pouvoir de demander au parlement fédéral d'agir de la sorte.

Robert Bourassa, le premier ministre québécois. Fut-il victime ou acteur dans cette gravissime affaire ?

LES MESURES DE GUERRE : GENÈSE D'UNE IDÉE

Quand l'attaché commercial britannique James Richard Cross est enlevé le lundi 5 octobre 1970 par le Front de libération du Québec (FLQ), Bourassa traite l'affaire comme un fait divers.

Chaque semaine dans ses hebdos favoris, *L'Express* et *The Economist*, on rend compte de semblables événements, se déroulant dans tel ou tel pays, et on n'en fait pas tout un plat. Il laisse son ministre de la Justice, Jérôme Choquette, s'occuper de l'incident et part comme prévu le mercredi 7 octobre pour New York, où il doit rencontrer des investisseurs.

Bourassa a le sens de la mesure et des priorités. Ceci importe infiniment plus que cela. Bourassa et son équipe de conseillers ont survécu, ces derniers mois, à la course à la chefferie, à l'élection, à une dure grève de la construction qu'il a fallu régler à coup de loi spéciale. L'enlèvement de Cross est une vétille en comparaison de tout cela. Et Bourassa a ce commentaire, à propos des investisseurs : « Que vont-ils dire si je n'y vais pas ? Ils vont dire que le Québec n'est pas un endroit sûr, car même le premier ministre a peur de quitter la province. »

Pendant son absence, le ministre fédéral des Relations extérieures, Mitchell Sharp, dirige d'Ottawa une partie des opérations, car la personne enlevée est un diplomate. Il décide d'acquiescer à une des demandes felquistes : la lecture, sur les ondes de Radio-Canada, du manifeste indépendantiste et marxisant du FLQ. Bourassa n'était pas partie à cette décision. Parlant de Trudeau, patron de Sharp, Bourassa dira : « Il a démontré qu'il était prêt à faire des concessions très humiliantes. » La lecture du manifeste lui semble effectivement indigeste. Trudeau y est traité de « tapette ». Mais il est intéressant d'entendre Bourassa juger Trudeau trop mou.

Le samedi 10 octobre, Bourassa revient de New York. Il reçoit un appel de son ministre Jérôme Choquette, qui veut le rencontrer toutes affaires cessantes. Choquette, qui n'a presque pas dormi de la semaine, est au bord de l'effondrement nerveux. La rencontre se déroule dans d'étranges circonstances.

« En arrivant à Montréal, raconte Bourassa, on m'a dit que le ministre de la Justice voulait me parler de toute urgence. La rencontre, je ne sais pas pourquoi, a eu lieu dans le plus grand secret. On m'a emmené, dans une automobile, derrière l'hôtel de ville [de Montréal]. Décor un peu insolite pour une discussion. »

Frappé par le manifeste du FLQ, Choquette veut annoncer à la télévision ce soir-là la création d'un « ministère de la Paix sociale » qui se pencherait sur les problèmes soulevés par les felquistes. Ainsi amadoués, croit-il, ils relâcheraient leur otage. Bourassa écarte ces « suggestions sans doute un peu curieuses », dira-t-il, et prend les choses en main. Choquette confirmera : « Je n'avais plus rien à faire là-dedans, c'était lui [Bourassa] qui avait pris le contrôle de la stratégie générale. »

La séquence des événements menant à la demande de Bourassa d'imposer les mesures de guerre est désormais bien établie. Le capitaine-détective Julien Giguère, responsable de l'enquête sur l'enlèvement de Cross à l'escouade antiterroriste de la police de Montréal, avait indiqué à ses supérieurs qu'il serait utile de pouvoir arrêter quelques suspects rapidement, sans mandat, et de les détenir quelques jours. Il serait également utile d'élargir les pouvoirs de perquisition – quelques perquisitions illégales ayant déjà été effectuées par la police dans l'empressement général.

Giguère ne désignait pas ainsi les 35 personnes que son service soupçonnait d'être effectivement membres du FLQ (et qui constituaient approximativement l'effectif du groupe terroriste), car ses policiers avaient ces personnes sous écoute et filature, dans l'espoir qu'elles allaient conduire aux ravisseurs de Cross.

Les supérieurs de Giguère au service de police de Montréal, nommément le conseiller juridique Me Michel Côté, identifient la *Loi des mesures de guerre* comme permettant d'atteindre ces objectifs d'arrestation et de perquisition supplémentaire.

L'argument invoqué par la suite est que, s'il fallait un scalpel, cet instrument n'était pas disponible. Seul la scie-à-chaîne de la *Loi des mesures de guerre* préexistait. C'est exact. Cependant les autorités auraient pu se servir de cette loi pour arrêter le petit nombre de gens (quelques dizaines, peut-être) dont l'arrestation aurait été, selon Giguère, utile à l'enquête.

Cette discussion est en cours lorsque, toujours le 10 octobre, Pierre Laporte est kidnappé. À partir de ce point, l'attitude de Bourassa est à deux vitesses : l'action et l'image.

BOURASSA EN ACTION

Après avoir appris l'enlèvement de Laporte ce 10 octobre, Bourassa appelle Pierre Trudeau pour lui demander de tenir l'armée en réserve. Soulignons : c'est Bourassa qui prend l'initiative. Le lendemain, dimanche, après une réunion de stratégie avec ses conseillers dont Paul Desrochers, Bourassa reparle à Trudeau, qui, peu après, a résumé ainsi la conversation :

« Dès le dimanche, le gouvernement du Québec disait qu'il allait nous demander les mesures de guerre. On a retardé durant plusieurs jours, d'accord avec eux [Bourassa] d'ailleurs, dans l'espoir que la police finirait par trouver les ravisseurs et M. Cross et M. Laporte. »

Soulignons encore : c'est Bourassa qui prend l'initiative :

1) de faire venir l'armée – mesure non inédite, l'armée étant venue à Montréal en 1969 pendant la grève des policiers, et justifiable car permettant d'assurer la sécurité des personnes et des biens, et de libérer les forces policières pour leur tâche d'enquête ;

2) de réclamer les mesures de guerre, donc la suspension des libertés civiles, mesure injustifiable et injustifiée.

Jean Drapeau, le maire de Montréal alors en pleine campagne électorale, fait également pression auprès de Trudeau, et multiplie les appels.

Trudeau revient sur ces événements dans ses mémoires publiées 23 ans plus tard :

> *Quelques heures à peine après l'enlèvement de Pierre Laporte, le premier ministre Bourassa me téléphonait de Québec* [en fait, de sa résidence de Sorel] *pour me déclarer : « Pierre, il va falloir que tu nous envoies l'armée et que tu songes à invoquer la* Loi des mesures de guerre. »

> *Et je lui faisais une réponse à deux volets : « Pour ce qui est de l'armée, tu connais la* Loi canadienne de la Défense *: elle nous oblige à répondre positivement. Il suffit que ton procureur général demande en bonne et due forme l'intervention des forces armées pour qu'elles arrivent presque aussitôt.*

> *Mais le recours aux mesures de guerre, le seul moyen dont nous disposions pour déclarer l'état d'urgence, c'est une tout autre histoire. Les conséquences d'un tel recours seraient très graves et nous n'avons pas la preuve qu'il soit nécessaire. Je préfère ne pas y penser. »*

> *En somme, je répondais oui à la première demande, comme la loi m'y obligeait, et non à la seconde. J'ajoutais : « Voyons d'abord comment la situation va évoluer. » Et Bourassa fut d'accord.*

Bourassa a d'ailleurs confirmé, en entrevue dès le 30 octobre 1970, avoir pris l'initiative de demander à Trudeau dans cette conversation « de considérer, si c'était également nécessaire, l'application des mesures de guerre ».

Quant à «la preuve» «nécessaire» pour invoquer les mesures de guerre, elle suppose qu'une autorité gouvernementale dise constater «un état d'insurrection appréhendée». Bourassa admettra dans une entrevue au journaliste Raymond Saint-Pierre en 1977 qu'il n'y avait, bien évidemment, pas le moindre risque d'insurrection en octobre 1970.

Qu'importe, Bourassa décide de mentir dans la lettre qu'il signe le 15 octobre, réclamant à Trudeau la suspension des libertés :

Je demande en particulier que ces pouvoirs [fédéraux] comprennent l'autorisation d'arrêter et de détenir les personnes que le procureur général du Québec estime, pour des motifs raisonnables, être reliées au renversement du gouvernement par la violence et des moyens illégaux.

Selon l'information que nous possédons et qui vous est accessible, nous faisons face à un effort concerté pour intimider et renverser le gouvernement et les institutions démocratiques de cette province par la commission planifiée et systématique d'actes illégaux, y compris l'insurrection.

On a beaucoup glosé sur le fait que Robert Bourassa était la victime dans cette affaire. Et on a beaucoup insisté sur la présence, au moment de l'invocation de la *Loi des mesures de guerre*, de l'âme damnée de Trudeau, Marc Lalonde, au bureau du premier ministre à Québec pour faire signer cette lettre à Bourassa.

Dans une entrevue accordée en 2010 à Guy Gendron, de Radio-Canada, Lalonde plaide coupable et précise qu'il était mandaté par Trudeau pour avoir ainsi une preuve écrite de la demande de Québec, justement pour éviter à Trudeau de se faire accuser d'être le seul responsable de la suspension des droits. (On verra plus loin pourquoi cette crainte était fondée.)

Mais Robert Bourassa ne se limite pas à mentir sur l'existence d'une « insurrection appréhendée » dans une lettre à Ottawa. Il le fait aussi devant l'Assemblée nationale :

> *Actuellement, au Québec, le régime démocratique est menacé.* *[…] C'est dans cette perspective à la fois de sauvegarder ces vies humaines et de sauvegarder un régime pour lesquels des millions d'individus sont morts que nous avons l'intention, avec la collaboration de tous les députés, d'assumer notre responsabilité.*

Ce mensonge s'inscrit, on va le voir, dans un effort concerté de traumatisation de l'opinion.

Dans une entrevue télévisée réalisée peu après les événements, Bourassa a voulu clairement indiquer qui était responsable de toutes ces décisions : « J'ai assumé mes responsabilités », a-t-il déclaré. « Le gouvernement du Québec, c'est lui qui a pris les décisions en dernier ressort et on pourra le prouver. »

UNE RESPONSABILITÉ COLLECTIVE DU CONSEIL DES MINISTRES DU QUÉBEC

Action toujours. Bourassa décide de réunir ses ministres à l'hôtel Reine-Elizabeth, pour faire le point. Il les trouve dans un état d'excitation avancé.

Selon un de ses adjoints, on en trouve quatre catégories : les hystériques, dont deux éclatent en sanglots ; les peureux, qui tentent tant bien que mal de se dominer mais dont certains refusent d'aller aux lavabos sans escorte policière ; les égarés, qui ne comprennent pas ce qui se passe ; puis, en minorité, les têtes froides : Claude Castonguay, Guy Saint-Pierre, Raymond Garneau et Gérard D. Levesque.

Interrogé plusieurs fois à ce sujet par la suite, Bourassa refusera toujours d'en parler : « Je n'ai aucun jugement à porter sur mes collègues. [...] Évidemment, quelques-uns étaient plus tendus, d'autres plus calmes. Je ne donnerai pas de noms. »

Mais Bourassa est par conséquent heureux d'avoir pris seul et au préalable la décision de demander à Trudeau de suspendre les libertés civiles.

Reste que le conseil est deux fois appelé à approuver l'opération. Le lundi 12 octobre, un projet de règlement en cas d'application de la *Loi des mesures de guerre* est discuté et le conseil est informé de l'opération d'arrestations prévues – mais non du nombre d'arrestations envisagées.

Le jeudi 15 octobre, veille de la rafle, le Conseil des ministres entérine la décision de suspendre les droits civils.

L'ampleur de l'opération à venir est comprise par les principaux décideurs. Le rapport d'enquête minitieux préparé sous la direction de Me Jean-François Duchaîne, sur Octobre, pour le gouvernement québécois de René Lévesque, et publié en 1981, résume ainsi leur état d'esprit à la veille de l'application des mesures :

> *Le 15 octobre 1970, en accord avec les services policiers, on décida de créer un choc psychologique et de reprendre l'initiative.*

> *Toute l'opération, comme nous l'a confirmé le directeur de la SQ Maurice Saint-Pierre et plusieurs officiers supérieurs de la Police de Montréal, avait été prévue afin de créer ce choc psychologique.*

> *On parlait à ce moment-là du « timing » de l'opération : le choix du 16 octobre à 4 h du matin en est une illustration.*

La décision d'arrêter 300 personnes pendant la nuit, de faire coïncider le déploiement des 11 000 soldats au Québec (dont 7 500 à Montréal, à peine moins qu'à Dieppe) avec l'annonce de l'imposition des mesures de guerre dans la nuit du 15 au 16 octobre participaient de cette volonté de traumatiser l'opinion.

La décision de frapper fort dans le seul but de… frapper fort est relayée aux ministres fédéraux la veille, le 14, par le commissaire de la GRC, William Higgitt. Le Québec, dit-il, « souhaite de l'action pour le principe d'avoir de l'action » (*action for the sake of action*). Higgitt presse le gouvernement fédéral de ne pas céder à cette dynamique. En vain.

LA FAMEUSE LISTE

Frapper fort, c'est décidé. Mais arrêter qui, au juste ? Pour établir la liste des 300, les services policiers ont procédé à une hallucinante recherche de noms. En mettant en commun les suspects identifiés par la Police de Montréal et par la Sûreté du Québec, on obtenait une soixantaine de candidats à l'arrestation.

Mais comme l'a révélé le journaliste Guy Gendron dans l'émission Enquête d'octobre 2010, d'autres noms provenaient d'une liste élaborée par la GRC couvrant les autres militants – marxistes de tous acabits, pacifistes, etc. – dans le cadre d'une opération permanente d'identification d'agitateurs à arrêter en cas d'insurrection.

Dans son rapport sur Octobre, Me Duchaîne note que « la très grande majorité des personnes arrêtées n'avaient rien à voir avec le mouvement terroriste ni avec les mouvements d'extrême-gauche visés par l'opération ». Il précise que « la plupart des personnes arrêtées militaient dans des organisations à tendance indépendantiste ».

On y trouve cinq poètes : Gaston Miron, Gérald Godin, Michel Garneau, Denise Boucher, Patrick Straram, en plus de la chanteuse Pauline Julien.

Lorsqu'il voit la liste, le capitaine-détective Giguère prend soin d'en retirer les 35 personnes principalement suspectées d'appartenir au FLQ, déjà sous surveillance.

Pendant la nuit, le nombre augmente de 300 à 500, car les policiers embarquent aussi les personnes présentes dans les résidences des individus visés. Ils font donc 200 « victimes collatérales ».

Giguère a expliqué à Daniel Creusot pour son documentaire de 1990, *La crise d'Octobre, 20 ans après*, l'inutilité de toute l'opération :

> *Arrêter cinq cents personnes à la fois, placer au moins deux personnes pour les interroger, ça veut dire que ça prend mille enquêteurs. Puis mille enquêteurs qui interrogent les personnes, ça prend des connaissances quand même.*

> *Ça prend... faut être dans le bain, faut savoir sur quoi on doit questionner les personnes. Il faudrait quand même que chacune des personnes ait entre les mains un synopsis, sinon un bon feuillet de renseignements sur chacune des personnes qu'ils ont en face d'eux pour l'interroger. C'est physiquement impossible à faire à ce moment-là.*

Qui, au niveau politique québécois, a validé cette hallucinante liste de personnes auxquelles on allait retirer la liberté, sans accusation et sans procès ? Le ministre de la justice Jérôme Choquette, le 14 octobre, et Robert Bourassa, le 15. Bourassa racontera la scène au journaliste Saint-Pierre, en 1977.

St-Pierre : *La police agissait tout de même sous vos ordres. Aviez-vous l'œil là-dessus ?*

Bourassa : *Les listes étaient là. Je me demandais comment le premier ministre pouvait intervenir et choisir dans une telle liste. Je sais que certains noms m'avaient été mentionnés.*

St-Pierre : *Par exemple ?*

Bourassa : *Gérald Godin.*

St-Pierre : *Et vous trouviez normal qu'on aille chez Gérald Godin ?*

Bourassa: *Non, au contraire. J'ai demandé ce qu'il y avait dans ce cas-là. On m'a dit « un dossier ». Le premier ministre ne peut pas faire le chef de police. Il est tellement facile de blâmer la police. Il est vrai qu'il y a eu des erreurs. Le cas de Gérald Godin m'a frappé parce que je le connaissais et que je ne voyais pas un révolutionnaire en lui. Alors j'ai posé la question. Je n'allais pas me mettre à examiner la preuve qui existait dans les dossiers.*

Bref, Bourassa constate qu'un citoyen va perdre sa liberté, probablement sans raison, mais se cache derrière sa police. Ne demande pas de « nettoyage » de la liste. Il a le pouvoir d'empêcher les arrestations qui vont, il l'admettra, « à l'encontre du respect des libertés fondamentales ». Il ne le fait pas. Pourquoi?

LA RAISON DE LA RAFLE

Un des principaux adjoints de Bourassa dévoile cette raison au journaliste Don Murray qui le rapporte dans un excellent ouvrage, *De Bourassa à Lévesque*, publié en 1978 : « Nous n'avons jamais pensé que ces gens allaient livrer des renseignements qui pourraient nous conduire à Cross et à Laporte. Notre but était de les mettre sur des tablettes pendant un certain temps, c'est tout. »

Autre argument à charge : alors que le premier ministre des Québécois a la capacité politique et la responsabilité morale d'agir, ne serait-ce qu'en coulisses, jamais il ne s'inquiète du sort réservé aux prisonniers d'Octobre (pendant 21 jours, ils n'ont le droit de voir ni leur avocat, ni leur famille, ni de savoir de quoi ils sont soupçonnés ou combien de temps ils seront emprisonnés).

Jamais il n'évoque la possibilité d'une libération précoce de la cinquantaine d'inculpés qui croupissent en prison au-delà de ce délai, pour deux mois et demi en moyenne, même lorsque les premières arrestations de responsables felquistes démontrent hors de tout doute que ces inculpations et emprisonnements sont sans objet.

Jamais il ne s'est surpris du fait que la police provinciale et montréalaise fouillait les logis des organisateurs péquistes comté par comté, quartier par quartier.

La loi donnait certes aux forces policières *le droit* de détenir sans permettre la visite d'un avocat ou de contact avec les proches. Elle n'en faisait pas *une obligation*. Jamais Bourassa n'intervient pour faire cette distinction. Il est satisfait de la situation.

Le rapport Duchaîne est net sur l'impact de l'opération réclamée puis approuvée par Robert Bourassa, y compris sur l'ampleur des arrestations, pour l'essentiel nocturnes et prévues telles :

> *L'action policière qui a suivi la promulgation de l'état d'insurrection appréhendée au Québec est un exemple flagrant d'opération policière détournée de ses buts premiers.*

> *Initialement, cette opération devait poursuivre des objectifs directement reliés à l'enquête sur les enlèvements de MM. Cross et Laporte ; dans sa réalisation, elle a constitué une manœuvre d'intimidation à l'égard de tous les groupements politiques québécois contestataires.*

Exagération ? Voire.

Jacques Parizeau, alors président de l'exécutif national du PQ, racontera à son biographe Pierre Duchesnes comment cette action systématique tétanisait les militants péquistes, cassait leur volonté politique et mettait en péril l'existence même d'un Parti québécois sonné par autant de violence. Duchesnes raconte combien la manœuvre d'intimidation est un succès :

> *Pendant que plusieurs adversaires politiques n'hésitent pas à associer le PQ au FLQ, des militants péquistes de plus en plus nombreux n'osent plus militer et déchirent leur carte de membre.*

Peu après la crise d'Octobre, le Parti québécois perd la moitié de ses membres. « Ça a failli tuer le parti, révèle Jacques Parizeau et ça [a laissé] dans l'esprit de certaines personnes un peu âgées une sorte de marque indélébile ».

De partout en région, le président de l'exécutif reçoit des rapports affolants sur la situation des organisations locales. À Hull, l'armée se déchaîne, pénétrant dans un nombre incroyable de maisons et d'appartements, fouillant et saccageant presque certaines propriétés privées. Jocelyne Ouellette, présidente du Parti québécois pour la région de l'Outaouais, reçoit la visite des forces de police à deux reprises. À Trois-Rivières, en une nuit, tout l'exécutif du parti est enlevé et incarcéré.

Jacques Parizeau est informé de certains cas où la police abuse de son pouvoir, par ailleurs illimité pendant cette crise. Il apprend qu'un président de comté a reçu la visite de la police à son domicile vers deux heures de la nuit. Avant de l'arrêter, les agents de la Sûreté du Québec ont forcé sa femme à se mettre nue et à se promener devant les policiers. « Les gros rires des agents couvraient les pleurs des jeunes enfants complètement terrifiés, confie un Jacques Parizeau dégoûté. Une petite a été suivie par un psychiatre pendant des années par la suite. »

Parizeau se retrouve tout à coup président de l'exécutif d'un parti dont quarante comtés sont sans organisation. Un jour, il reçoit un appel d'un vicaire de Rouyn-Noranda. Le prêtre lui raconte qu'un homme vient de quitter les lieux et qu'une voiture de police l'attendait : « Il m'a dit que s'il se faisait emprisonner, de rentrer en contact avec vous. Comme il s'est fait embarquer par la police en sortant du presbytère, je me rapporte donc à vous. »

Tout l'exécutif de cette région a été arrêté, se souvient Jacques Parizeau et « pendant une semaine, nous nous sommes parlé tous les jours. Il me donnait du renseignement, moi j'envoyais des instructions. Au bout de huit jours, le vicaire me dit, bon bien votre monde commence à être libéré, vous n'avez plus besoin de moi. Je vous laisse à vos gens, Monsieur Parizeau. » [...]

À Drummondville, c'est à trois reprises qu'il tente de refaire un exécutif décimé par la peur. «Écoutez, il n'y avait plus de PQ, il n'y avait plus de parti, il n'y avait plus rien! Cela nous a pris trois mois pour remonter l'organisation».

À Drummondville, il n'y a eu aucune arrestation, soutient Jacques Parizeau. Cependant, la police y a effectué en quelques jours plus de trois cents perquisitions, la plupart du temps en pleine nuit avec des voitures de tous les corps policiers, les gyrophares allumés de façon à ce que les faisceaux rouges pénètrent par les fenêtres de toutes les demeures du quartier visité pour créer un climat de terreur.

«Pas besoin de vous dire que trois cent cinquante cortèges de voitures de la police sur une période de quinze jours dans à peu près tous les quartiers et toutes les rues de Drummondville... Le PQ se dissout dans les jours qui suivent, dit Parizeau. Tout l'exécutif démissionne et s'en va. Les membres déchirent leur carte. Il n'y a plus rien.»

BOURASSA, EN IMAGES

L'image, ensuite. Pendant toute la crise, la presse, la population et des experts fédéraux ont eu l'impression d'un premier ministre Bourassa hésitant, mou, faible, à la limite de l'écrasement.

Quel rapport avec le chef ferme et décidé, réclamant les mesures les plus draconiennes, gardant son sang-froid pendant que la plupart, autour de lui, le perdent? Aucun.

C'est une fabrication, délibérément répandue par Bourassa. Son ami, qu'il désigne comme négociateur avec le FLQ, Robert Demers, explique la technique : « Robert aime laisser ses adversaires caresser la douce illusion qu'il est plus faible qu'eux. »

Bourassa pense avoir lu ça dans Machiavel. [J'ai cherché en vain cette référence, mais ai plutôt trouvé celle-ci : « De toutes les choses, un prince se doit bien garder surtout d'être haï et piteux » (17ᵉ lettre au prince).]

En privé, il s'amuse même de la réaction paniquée d'un de ses beaux-frères Simard. Il faut dire que le manifeste du Front de libération du Québec (FLQ) dénonçait Bourassa « le petit serin des Simard ».

Un membre de ma belle-famille était un peu craintif. Il avait une auto assez luxueuse, je crois que c'était une Rolls-Royce. Et son jardinier avait une Chevrolet, vieille de quatre ou cinq ans. Pour sa sécurité, il avait échangé la Rolls-Royce contre la Chevrolet. Le jardinier se rendait à la maison ou à sa résidence en Rolls-Royce et M. Simard prenait la petite Chevrolet pour aller au bureau.

Pendant la crise, Bourassa disparaît d'abord de la circulation pendant quatre jours. Il est à New York. Ensuite, il est à sa résidence de Sorel. On ne le voit presque pas à la télévision. Avant l'enlèvement de Laporte, il est l'homme invisible. C'est fortuit, mais ça induit un climat de vacance du pouvoir.

Alors qu'en privé il est intransigeant, en public, le lundi soir suivant l'enlèvement de Laporte, il semble prêt à céder. Il parle de « mettre en œuvre des mécanismes qui garantiraient cette libération » des prisonniers dits *politiques*, membres du FLQ condamnés pour vols, homicides et attentats à la bombe, dont les kidnappeurs réclament l'élargissement.

Dès son retour de New York, Bourassa appelle Claude Ryan, le directeur du *Devoir*, et lui fait le grand numéro du chef indécis. Il reçoit même le député Guy Joron, alors une des étoiles de la députation péquiste, et lui dit :

Je connais personnellement un grand nombre de ceux qui vont être arrêtés. Je les aime bien et souvent je me sens plus près d'eux que des membres de ma propre famille. Mais que puis-je faire? Je sais que ma carrière politique est finie.

Il parle aussi à René Lévesque, qui enregistre la conversation, et lui laisse entendre que l'intransigeance réside à Ottawa: « Je suis en relation avec M. Trudeau, il n'a pas changé son attitude », dit-il. Ces « confidences » se répandent comme une traînée de poudre dans l'élite médiatique et politique. Lévesque croit Bourassa (une erreur récurrente en politique québécoise) et déclarera au lendemain de l'imposition des mesures de guerre que Québec a agi « sous la tutelle du gouvernement fédéral ».

Le matin du 15 octobre, dans *Le Devoir*, une déclaration signée par Ryan, Lévesque et une dizaine de figures respectables invite à la conciliation et à la libération des « prisonniers politiques » felquistes (sic) contre celle des otages. Surtout, se répand la rumeur que Bourassa faiblit sous la pression de Trudeau, à qui les augustes signataires reprochent une « rigidité presque militaire ».

À quoi sert cette mascarade? À rejeter sur Pierre Trudeau l'odieux de l'application des mesures de guerre? Peut-être. La thèse a la vie dure. Elle est encore relayée par l'auteur Julien Brault dans son livre *Robert Bourassa*, publié en 2011.

Mais il y a plus encore. On va le voir dans les pages qui suivent, si Bourassa s'était révélé, publiquement, aussi fort et déterminé qu'il l'était en réalité, le gouvernement fédéral aurait eu beaucoup plus de mal à convaincre les ministre fédéraux d'approuver la suspension des libertés civiles.

La mascarade a d'autres effets. Elle permet à Bourassa de se faire plaindre du public et des mères qui votent pour ce gendre parfait. Elle lui permet d'exagérer le danger felquiste dans l'opinion, pour que tout le mouvement indépendantiste, qu'il a évidemment identifié comme la plus grande menace électorale potentielle, en soit diminué.

LA MONTÉE DU CYNISME

Photo: Archives *La Presse*

La crise d'octobre 1970, moment où Robert Bourassa bascule définitivement. « Avec la Loi sur les mesures de guerre, avec l'emprisonnement des chefs syndicaux, je suis allé à la limite du régime. »

Photo: *La Presse*

« Il se plaisait à dévoiler à des interlocuteurs sa recette de longévité politique : se limiter à quelques idées ou slogans très simples, les répéter inlassablement et attaquer ses adversaires constamment, quels que soit les mérites de leur position. Tout cela, expliquait-il, il l'avait appris en étudiant la vie politique de Maurice Duplessis. »

LA SOCIÉTÉ DES POÈTES EMPRISONNÉS

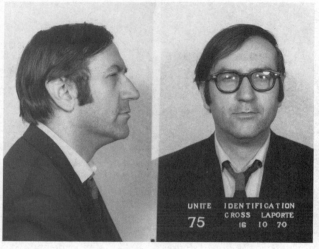

Photo : Collection privée, Famille Miron

Gaston Miron
L'homme rapaillé fut aussi emprisonné pour délit d'opinion.

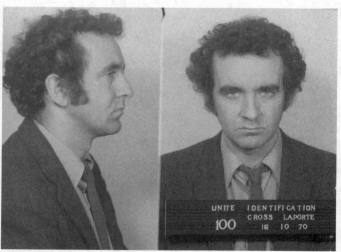

Photo : Bibliothèque et Archives nationales du Québec,
Fonds Gérald Godin réf. MSS464/017/024 / Photographe inconnu

Gérald Godin
Bourassa avait vu son nom sur la liste. Mais n'a rien fait pour lui.

4.

LES CHOCS D'OCTOBRE 1970, CÔTÉ TRUDEAU

« La société doit prendre tous les moyens à sa disposition
pour se défendre contre l'émergence d'un pouvoir parallèle
qui défie le pouvoir démocratiquement élu. »

PIERRE TRUDEAU

Just watch me. Cette phrase de Pierre Trudeau, qui signifie à la fois « regardez-moi aller » et « vous n'avez encore rien vu », fut prononcée pendant la crise d'Octobre, alors que des soldats gardaient les bâtiments fédéraux mais avant que les droits et libertés des citoyens ne soient suspendus. Elle résume l'homme, son attitude, son action.

Le rôle que Pierre Trudeau a joué dans l'imposition des mesures de guerre est central. Il prend d'autant plus de relief que le personnage, avant et après la crise d'Octobre, s'est présenté comme un grand défenseur des droits. Il est aujourd'hui considéré, surtout outre-Outaouais, comme le père de la Charte canadienne des droits et libertés, donc comme un modèle de rectitude.

Loin d'arriver comme un coup de tonnerre dans un paysage calme, octobre 1970 se déroule dans un contexte international agité et violent, y compris en Occident. Comme le rappelle l'ex-ministre de Trudeau, Eric Kierans, au cours des deux seules années précédant immédiatement Octobre, les mouvements extrémistes aux États-Unis avaient fait exploser 4 500 bombes, provoquant 43 morts et 384 blessés. « À New York, écrit-il, on comptait en moyenne un attentat à la bombe tous les deux jours.» Pourtant, nulle part les autorités n'avaient jugé bon de suspendre les droits et libertés de tous les citoyens. Nulle part, sauf au Canada.

Il est risible, en bonne compagnie, de comparer Pierre Trudeau et Richard Nixon, en faveur de ce dernier. Pourtant, la paranoïa de Nixon face à la présence d'agents soviétiques parmi les manifestants pacifistes ne l'a pas poussé à suspendre les droits. Dans le rapport de presse matinal qui l'informe de la décision de Trudeau, il griffonne en marge: « Surveillez la presse, ils vont défendre leur ami " de gauche" Trudeau !».

Ce même jour, un journaliste demande au ministre de la Justice de Nixon, le dur de dur John Mitchell, si une telle décision pourrait être prise aux États-Unis face à la vague d'attentats des Black Panthers et autres groupes violents. « Jamais !» répondit-il.

Le Trudeau pré-Octobre est prédisposé à ne pas faire de distinction entre ses ennemis nationalistes «légaux», le PQ, et illégaux, le FLQ. On sait maintenant, grâce à la Commission fédérale McDonald, comment, à la fin des années 60, le premier ministre libéral a ordonné aux services spéciaux de la Gendarmerie Royale du Canada d'enquêter sur «le mouvement séparatiste» au grand complet. Le directeur général de la section «Sécurités et renseignements» de la GRC, John Starnes, allait témoigner que Pierre Trudeau avait formellement invité la GRC à «fournir un rapport détaillé sur la situation actuelle du séparatisme au Québec, sur l'organisation, les effectifs, les rapports avec d'autres mouvements, la stratégie et les tactiques apparentes ainsi que les influences qui s'exercent de l'étranger».

Starnes avait remis à Trudeau un rapport faisant la liste de 21 organisations québécoises «susceptibles de provoquer des affrontements violents avec les autorités». Premier sur la liste:

le Parti québécois, une organisation démocratique dirigée par un ancien ministre libéral que Trudeau connaissait bien et tutoyait ; René Lévesque. Selon Starnes, Trudeau trouva que le rapport était du « maudit bon travail ».

Dans un document écrit en 1969, Trudeau identifiait « le séparatisme » comme la principale menace contre l'État canadien. (Dans ses mémoires, en 1993, il écrit encore : « Les démocraties doivent en permanence se garder contre les forces de dissolution lorsqu'elles se manifestent. »)

La GRC comprit donc qu'elle devait traiter le PQ comme s'il s'agissait du KGB. L'espionner, l'infiltrer, lui voler (après 1970) sa liste de membres. Trudeau écrit sans rire : « Quand certains policiers en ont conclu qu'il fallait espionner l'activité globale du Parti québécois, ils se sont trompés. » Ce n'est pas la version du directeur de la GRC de l'époque, John Starnes.

L'OCCASION D'OCTOBRE

Le rapport Duchaîne est clair et crédible : rien ne fait croire à une conspiration fédérale pour préparer, téléguider, contrôler de l'intérieur l'action du FLQ. Cependant, pour Duchaîne, il ne fait aucun doute que « la crise a servi de prétexte à une répression d'envergure », tant à Ottawa qu'à Québec.

On vient de voir la séquence des événements. C'est de Robert Bourassa, le soir de l'enlèvement de Laporte le 10 octobre, que Pierre Trudeau prend connaissance de la demande d'invoquer la *Loi des mesures de guerre*. Il s'en dit interloqué. Puis affirme que Bourassa et le maire de Montréal Jean Drapeau « n'arrêtaient pas de m'achaler » avec cette demande.

Mais suspendre les libertés n'est pas une mince affaire. Trudeau doit « vendre » cette décision à son conseil des ministres, autrement plus indépendant que celui de Robert Bourassa. Son travail est cependant compliqué par les interventions raisonnables et rassurantes de... la GRC.

Il faut d'abord avoir l'aval, le 14 octobre, du sous-comité ministériel sur la sécurité. On y entend William Higgitt, commissaire de la GRC, affirmer aux ministres séniors ce qui suit, selon les notes prises sur-le-champ :

> *Le commissaire ne voit comme nécessaire aucune action qui ne soit pas rendue possible par la loi actuellement en vigueur. Il dit qu'une grande rafle de suspects et d'arrestations préventives ne serait pas de nature à conduire aux kidnappeurs et qu'il ne pouvait donc recommander l'adoption de mesures d'exception.*

C'est à ce point qu'il ajoute comprendre que le Québec « souhaite de l'action pour le principe d'avoir de l'action ». Cette attitude, avertit-il, « ne devrait pas être autorisée à l'emporter sur une réaction fédérale plus calme ».

Pour Trudeau, cette présentation est un désastre. Il n'est pas question que le conseil des ministres au grand complet soit exposé à une vision aussi rassurante des choses. À la réunion du Conseil, le 15 octobre, Higgitt brille par son absence (il ne reviendra que lors de rencontres postérieures, pour informer les membres du gouvernement que les arrestations massives n'avaient donné « aucun résultat significatif », qu'il n'y avait « aucune preuve » d'insurrection appréhendée – le prétexte pour l'imposition des mesures de guerre. Bref, pour leur dire qu'ils avaient été désinformés).

Qui parle aux ministres fédéraux le 15 octobre ? Dans ses mémoires, publiées en 2001[*], le ministre Eric Kierans le raconte :

> *C'était la rencontre la plus étrange à laquelle j'aie jamais participé. Trudeau, comme d'habitude, était calme, parfaitement en contrôle de lui-même. Très, très impressionnant. Mais il avait très peu d'informations à nous donner. [...]*

---

[*] Plusieurs des extraits cités ici proviennent de l'excellent recueil de textes édité par Guy Bouthillier et Édouard Cloutier, *Trudeau et ses mesures de guerre: Vus du Canada anglais*, publié en 2011.

Autour de la longue table ovale, les ministres sont réunis, perchés sur une pile de documents fournis par le Conseil privé; mais on ne les regarde pas. Nous regardons, plutôt, une cabine téléphonique où Marc Lalonde – pas encore ministre mais chef de cabinet du premier ministre – parle au téléphone avec [le ministre québécois de la Justice] Jérôme Choquette. Chaque fois qu'il revient de la cabine, il nous dit: « les choses se présentent mal, très mal ».

Quand les ministres posent des questions, c'est Lalonde, pas le premier ministre, qui répond. Et il nous dit que le Québec est sur le point d'exploser. Si une action rapide et décisive n'est pas prise immédiatement, dit-il, la meilleure information donnée par les meilleurs experts indique qu'il y aura des émeutes, des assassinats politiques, du chaos. Il n'y a aucun doute que Lalonde était la personne dominant la discussion.

Les ministres québécois, notamment Jean Marchand, ajoutent de l'huile sur le feu. Dans la réunion comme à l'extérieur circulent les rumeurs les plus folles, dont celle de camions piégés qui sont sur le point d'exploser aux quatre coins de la métropole, d'infiltration massive du FLQ dans tous les lieux de pouvoirs, de milliers d'armes et de bombes, suffisantes pour faire sauter le centre-ville de Montréal et autres balivernes que Higgitt (ou que la police québécoise informée) aurait pu déclarer complètement farfelue s'ils avaient été convoqués à cette rencontre capitale.

Certains ministres anglophones résistent à l'opération, qu'on ne peut qualifier que de terrorisme intellectuel, menée par Trudeau et les siens. Les ministres de la Justice, John Turner, et des Affaires étrangères, Mitchell Sharp, sont contre la suspension des libertés. Ce dernier affirmera d'ailleurs le 26 novembre 1970 à son homologue britannique, qui prend des notes, qu'il n'y a pas la moindre trace d'insurrection appréhendée. Le ministre québécois Gérard Pelletier, proche de Trudeau, semble incertain, selon Kierans.

Kierans, ayant précédemment dirigé la Bourse de Montréal et siégé au cabinet de Jean Lesage était l'anglo-québécois le plus influent du cabinet Trudeau. Il s'en est voulu toute sa vie d'avoir cédé et déclaré son appui à la suspension des libertés. Dès qu'il s'est prononcé, raconte-t-il, il a compris qu'il venait de donner au premier ministre un appui essentiel, sans lequel, « je ne crois pas que Trudeau ait pu emporter la décision » du conseil. Avec le recul, il estime que le cabinet a donné son aval à « une énorme injustice ».

METTRE EN ŒUVRE LE COUP DE FORCE

L'étape du Conseil des ministres était essentielle pour avoir le feu vert. Mais le train sait déjà où il va. L'annonce de la suspension des libertés se fera à 4 h 00 du matin, les arrestations se dérouleront avant l'aube, l'armée se déploiera au clair de lune. Le choc psychologique sera massif, au réveil, chez tous les Québécois.

La liste des initiales des 300 personnes devant être arrêtées circule parmi les principaux ministres fédéraux.

Dans ses Mémoires, Trudeau prétend reconnaître que, « de toute évidence », la liste était « trop longue et mal vérifiée », peuplée de « militants et de protestataires, vociférants mais bien incapables d'activité criminelle ». Mais c'est l'« erreur » de la Sûreté du Québec, affirme-t-il. Il ne s'excuse pas de lui avoir donné le pouvoir de la commettre. Il ajoute d'ailleurs : « Je ne jette pas la pierre à ces corps policiers. »

Trudeau a vu la liste, du moins une version de 158 noms donnés par la GRC, et affirme y avoir vu des « noms à consonance maoïste et trotskiste », ce qui lui semble étrange. Comme Bourassa, il a l'autorité de biffer des noms ou d'exiger une liste plus restreinte et mieux motivée. Comme Bourassa, il ne le fait pas.

Les ministres Jean Marchand et Gérard Pelletier sont également consultés par la GRC. Ils affirmeront à des journalistes avoir retiré des noms qui leur paraissaient « ridicules ». Une version contredite, sous serment, par le commissaire de la GRC Higgitt devant la Commission fédérale Macdonald enquêtant quelques années plus tard sur ces événements. Il n'y a eu de la part de ces ministres, affirme Higgitt, « aucun changement ».

Jean Chrétien est alors ministre junior au gouvernement. Voici comment il aborde la chose dans ses propres mémoires, alors qu'il est de notoriété publique qu'aucun des prisonniers d'Octobre ne fut condamné de quelque crime (en fait, deux ou trois condamnés d'appui au FLQ, dont un prof de musique de Granby !) que ce soit : « Il n'était pas nécessaire que la police arrête tous les gens qui l'ont été ; elle n'aurait eu besoin d'écrouer qu'une soixantaine de personnes alors qu'elle en a arrêté plus de quatre cents. »

Bref, plus de 400 innocents en prison, c'est trop. Soixante, ça va.

LE SERVICE APRÈS-VENTE

Malgré la grande popularité des mesures de guerre dans l'opinion canadienne, on trouve au Parlement fédéral une vilaine opposition à la suspension des libertés. La plupart des députés néo-démocrates, dirigés par un Tommy Douglas insurgé contre cet affront aux libertés, les députés créditistes du Québec et le conservateur Roch Lasalle refusent de se joindre à l'hystérie politique collective.

Des intellectuels canadiens, jusque-là généralement favorables à Trudeau, pointent du doigt l'absence de preuve tangible de l'existence d'une insurrection appréhendée.

John Turner, ministre de la Justice hier opposé aux mesures, joue le jeu et affirme qu'il « espère qu'un jour les informations dont dispose le gouvernement pourront être rendues publiques». Balivernes.

Alors que le temps passe, et qu'un autre débat doit avoir lieu en Chambre, Trudeau décide de frapper un grand coup et de convaincre l'opinion, *a posteriori*, de la justesse de son intervention. En un mot: le gouvernement Bourassa était sur le point d'être renversé par un gouvernement parallèle.

C'est un mensonge. Une fabulation fondée sur une conversation entre Claude Ryan – que Trudeau déteste – et le bras droit de Jean Drapeau, Lucien Saulnier. Ryan alors directeur du *Devoir* demande à Saulnier, alors au centre des opérations d'Octobre, s'il était opportun d'épauler Bourassa pour mieux asseoir son autorité, qu'il sent fragile face à l'intransigeance présumée d'Ottawa. Il veut donc aider le gouvernement, pas le renverser.

Marc Lalonde fait venir à son bureau le journaliste du *Toronto Star*, Peter C. Newman, et lui tient ce langage, que Newman rapporte dans un livre publié en 2004.

Nous pensons qu'un groupe de Québécois important complote pour remplacer le gouvernement dûment élu du Québec. Les conspirateurs incluent René Lévesque, Jacques Parizeau, Marcel Pépin [président de la CSN] et Claude Ryan. Cette tentative de gouvernement parallèle doit être stoppée.

Lalonde niera avoir jamais tenu ces propos, cependant Newman affirme que Lalonde lui indique clairement qu'il faut que Newman publie l'information. Mais le journaliste connaît bien et respecte Ryan, et n'en croit pas un mot. Il exige une confirmation de Trudeau lui-même. Le premier ministre n'hésite pas à enfoncer ce clou mensonger. Au téléphone, il affirme à Newman que «le complot visant à renverser le gouvernement est réel». «Ryan n'est pas un tyran», proteste Newman. «La tyrannie a plusieurs pères» (*Tyranny has many agents*), répond-il.

Le 26 octobre, le *Toronto Star* annonce l'existence de la conspiration en première page. Newman est sauvagement critiqué par ses collègues journalistes et, cinq jours plus tard, par... Trudeau, rejetant ces «rumeurs et spéculations non confirmées». L'important est que le mal était fait. L'opinion était prête à croire en la faiblesse du gouvernement Bourassa – image faussement alimentée par Bourassa lui-même – faiblesse rendant justifiée, sinon nécessaire, une intervention musclée de l'État fédéral.

Il est admirable d'observer comment, des décennies plus tard, les protagonistes continuent à défendre leurs actions. Ainsi Marc Lalonde, dans une entrevue à Radio-Canada en 2010 affirme sans rire, au sujet de la conspiration : «Cela semblait plus qu'incroyable, mais je n'avais pas de raison de douter de la parole de M. Saulnier.»

Dans ses mémoires déjà citées, Trudeau joue de cette corde pour justifier son action : «Ce qui, en dernière analyse, emporta mon adhésion, c'est le fait que la crise commençait d'affoler beaucoup de gens qu'on aurait crus plus raisonnables.» C'est le «désarroi ambiant» au Québec, écrit-il encore, qui le fait bouger. «J'avais de bonnes raisons de croire que les chefs de file de l'opinion québécoise n'étaient plus tellement enclins à obéir à leur gouvernement légitime», dira-t-il encore en entrevue.

Bref, il feint de croire à sa propre désinformation.

LE DÉFENSEUR DES DROITS EN INACTION

La rafle a eu lieu. Les 500 prisonniers sont derrière les barreaux. On signale même à Trudeau que des policiers se sont présentés à la résidence de son ministre Gérard Pelletier. Erreur sur la personne. Preuve que les bavures sont monnaie courante.

Comment réagit le héros de la future Charte des droits de la personne ? Il doit être furieux. Dès le début, il a de bonnes raisons de croire que les arrestations seront excessives. La liste que lui remet la GRC lui paraît bizarre. Le premier ministre ne peut ignorer qu'il y a dérapage et abus de pouvoir.

Alors qu'il a la capacité politique et la responsabilité morale d'agir, ne serait-ce qu'en coulisses, jamais il ne s'inquiète du sort réservé aux prisonniers d'Octobre. Jamais il n'évoque la possibilité d'une libération précoce de la cinquantaine qui croupissent en prison au-delà de ce délai.

Jamais Pierre Trudeau ne s'indigne du fait que la police fédérale, provinciale et montréalaise fouille les logis des organisateurs péquistes comté par comté, quartier par quartier.

Au contraire, Pierre Trudeau se fait un point d'honneur de ne jamais s'en excuser : « On m'a souvent demandé si la crise d'Octobre m'inspirait des regrets, écrit-il. Ma réponse a toujours été négative. »

« *Just watch me* », a dit Trudeau l'avant-veille de la suspension des libertés. Il l'avait dit un an avant. Sur les ondes de Radio-Canada, interrogé par le journaliste Louis Martin au sujet de son intransigeance envers les indépendantistes, Trudeau avait répondu, en anglais : « *You haven't seen anything yet* » (Vous n'avez encore rien vu).

On l'a dit, Octobre lui offre l'occasion. Le larron est prêt à la saisir. Il le fait avec autant de fougue que l'avait fait le gouvernement canadien pendant la Seconde Guerre. À l'époque, Ottawa avait en effet fait usage de la guerre « comme une excellente occasion pour réprimer l'opposition et consolider son pouvoir ». Qui l'affirme ? Le jeune Pierre Trudeau, dans un de ses écrits.

L'historien Reg Whitaker, qui a mis au jour plusieurs des éléments de preuve aujourd'hui à notre disposition sur les débats du cabinet fédéral, tire cette conclusion :

> *La GRC jugeait que la crise ne pouvait être résolue que grâce à un travail policier patient et prudent. Les ministres québécois à Ottawa ont délibérément choisi d'exagérer*

l'importance de la crise pour justifier des mesures d'urgence de nature à intimider les nationalistes et les séparatistes, avec lesquels les fédéralistes québécois étaient en conflit pour gagner la loyauté des Québécois. La crise d'Octobre est, en ce sens, un épisode d'une sorte de guerre civile québécoise dans laquelle les non-Québécois étaient pour l'essentiel des spectateurs.

Octobre permet donc à Trudeau – et à Lalonde et à Marchand – de mettre en œuvre la grande opération que le jeune intellectuel Trudeau dénonçait naguère. Il rongeait son frein depuis longtemps. À Peter C. Newman qui lui demande quelles preuves il détient de la conspiration, Trudeau a cette extraordinaire réponse : « Ce sont des informations que j'accumule depuis que j'ai l'âge de trois ans » !

Un dernier mot. Dans le documentaire de Francine Pelletier intitulé *Monsieur*, Jacques Parizeau, excédé de devoir défendre sa malheureuse déclaration du soir de la défaite référendaire, a ce trait qui nous sert d'épilogue :

Je n'ai jamais foutu personne en prison, mais je suis un fasciste raciste et intolérant à part ça. C'est ça l'image. Pierre Trudeau a fait mettre en prison 500 personnes sans jamais en poursuivre une devant les tribunaux, mais c'est un grand démocrate, n'est-ce pas ?

N'est-ce pas ?

BOURASSA ET TRUDEAU, LES MOBILES

Voici donc réunis, à plus de 40 ans de distance, les éléments du dossier. Il en manque évidemment un.

Entre le premier appel de Bourassa à Trudeau le 10 octobre et la décision des deux premiers ministres de faire avaliser les instruments législatifs de la *Loi des mesures de guerre* par leurs Conseils des ministres respectifs les 12 et 15 à Québec et les 14 et 15 octobre à Ottawa, arrive le moment de décision.

Le rapport Duchaîne nous en informe : le soir du 12, la machine policière est en marche pour la grande rafle du 15-16. La décision est donc prise entre le 10 et le 12. Bourassa et Trudeau ont tranché. Le reste n'est que de l'intendance et de la mise en marché.

Nous connaissons le détail de la décision : frapper un grand coup, arrêter des centaines de personnes et déployer simultanément l'armée dans les rues, dans la nuit du 15 au 16 octobre. Faire croire que le régime démocratique est en péril. Mentir.

La décision est prise, à Québec, alors que les policiers qui enquêtent sur les enlèvements affirment que le nombre de ces arrestations est inutile et insensé et qu'à Ottawa, le plus important policier du pays affirme la même chose et plaide contre toute mesure d'exception.

La décision est donc politique et sert des fins politiques : l'affaiblissement du mouvement indépendantiste, du syndicalisme et des militants de gauche en général.

La décision est conjointe, prise par Robert Bourassa et par Pierre Trudeau. Mais on vient de le voir c'est d'abord à Québec, ensuite à Ottawa qu'est prise la décision de traumatiser l'opinion. C'est d'abord à Québec, ensuite à Ottawa que les conseils de ministres avalisent cette injustice.

Reste la question la plus intéressante et la plus révélatrice : le mobile.

Pour Trudeau, la chose est transparente. Le combat contre le nationalisme québécois en général et les séparatistes en particulier est au cœur de son action politique, de sa vision du Canada. Octobre 1970 lui donne l'occasion de terrasser cet ennemi intérieur, contre lequel il accumule des informations – ou devrions-nous dire de la rancœur ? – depuis, dit-il, l'âge de 3 ans !

Mais qu'en est-il du mobile de Robert Bourassa dont on vient de voir qu'il est l'initiateur de la décision ?

Voici un homme politique qui a, en janvier 1970, remporté au premier tour de scrutin le poste de Chef du Parti libéral du Québec. Son pouvoir sur son parti est donc solide. Voici un homme qui a ensuite, en avril, remporté 72 sièges sur les 108 que compte alors l'Assemblée nationale. Il tient 45 % des voix, contre une opposition divisée en trois partis : le PQ, l'Union nationale et le Parti créditiste. Les partis fédéralistes québécois cumulent 77 % des voix.

En fin observateur de la vie politique, il peut penser que le Parti québécois de René Lévesque est appelé à un bel avenir, à moyen terme. Mais il n'y a aucun péril politique en la demeure. Oui, le Québec est aux prises avec une forte agitation sociale, mais c'est vrai de toutes les autres sociétés occidentales. Robert Bourassa est personnellement bien en selle. Il est en début de mandat.

C'est sur ce fond de scène qu'il faut juger sa décision de suspendre les libertés civiles dans sa nation, de faire arrêter ses concitoyens dans la nuit, de les traumatiser par des rafles et des perquisitions à répétition, de bénir la détention de poètes et de chanteuses, puis de ne rien faire pour accélérer leur libération.

Connaissant bien la psychologie du personnage, il faut supposer que le jeune premier ministre a pris cette décision avec un souverain détachement. Froidement. Stoïquement. Sans se réjouir ou se frotter les mains, mais sans perdre une minute de sommeil. C'était ce qu'il jugeait bon de faire à ce moment de l'histoire.

Trudeau et Bourassa sont immensément condamnables pour ce déni de justice. La brutalité politique de Trudeau dans cette affaire répond à une logique de construction d'un Canada dont il faut éradiquer l'ennemi intérieur, et à son obsession personnelle contre le nationalisme québécois.

La brutalité politique de Bourassa est plus pure encore. Lui ne récuse pas le nationalisme québécois, seulement sa variante séparatiste. Lui n'est pas obsédé par les péquistes, notamment ce Lévesque qu'il connaît bien et qu'il voulait retenir, il y a peu, dans le giron libéral. Il agit donc strictement pour consolider un pouvoir déjà solide, casser un ennemi relativement faible. C'est un exercice de pouvoir cru. Un abus de pouvoir qui n'a d'autre fin que l'abus de pouvoir.

5.

LA FABRICATION DU MASQUE

Le genre humain est gouverné bien davantage
par les apparences que par la réalité.
Envers l'opinion publique,
il est donc préférable d'être dur et rude,
sous des dehors gentils et doux, que l'inverse
LORD CHESTERFIELD

Octobre 1970, est le mois où Robert Bourassa bascule définitivement. En lui, le cynique l'emporte sur le réformiste.
Desrochers sur Lévesque. À la faveur de la crise, ayant contem-
plé son cabinet, il frappe une dernière fois sur le granit pour
qu'émerge la forme finale, non du politicien parfait, mais du
politicien seulement. Robert Bourassa est arrivé. Il a peaufiné
sa méthode, qu'il faut maintenant admirer avec le recul.

De l'âge de 11 ans jusqu'à l'arrivée sur le trône, on l'a vu
têtu. Rien ne pouvait le faire dévier de cette trajectoire vers le
pouvoir. On le lit revendicatif dans Le *Quartier Latin*; déluré,
dans son entrevue avec Duplessis; baveux, dans son débat
avec Sauvé et le jeune Trudeau. On le sait dégourdi, à Oxford
et à Harvard. On l'écoute, hardi, décrochant un emploi de Marcel
Bélanger qui, lui, le découvre agressif. À la table de la commission, en 1965, « ce n'était pas tellement le doux Bourassa qu'on
connaît, se souvient Bélanger. Ses contre-interrogatoires ser-
rés en froissaient plusieurs ».

Sans rien perdre de sa détermination (au contraire, on n'a qu'à revoir la planification qu'il faisait en 1965 de son accession au trône qu'il prévoyait pour 1972), Bourassa se met à jouer avec son attitude extérieure, à gérer sa coquille, son image. Image servile et effacée avec Jean Lesage. Image enthousiaste et empressée avec René Lévesque. Image neutre et muette quand ces deux géants de la politique entrent en collision. Image obéissante et disciplinée sous les conseils de Desrochers. Image faible et hésitante pendant la crise d'Octobre.

Il comprend que cette faiblesse factice lui sied bien. Son ancien camarade de classe, Pierre Bourgault, qui lui rend parfois visite au début des années 70, décrit le phénomène. Il est bien placé pour l'étudier, car 10 ans plus tôt, lui, Bourgault, figure emblématique de l'indépendantisme première manière, était dépassé par son propre personnage public. En général, écrit-il donc, l'homme public :

> [...] *s'aperçoit vite que son image, plus grande que nature, est nettement démesurée par rapport au petit personnage humain qui la brandit. [...] Robert Bourassa, consciemment ou inconsciemment, a évité ce piège : il s'est fait une image si petite qu'il peut sans peine la nourrir, tant sont minimes ses exigences.*

« JE SUIS ALLÉ À LA LIMITE DU RÉGIME »

Octobre est l'apogée de ces deux courants : réelle fermeté et apparente faiblesse. Pendant les années qui suivent, Bourassa aura plusieurs occasions de faire preuve de froide détermination. Ainsi, après Octobre, quand il met sur pied son Centre d'archives et de documentation, une petite agence de renseignements, dont il écrira qu'« on s'est rendu compte de son utilité, surtout à la grève générale de 1972 ». Froide détermination encore pendant ce conflit, quand il vote une loi qui fera en sorte que soient emprisonnés pour un an trois chefs syndicaux. Un geste dont la gravité ne pâlit qu'en comparaison des mesures de guerre. Le soir de cet emprisonnement Bourassa va, comme toujours, dormir d'un sommeil serein.

Interrogé par le journaliste Raymond Saint-Pierre, en 1977, Bourassa commente lui-même sa transformation :

> **Bourassa** : *Je me suis moi-même adapté. Mao Tsé-Tung disait que la politique est une guerre sans effusion de sang. Quand vous êtes en état de guerre, il vous faut combattre. Et j'ai combattu, d'autant plus que les ennemis ne manquaient pas. […] Si on regarde les faits, il n'y a pas un gouvernement en Occident qui a pris des mesures pour emprisonner trois chefs syndicaux. C'est la marque d'un gouvernement assez ferme.*

Plus loin, Bourassa ajoute s'être retenu :

> **Bourassa** : *Le régime démocratique britannique a ses contraintes et j'ai voulu les respecter. Même si, à l'occasion, avec la* Loi sur les mesures de guerre, *avec l'emprisonnement des chefs syndicaux, avec les lois spéciales* [neuf lois ordonnant le retour au travail de grévistes en six ans], *je suis allé à la limite du régime. Je n'ai pas voulu aller au-delà.*

Le journaliste demande alors : « N'y avait-il pas autre chose à faire ? »

Saint-Pierre semble penser à des méthodes plus douces. Bourassa n'entend pas ce sous-entendu :

> **Bourassa** : *Si. Il y avait d'autres mesures qui pouvaient être appliquées, beaucoup plus radicales. Mais elles auraient détruit le fondement de notre régime.*

Dans cet échange, la résolution de Bourassa donne froid dans le dos. Des mesures « beaucoup plus radicales » que la suspension des libertés ?

Pourtant, à partir de la fin de 1970 et sans discontinuer par la suite, Bourassa dégagera une image de médiocrité et de mollesse. Les caricaturistes s'en donneront à cœur joie. C'est ce qu'il veut. Cette prétendue faiblesse berne et endort ses adversaires, c'est ainsi qu'il arrive à les surclasser.

Cependant, en consacrant la victoire du cynique sur le réformiste, octobre 1970 marque aussi le début d'un dépérissement plus grave. Bourassa commence à perdre la plupart de ses convictions, de ses balises idéologiques. Il aura encore des réflexes – l'insécurité –, des goûts – la fiscalité, les barrages. Mais à jouer avec la technique politique pure, à tester chaque projet par un sondage, il perd ses boussoles, ses élans, ses convictions. Robert Bourassa est un homme décidé. Mais à force de déplacer les sujets de la colonne «convictions» à la colonne «gestion», il en vient à ne plus savoir à quoi il tient, hormis au pouvoir en soi.

Il s'investit totalement dans la gestion de la politique et de l'image, comme s'il s'agissait de fabriquer et de vendre de la soupe, plutôt que de donner aux citoyens les moyens de leurs espoirs, l'entier exercice de leurs droits et la pleine conscience de leurs responsabilités. Or, la conviction appelle l'action, c'est net. Il est toujours plus facile de croire que de prévoir. Avec la gestion politique pure, cependant, on ne sait pas toujours ce qui va se vendre, ce qui va marcher. Alors Bourassa hésite. Pas parce qu'il ne sait pas ce qui est bien ou mal, mais parce qu'il ne sait pas ce qui est rentable ou désavantageux. C'est ainsi que, voyant Bourassa changer d'avis sur l'opportunité de recevoir ou non la reine Elizabeth au Québec en 1976, Trudeau lui lancera, excédé: «Quand est-ce, Robert, que tu vas apprendre à te décider?»

UN CONSEIL DES MINISTRES DÉCLASSÉ

Quand Bourassa-le-calculateur s'avise-t-il que le train de réformes mis en branle à son arrivée en 1970, au nom de ses convictions maintenant moribondes, risque de s'emballer, et de lui faire connaître le même sort que Lesage en 1966 ? Car voilà, Bourassa a révisé l'histoire : il est maintenant convaincu que Lesage a perdu parce qu'il a voulu aller trop vite. Les électeurs québécois, ces ignares, n'en demandaient pas tant. Le successeur de Lesage met donc le frein et utilise à cet effet la force d'inertie d'un Parti libéral maintenant vidé de ses militants les plus progressistes, passés au Parti québécois. Dans sa gestion des hommes, il donne plus de poids aux préférences des organisateurs qu'aux avis de ses ministres et il compte sur les premiers pour refroidir les seconds.

C'est l'expérience d'Octobre, encore, qui provoque ce changement. Le journaliste Murray rapporte :

> Réfléchissant sur cette période après la chute des libéraux, en novembre 1976, un des ministres les plus importants du Conseil de l'époque soulignait qu'il fallait opérer une distinction très nette entre le gouvernement Bourassa d'avant la crise et celui d'après la crise.

> Avant la crise d'Octobre, dit-il, le premier ministre essayait, sincèrement en apparence, de mener un travail d'équipe. Les réunions du Conseil des ministres furent le lieu de maintes discussions sur les grandes orientations politiques qu'il incombait au nouveau gouvernement d'établir.

> Mais après la crise, Bourassa laissa « tomber » le Conseil des ministres non seulement comme instrument de réflexion mais aussi comme instrument de décision. Le nombre des participants actifs et réguliers à l'élaboration des grandes politiques du gouvernement se réduisit brutalement aux quelques hommes composant l'entourage du bureau du premier ministre.

La nouvelle gestion solitaire du pouvoir après octobre 1970 se fait particulièrement éclatante au printemps de 1971, quand Bourassa annonce dans une assemblée partisane le lancement du mégaprojet hydro-électrique de la Baie James. Plusieurs années plus tard, son ministre Jean-Paul L'Allier a raconté l'événement, dans une lettre ouverte à Bourassa :

> *Comme la plupart de mes collègues membres du cabinet d'alors, j'avais été impressionné par la présentation qui avait été faite au Colisée de Québec, devant quelques milliers de militants libéraux amenés de partout pour vous voir présenter le projet-spectacle de la Baie James. C'était votre projet, votre soirée.*

> *Députés et ministres savaient dans l'ensemble bien peu de choses de ce mégaprojet, dont les décisions essentielles, sans doute fort défendables et fort valables, avaient été prises de fait en dehors des enceintes du Conseil des ministres.*

Bourassa, qui se targuait alors de garder sur sa table de chevet une copie du *Prince* de Machiavel, y avait sans doute lu qu'il « profite beaucoup encore au prince de faire choses dignes de mémoire », choses « extraordinaires » autant que faire se peut, et qu'il doit « appliquer son esprit à se faire donner par toutes ses actions une renommée de grand et d'excellent ».

Grand et excellent, voilà le consensus qui s'établira, 10 ans plus lard, sur les barrages de la Baie James. C'est qu'une troisième intervention du destin vient sauver Bourassa de ce qui aurait pu être majeure catastrophe. Lorsqu'il lance, seul, le projet en 1971, il propose d'hypothéquer comme jamais le compte en banque des Québécois, par des emprunts massifs. Le devis d'origine était fixé à six milliards de dollars. La facture finale, à 16 milliards. Entre les deux, la viabilité économique de l'affaire devenait, selon les calculs initiaux, précaire ou nulle. Mais le destin qui avait mis Andrée Simard, puis Paul Desrochers et le sondage de Chicago sur la route du p'tit gars de Saint-Pierre-Claver, allait faire son plus gros effort à ce jour : la crise pétrolière de 1973. La décision de l'Organisation des pays exportateurs de pétrole de démultiplier le prix du pétrole allait rendre concurrentielle, voire bon marché, l'hydro-électricité québécoise.

Au cabinet, vient un moment où la coupe déborde. Ostracisés, Claude Castonguay et Jean-Paul l'Allier viennent de démissionner en 1972, ne reconnaissant ni le parti ni le chef qu'ils avaient suivis. Castonguay fustige en privé «l'attitude d'anti-intellectualisme et de conservatisme borné» qui conduira à son départ en 1973. Cette année-là, Guy Saint-Pierre, mis en échec par Desrochers sur un dossier économique, pense organiser une fronde anti-Bourassa au cabinet, mais n'a ni le talent ni l'énergie nécessaires.

Le conseiller en communications de Bourassa, Charles Denis, l'inonde de conseils sur la façon de s'habiller, de se tenir, de parler. On lui adjoint un coiffeur. On voit de plus en plus Bourassa passer son pouce à l'intérieur de son gilet d'habit en parlant. C'est un tic appris, pour faire banquier ou homme d'État. Et ça lui va comme un chapeau à une tortue. Charles Denis au bunker, c'est l'irruption de la campagne électorale permanente. Le triomphe de la gestion de la communication, plutôt que des projets. Bourassa, Denis et Rivest s'amusent d'ailleurs à berner systématiquement la presse, à choyer celui-ci, à tromper celui-là, à reprocher le ton d'un article à un troisième, et à désinformer l'ensemble des journalistes. «Tu vas voir, Untel va croire tout ça!» dit l'un. «Les autres journalistes aussi», rétorque l'autre, amusé.

Dans son livre *Mes premiers ministres*, Claude Morin, alors conseiller de Bourassa pour les affaires constitutionnelles, qui rapporte cette anecdote, dit avoir assisté à de telles séances. Il donne une liste des techniques de brouillage de l'information employées par Bourassa. Tous les personnages politiques y recourent régulièrement, mais il faut reconnaître la constance et la virtuosité de Bourassa à cet égard. La liste inclut: la rareté stratégique, l'esquive latérale, la référence fuyante, l'obscurité complice, le désamorçage préventif, la sémantique élastique, l'affirmation créatrice, la couverte étirée, la loupe ajustée, l'éclairage rose, la solution prochaine, l'auditoire complaisant, la pitié compatissante. Les titres sont de Morin. La liste devrait être mise à l'étude dans tout cours d'initiation à la vie politique, au secondaire V ou au cégep.

Les journalistes ne sont d'ailleurs pas les seules victimes de cette tendance de Bourassa et de son entourage à traiter les individus comme des pions désincarnés. Spontanément, trouvant l'incident « amusant », Bourassa racontera l'anecdote suivante à Raymond Saint-Pierre :

Les gens ne pouvaient pas venir me voir librement à cause du piquetage [pendant une grève en 1972, les syndiqués bloquaient l'entrée du bunker]. *Alors, certains membres de mon entourage ont pensé jouer un tour à quelques personnes. Ils les appelaient, et leur disaient – à mon insu – que le premier ministre voulait absolument les voir. Et comme c'était difficile d'accès, qu'il leur faudrait monter dans le coffre d'une voiture de la Sûreté du Québec* [pour franchir la ligne de piquetage… Une fois la victime couchée dans le coffre, et la voiture garée au sous-sol du bunker], *à ce moment-là, mes gardes du corps jouaient le rôle de piqueteurs qui venaient de se faire jouer un tour. Et ils donnaient des grands coups sur la valise en arrière, multipliant les jurons pour que ça semble bien réel, en disant : « S'il y a quelqu'un dans le coffre de la voiture, il va y goûter, il a essayé de tricher et de nous tromper. »*

Finalement, quand on ouvrait le coffre, la personne, paraît-il, était blanche comme un drap. Il y avait Claude Rouleau, qui était sous-ministre de la voirie, qui a enduré ça pendant 10 minutes. Il y a survécu. On pensait également jouer ce tour à Yves Michaud [alors député libéral], *mais on se posait des questions sur sa résistance cardiaque. Jusqu'à quel point aurait-il pu passer à travers une période comme celle-là ?*

Le cynisme de Bourassa et de son équipe devient, plus qu'un mode de fonctionnement, une dangereuse arrogance. En 1972, l'hebdomadaire indépendantiste *Québec-Presse* publie les résultats d'une enquête sur les lucratifs contrats gouvernementaux – un million de dollars – dont profite la compagnie Paragon Business Forms, propriété d'Andrée Simard et d'autres membres de la belle-famille, dont un ministre, Claude Simard. Le conflit d'intérêts ne fait pas l'ombre d'un doute. (Bourassa plaidera que la compagnie Paragon faisait affaire avec l'État québécois depuis Duplessis. Raison de plus pour que son épouse et son ministre se départissent de leur participation dans l'entreprise dès l'élection de Bourassa.) L'affaire, comme on dit dans le domaine, « ne décolle pas », ne devient pas un scandale. Plutôt que de profiter de ce répit pour liquider le contrat ou demander à son ministre et à son épouse de vendre ces actifs ou de les mettre en fiducie, Bourassa se convainc de son invincibilité, laisse aller.

LA VICTOIRE DE LA STRATÉGIE DE LA MÉDIOCRITÉ

Surtout, il habite maintenant son personnage, que son ami Bourgault décrit comme suit :

> *Chaque fois que je l'ai rencontré, j'ai vu un homme parfaitement satisfait de son sort, sur qui l'inquiétude n'avait pas prise non plus que le doute. [...] Je le crois pourtant intelligent et toutes les conversations que j'ai eues avec lui m'ont démontré qu'il se méfie de le paraître en public, par crainte d'apeurer une clientèle qui ne lui pardonnerait pas de souligner ainsi une qualité qu'elle ne partage pas.*

> *S'il est médiocre, Robert Bourassa ne l'est pas de nature mais plutôt par choix. S'il vole à hauteur des épaules, c'est parce qu'il a décidé une fois pour toutes que c'est à cette altitude qu'il rencontrerait la majorité des électeurs québécois. Et il*

croit fermement que les dernières élections lui donnent rai-
son là-dessus.

Car encore une fois, la réalité a souri à Bourassa, qui a dé-
clenché des élections en 1973 et a remporté 55 % des voix et
102 des 110 sièges. Une seconde fois, Lévesque se fait battre
dans son comté de Taillon ; quant au PQ, qui obtient 30 % des
voix, il perd un siège à l'assemblée, passant de 7 à 6. En privé,
Bourassa explique pourquoi il a tant de succès, tel que le rapporte Murray :

> *Il se plaisait à dévoiler à des interlocuteurs sa recette de*
> *longévité politique : se limiter à quelques idées ou slogans très*
> *simples, les répéter inlassablement et attaquer ses adversaires*
> *constamment, quels que soient les mérites de leur position.*
> *Tout cela, expliquait-il, il l'avait appris en étudiant la vie*
> *politique de Maurice Duplessis.*

En entrevue, en 1977, Bourassa note d'ailleurs : « Une partie de la population a la nostalgie du temps de M. Duplessis. »
On savait qu'il méprisait le caucus, le parti, le cabinet. On
soupçonnait qu'il méprisait aussi les électeurs. On n'en
doute plus.

Au sein du nouveau cabinet libéral, élu en 1973, les réformes sont absentes, sauf pour ce qui est de la nouvelle charte
des droits de la personne, la première au pays. Au cabinet, une
nouvelle venue, Lise Bacon, hier présidente du parti, tente de
concrétiser quelques projets : garderies financées par l'État,
assurance-automobile, code de protection du consommateur.
Sur ces deux derniers points, rien ne bouge. Et Bacon goûtera
elle-même à la recette Bourassa de faire critiquer par les militants des projets jugés trop à gauche.

Bourassa laisse notamment faire Paul Desrochers lorsqu'il
introduit les walkies-talkies dans les congrès libéraux, pour faire
transiter d'un atelier de discussion à un autre des groupes de
« bons militants » qui iront faire triompher de leurs votes, ou

faire périr, les résolutions que le bunker veut voir vaincre ou périr.

En éditorial, en 1974, Ryan résume la triste dérive du PLQ :

D'un côté, les intellectuels qui l'avaient naguère appuyé en force s'en éloignaient, on voyait renaître en son sein, et se manifester avec une audace croissante, un anti intellectualisme dont la popularité d'un Louis-Philippe Lacroix [député des Îles-de-la-Madeleine aux idées politiques précontraintes] *est l'un des signes les plus voyants, mais dont la direction elle-même du parti ne semble pas exempte.*

Mais Bourassa se fout maintenant des journalistes et des intellectuels. « Il ne les respectait pas non plus, commente un de ses proches collaborateurs. La dernière chose qu'il voulait, c'était des éloges venant de professeurs ou d'intellectuels, même si c'étaient de bons libéraux. Il croyait que ça ne pouvait que nuire à son image auprès des électeurs. »

On pourrait accumuler encore les exemples, mais à quoi bon ? Bourassa avait constaté, pendant son ascension, qu'il y avait des médiocres à tous les étages – caucus, parti, cabinet, électorat – et qu'on pouvait les manipuler puis être récompensé par l'obtention d'un pouvoir plus grand que celui du président américain.

Avec quel impact sur son univers mental ? Bourgault, encore :

À force de vouloir être médiocre, finit-on par le devenir ? À force de ne vouloir rien dire et de ne rien dire, finit-on par se taire ? À force de vouloir plaire à tout le monde, finit-on par se déplaire à soi-même ? À force de s'entourer de flatteurs, l'encens ne vous fait-il pas tourner la tête ? À force de ne s'occuper que d'histoires quotidiennes, finit-on par en oublier l'Histoire ?

Lors d'une rencontre, après sa réélection de 1973, Bourgault pousse son vieux camarade dans ses retranchements : « Tu ne penses qu'à une chose : te faire réélire dans quatre ans. Chaque geste que tu poses ne vise qu'à t'assurer un vote de plus ou à conserver le vote que tu as déjà. Voilà pourquoi tu es un premier ministre " plate ". Accepte plutôt le risque de te faire battre dans quatre ans, mais d'ici là sers-toi de ta force pour devenir un grand premier ministre. » Bourassa répond : « Il n'y a personne au Québec qui ose me parler comme tu me parles. »

En 1975, quand quelqu'un demande en privé à Bourassa combien de temps encore il veut rester au pouvoir, le chef du gouvernement ne parle ni de voir son grand projet, la Baie James, devenir réalité, ni de faire passer le chômage sous la barre des 7 %, ni d'une quelconque réalisation durable dont il rêverait en secret. Il répond, pensant à son rival fédéral : « Plus longtemps que Pierre… »

LA CHUTE DE BOURASSA I

Puis, il tombe. Comme une roche. C'est la faute à son âme damnée, c'est la faute à son grand projet, c'est la faute à son cynisme. L'âme damnée, Paul Desrochers, s'occupe de tout. Y compris d'une élection partielle à Sept-Îles en 1972, où il pousse encore plus loin ses méthodes électorales à l'américaine. Mais Sept-Îles est un château fort syndical. Il faut y assurer la paix sociale. Cela tombe bien car Desrochers est en train de discuter avec un bonze de la FTQ-Construction, André « Dédé » Desjardins, du mode d'embauche des employés de la construction à la Baie James, manne extraordinaire que chaque syndiqué, chaque travailleur, chaque chômeur convoite. La règle, sur les chantiers québécois, veut que tous les syndicats y soient présents, principalement la FTQ (Fédération des travailleurs et des travailleuses du Québec) et la CSN (Confédération des syndicats nationaux). Mais ils s'y livrent de rudes parties de maraudage, qui finissent parfois par les coups, l'extorsion, ou pire.

Un jour, Desrochers déjeune à Montréal avec Louis Laberge, président de la FTQ, et Desjardins. Au menu : la possibilité de donner le monopole syndical de la Baie James à la FTQ pour 10 ans, en échange de la paix sociale sur le mégachantier. Desjardins sera décrit dans le rapport d'une enquête – dont on parlera tout à l'heure – comme « un danger pour l'État, un fléau pour la société et pour le mouvement syndical ». Un autre jour, Desrochers redéjeune, à Québec, avec Desjardins. Même menu. Le soir même, Desrochers et Desjardins discutent encore, mais à Sept-Îles, où ils conviennent que rien ne viendra troubler l'élection partielle. Échange ? « Un service en attire un autre pour un homme pratique comme André Desjardins », conclut la commission d'enquête chargée de faire la lumière sur cette affaire. On y vient.

Il n'y aura pas de monopole syndical à la Baie James, mais il y aura une préférence marquée pour la FTQ. Au surplus, personne ne sera surpris d'apprendre que, pour travailler dans le Nord, en plus de la filière FTQ, il existe une voie rapide : les noms soumis par les députés et ministres libéraux se retrouvent au-dessus de la pile. En mars 1974, survient « le saccage de la Baie James », lorsque, à la faveur des luttes qui opposent sur le chantier la FTQ à la CSN, un agent local de la FTQ lance un bulldozer sur un générateur, provoquant l'évacuation massive du chantier.

C'en est trop. Même dans ses voyages à l'étranger, où il quête les fonds nécessaires à la poursuite des travaux, Bourassa rencontre des investisseurs qui s'enquièrent de la propreté de cette opération, de la qualité du climat de travail. Ainsi poussé par des gens qui comptent (!), Bourassa décide de former sur le sujet une commission d'enquête présidée par le juge Robert Cliche, Monsieur Intégrité, secondé par un syndicaliste enseignant, Guy Chevrette, et par un avocat patronal, Brian Mulroney. Ce dernier fait en sorte qu'on embauche comme procureur principal un avocat du Saguenay : Lucien Bouchard.

L'équipe remonte bientôt la filière jusqu'au bureau de Bourassa. Dans des séances publiques télévisées, Desrochers est appelé à la barre et, sans rien confesser d'illégal, confirme tout. C'est ensuite au tour du ministre du Travail, Jean Cournoyer, et de son collègue de la justice, Jérôme Choquette. Ce dernier avoue même avoir informé Bourassa d'une autre petite malversation, dont la nature reste inconnue à ce jour et dont le premier ministre a dit ne pas se souvenir.

La question à la mode, en ce début de 1975, vient des États-Unis, où une enquête publique a récemment martelé sans arrêt aux témoins : « Qu'est-ce que le président [Richard Nixon] savait et quand l'a-t-il su ? »

Bonne question, pensent Bouchard, Cliche et Chevrette. Qu'est-ce que Bourassa savait des mamours entre Desrochers et la FTQ, et quand l'a-t-il su ? Bouchard veut qu'on l'appelle tout bonnement à la barre. Bourassa comprend ce que ça signifierait pour lui : « Ç'aurait été dans le même style que le juge Sirica convoquant Nixon à la barre », explique-t-il. La suite est racontée par le biographe de Brian Mulroney, Ian MacDonald.

La question de savoir si le premier ministre du Québec pouvait et devait être assigné à témoigner devant la Commission Cliche a provoqué une crise majeure parmi les commissaires. Pendant le débat qui s'est prolongé durant plusieurs soirées consécutives, Mulroney est limpide avec ses collègues. « Si vous insistez pour émettre un subpœna à Bourassa, leur dit-il, je démissionne. » Cette attitude le mettait en contradiction directe avec son vieil ami Bouchard. « Mon plan était de mettre Bourassa dans le box », dit Bouchard, « c'était la suite logique à Choquette ». [Ce à quoi Mulroney rétorquait :] « Non, absolument non, c'est incorrect, ce serait outrepasser la compétence de la commission et je n'ai aucune intention de jouer le jeu sous aucune considération. »

Le commissaire Guy Chevrette croit que la commission devrait obliger le premier ministre à comparaître. Robert Cliche, au début, reste neutre. Mulroney se fait donc le protecteur de Bourassa. « Brian voulait pas fourrer le gouvernement », résumera Bouchard. À la fin, Mulroney réussit à convaincre Cliche et le vote, parmi les trois commissaires, est de deux à un contre la comparution de Bourassa. (Bouchard n'a pas droit de vote, étant procureur, pas commissaire.) Bourassa suit de près l'évolution de ce débat et la rédaction du rapport. Il compte un bon informateur dans le groupe : Mulroney, qu'il connaît déjà, car le monde de l'élite québécoise est petit, que Mulroney y est très visible et parce que Paul Desmarais s'en est entiché.

Surtout, Mulroney sauve la peau et la face du premier ministre, qui s'en souviendra. Cliche, Mulroney, Chevrette et Bouchard sortent de l'opération comme un quatuor d'incorruptibles et leur rapport provoque un nettoyage rapide et nécessaire de l'industrie de la construction au Québec. (Bien qu'il ait fallu attendre 2012 pour abolir le placement syndical des travailleurs de la construction, comme l'avait recommandé la commission). Bourassa aurait pu être considéré comme un des responsables du cloaque. Grâce à Mulroney, il a l'air d'une victime, faible et naïve. Encore.

Il doit cependant faire un grand sacrifice, pendant que cette affaire gronde, en 1974 : il se sépare de Desrochers. Mais Bourassa n'en a plus besoin. Il a tout appris.

Plusieurs autres « scandales » ternissent son image de technocrate compétent, faible mais intègre. Comme ça se produit souvent dans le domaine de l'information, l'affaire Parangon ressurgit après une période d'hibernation de deux ans. En 1974, le terrain est plus meuble, l'insatisfaction envers Bourassa commence à monter. *La Presse* relance le pavé. L'intéressé est très surpris par l'ampleur que prend le scandale et monte un soir à la tribune de la presse pour semoncer les journalistes, leur dire combien ils causent de chagrin à son épouse. Il n'admettra jamais qu'il y avait, dans ces transactions politico-familiales, un comportement pour le moins imprudent. D'autres scandales viennent s'ajouter à celui-ci. Rien qui ne puisse être géré. Mais le bouquet dégage une odeur d'arrogance et de compagnonnage malsain qui mine le parti, le gouvernement.

Un soir, Bourassa voit son ancien étudiant en mathématiques, Pierre Nadeau, présenter à son émission phare, *Le 60,* un reportage calqué sur la dernière scène du film de Costa Gavras, *Z* – dont il emprunte d'ailleurs la musique. Sur l'écran, défilent les photos des ministres et conseillers du premier ministre, avec nom, matricule et soupçons de corruption.

En septembre 1975, Jérôme Choquette, homme fort du gouvernement, en claque la porte et va fonder son propre parti, l'éphémère Parti national populaire. Un coup dur pour Bourassa.

Bourassa met aussi en chantier une loi linguistique, la loi 22, pour répondre à une situation qui pourrit. Ce qu'il fait d'ailleurs de la pire manière, ménageant la chèvre et le chou de façon à s'aliéner et la faune et la flore de l'électorat. La loi fait du français la «langue officielle» du Québec, ce qui est symboliquement fort. Elle tente gauchement de départager lesquels des nouveaux arrivants pourront aller à l'école anglaise – ce qui est indispensable pour freiner la glissade assimilatrice. Elle interdit l'affichage unilingue anglais – ce qui est un progrès.

Elle fait assez pour que Bourassa se mette à dos l'électorat anglophone et une partie de ses propres députés – dont certains dénonceront la loi pendant la campagne électorale à venir. Elle n'en fait pas assez pour l'opinion francophone qui croit à juste titre que le libre choix de l'éducation anglophone pour les nouveaux venus (qui s'y engouffrent à 85 %) doit cesser et que le droit de travailler en français doit être affirmé.

Sur la loi 22, plusieurs lectures sont possibles. Robert Bourassa a-t-il fait preuve de courage ? Il aurait pu, comme dans tant d'autres dossiers, ne rien faire. Laisser pourrir la situation. On peut penser au contraire qu'il n'a agi que par calcul : l'inaction aurait été politiquement fatale, car en laissant tout le dossier linguistique au PQ qui en faisait son cheval de bataille, il lui laissait un important carburant politique.

Qu'il ait mal calculé, c'est certain. La loi 22 lui a nui. Mais force est de constater qu'il était impossible pour un premier ministre libéral quel qu'il soit de légiférer habilement en matière linguistique et d'en tirer un profit politique. À l'impossible, même Robert Bourassa n'est pas tenu.

Loi 22 aidant (ou nuisant), les sondages chéris de Charles Denis sont au maussade fixe. À la fin de septembre 1976, les intentions de vote pour le PLQ sont à 24 %, cinq points derrière le PQ. Bourassa n'a accompli que trois ans d'un mandat de quatre ans, qui pourrait être prolongé à cinq s'il le voulait. Est-ce le temps d'un nouveau départ ? Remaniement, changement de conseillers, nouveau cap et plan de deux ans ? Au contraire, Bourassa déclenche une élection hâtive. « Si nous avions attendu, expliquera un de ses conseillers, nous aurions glissé encore plus bas. Et l'Union nationale montait rapidement. Si l'élection s'était faite au printemps [de 1977], nous aurions pu finir derrière l'UN. » C'est-à-dire troisièmes. Il s'agit donc pour Bourassa de sauver les meubles, de jouer les futés en utilisant le prétexte d'une déclaration de Trudeau sur un possible rapatriement constitutionnel unilatéral pour aller chercher un « mandat » et stopper ce malotru. Bourassa pense encore que les électeurs n'y verront que du feu. Que grâce à ses talents et à sa machine, il pourra garder 62 des 110 sièges, donc la majorité. Telle est sa prédiction.

Bourassa a prédit les bons chiffres, mais pas dans le bon ordre. C'est 26 sièges que le PLQ remporte au soir du 15 novembre 1976, et le sien n'y figure pas. Il est battu dans son comté par Gérald Godin, un des poètes prisonniers d'Octobre. Il y a une justice.

En tout, 66 % des électeurs votent contre le parti de Robert Bourassa, «l'homme le plus haï au Québec», lance un de ses anciens députés, George Springate. Défait, Bourassa déclare à qui veut l'entendre : un jour, je reviendrai. Personne ne le croit.

INTERRÈGNE

Bourassa a 43 ans. Au cours des 10 années qui le séparent de son extraordinaire retour à la tête du Parti libéral du Québec, se refait-il?

Il le dit. « Il n'y a pas de doute que les années de réflexion, d'étude et d'expérience en affaires, les rencontres que j'ai faites à travers le monde, aux États-Unis, au Canada et en Europe m'ont été extrêmement précieuses. Dans ce sens, je ne suis plus l'homme que j'étais. »

Déclaration bizarre, car quand sa vieille amie, Lise Bacon, reprend du service à ses côtés, en 1983, elle déclare : « Le nouveau Bourassa, c'est celui que j'ai connu dans le passé, avec un peu plus de fermeté dans l'image qu'il projette. » Et lorsque l'intéressé annonce officiellement sa candidature à la chefferie, dans un Holiday Inn, en 1983, ses organisateurs ont affiché sur le mur un slogan qui ne fleure ni le ressourcement ni le renouvellement : « Pas de surprise ! »

Il y a des différences entre le Bourassa de 1976 et celui qui reprend du service. Des différences de style. L'homme a mûri, il a pris de l'expérience. Bourassa n'a plus besoin de conseillers en image et on ne reverra plus, comme le prédit Bacon, « l'image préfabriquée des années 70 qui répondait davantage au goût politique de l'époque[*] ». Mais dans son ascension,

---

[*] Non, mais dans la campagne électorale de 1985, on verra une excellente gestion des thèmes en fonction des segments indécis de l'électorat, grâce à « l'analyse factorielle des correspondances » utilisée par la nouvelle firme de sondages prolibérale, Créatec, de Grégoire Gollin.

difficile et admirable, vers la chefferie de 1983, Bourassa montre toujours son côté Desrochers, plutôt que son côté Lévesque. À un journaliste, il confie ne pas penser que son retour puisse profondément changer son rapport avec les Québécois : « Je sais qu'au bout d'un mois, la lune de miel sera terminée. Et, au bout d'un an, les gens rediront encore les mêmes choses à mon sujet. »

Désillusion ou planification ? Cynisme, encore. L'élection est un tour de passe-passe. Ensuite, le peuple ingrat pourra toujours causer...

Au jeune Pierre Anctil, président de la Commission jeunesse du parti, qui lui demande ce qu'il compte faire pour les jeunes, on l'a entendu répondre : « Les jeunes, je vais leur promettre un bel avenir, pis je vais me faire élire, pis après on verra... » Dans cette réplique, on note la présomption de cynisme. La certitude qu'autour de lui, tout le monde partage son sens amoral de la politique.

On a souligné que Robert Bourassa avait lu, entre 1986 et 1988, de grandes biographies de Winston Churchill et de Charles de Gaulle. On trouve dans ces pages quelques leçons sur l'audace, l'esprit de décision et la grandeur. Entre 1989 et 1991, par contre, il fait une autre lecture dont il semble tirer plus de profit : la grande biographie de Talleyrand par Jean Orieux. Talleyrand fut le ministre retors des rois de France qui, par son habileté manœuvrière et sa totale absence de scrupules, put survivre à la Révolution, puis à la Restauration, en restant toujours au centre du pouvoir. Expérience qui l'amène à dire que celui qui vit assez longtemps aura dit tout, et son contraire. Une maxime que Bourassa traduira en octobre 1990 par la phrase : « Parfois, on dit n'importe quoi en politique. »

La vie et l'œuvre de ce maître du cynisme semblent fasciner Bourassa au point que tout son entourage se met à cette étude. Ses conseillers Jean-Claude Rivest et Ronald Poupart, son

ministre Daniel Johnson compulsent le volume. Ce n'est pas
une bible. Mais cela forme l'esprit aux secrets du double jeu et
de la contre-vérité. Surtout, la vie de Talleyrand enseigne que
le mensonge paie. La franchise tue. C'est le compas politique
du gouvernement libéral, alors qu'il s'engage dans les grandes
manœuvres entourant la place du Québec dans le Canada.

BOURASSA C. LES « PYGMÉES INTELLECTUELS »

Mais que pense Robert Bourassa du PLQ, lorsqu'il en reprend
le contrôle en 1983, à 50 ans ? Voilà un corps politique qui
n'arrive à lui opposer que deux poids plume : Pierre Paradis, un
trublion d'avocat, et Daniel Johnson, alors bien pâle reflet de
son père, et de son frère péquiste, Pierre-Marc. Au congrès à
la chefferie, Bourassa ne leur laisse que des miettes. Il est venu
combler un vide, il le sait. En un sens, il doit être déçu que ce
soit si facile. Même Trudeau et Chrétien, alors au pouvoir et
malgré cent tentatives, n'ont pas pu lui barrer la route. Alors
qu'il engrange bien plus de délégués qu'il n'en a besoin, à la fin
de septembre 1983, un journaliste lui demande pourquoi il
maintient le rythme de sa campagne. Bourassa hausse les épaules
et répond : « Pourquoi pas ? » Mais à vaincre sans péril, en quelle
piètre estime tient-il ses adversaires, dont il traite plusieurs – les
partisans de Johnson – de « pygmées intellectuels » ?

En mai 1981, dans un texte qu'il commet pour *L'actualité*,
dans lequel il se décrit à la tête du gouvernement, hier comme
demain, il s'interroge sur l'exercice du pouvoir : « Le premier
ministre doit-il être un arbitre ou un patron, un "dictateur
élu" pour quatre ans, comme on dit quelquefois ? » Voilà le
choix. Il n'en offre pas d'autre. Il n'écrit pas « un gestionnaire »,
ce à quoi on s'attendait. Il n'écrit pas « un professeur », il
n'écrit pas « un réformiste » ou « un gardien » de certaines
valeurs. Il n'écrit pas « un leader » ou un « guide » ou un

« visionnaire ». Toute sa définition du pouvoir se résume à…
la possession du pouvoir : arbitre ou dictateur.

Au mieux, donc, arbitre des forces sociales, des groupes de
pression. Au pire, dictateur. Que choisit-il ? Il ne choisit pas.
Dans le reste de l'article, il esquive sa propre question. Il souligne à grands traits le « pouvoir immense » du premier ministre, mais n'offre aucune suggestion sur une meilleure façon de
le partager. Au contraire, lorsqu'il parle des députés, c'est
pour noter qu'ils « sont en contact avec la population, reflètent
ce qu'elle pense ». Sans doute, mais encore ? Reflètent-ils ce
qu'elle veut, ce dont elle a besoin, ce qu'il faut lui livrer ? Non.
Le caucus, c'est un outil de sondage. Et les ministres ? « C'est
ce qu'il y a de plus difficile », écrit-il. Le choix est limité, « il
faut se fier sur leur réputation » pour les sélectionner et tenir
compte, en plus « des contraintes régionales, d'âge, d'ancien-
neté ». Quelle corvée ! Tout de même, Bourassa pense qu'il faut
qu'un premier ministre se garde « le temps de rencontrer régulièrement ses élus, de discuter des problèmes avec eux, une
pleine journée ou un week-end ». Pour profiter de leurs lumières ? De leur expérience ? Non. « Pour contrebalancer
l'influence trop dominante de son entourage immédiat. » Et
pour obtenir de l'information, toujours, « car en régime quasi
présidentiel, la clé de tout, la base de l'action, c'est la qualité
de l'information », écrit-il. Nulle part, dans cet essai sur l'art
de gouverner selon Robert Bourassa, ne plane l'ombre d'un
soupçon de conscience que le pouvoir peut être un travail
d'équipe. Cette notion est morte en octobre 1970, elle ne re-
naîtra jamais.

Différence de style, disions-nous. À la tête du Conseil des
ministres, Bourassa II sera plus miel que Bourassa I. Plus
patient. Ronald Poupart, son attaché de presse de 1985 à 1989,
explique comment son patron impose maintenant une ligne

de conduite à un ministre réfractaire. Ici, Poupart donne l'exemple de Daniel Johnson :

> *Robert Bourassa n'est pas quelqu'un qui va dire : « Tu fais ça et tu ne poses pas de question. » Il prend le temps qu'il faut. Sa technique c'est : « Écoute Daniel, oui, oui, j'entends tes arguments contre. » Et il dit : « Ah ! bon, c'est parfait, je vais y repenser, on s'en reparle demain. » Le lendemain il dit : « Oui, j'ai regardé ça, Daniel, mais telle et telle affaire me préoccupent en particulier, j'aimerais ça que tu y repenses et qu'on en reparle. » Alors il commence à donner des indications. Daniel rappelle, il entend : « À cause de telle et telle chose, je serais porté à dire oui [il faut le faire], qu'en penses-tu ? On s'en reparle demain. » Daniel rappelle encore. Bourassa lui dit : « À cause de telle et telle autre chose, je pencherais plutôt pour, qu'est-ce que tu en penses ? » Au bout de trois ou quatre jours l'interlocuteur dit : « OK ! On va le faire !* ***»***

C'est le supplice de la goutte d'eau. Le passif-agressif à l'œuvre. La technique, qu'on dira « non conflictuelle », en fait craquer plus d'un.

Il n'est pas anodin que l'exemple de Poupart porte sur Johnson, président du Conseil du trésor. Bourassa n'a jamais perdu son goût pour les finances publiques et, s'il s'est départi du titre de ministre des Finances (en octobre 1970, mois des choix), il en a toujours gardé le pouvoir effectif. Raymond Garneau, premier à hériter du titre, avouait en commission parlementaire que tous les vrais arbitrages étaient faits chez Bourassa. Gérard D. Levesque, qui lui succède de 1985 à 1993, sert de paravent efficace et obéissant. D'autres ministres économiques qui ont suivi Bourassa en 1985, tels les hommes d'affaires Pierre MacDonald, Paul Gobeil et Pierre Fortier,

---

* Daniel Johnson affirme ne pas se reconnaître dans cette anecdote.

entrés en politique parce qu'ils voulaient être décideurs, pas exécutants, préféreront tirer leur révérence quatre ans plus tard, plutôt que de mourir potiches. «M. Bourassa ne supporte plus dans son cabinet des personnalités fortes et en marge de l'orthodoxie du parti, comme à l'époque Jérôme Choquette, Claude Castonguay ou moi-même», note en 1986 l'ex-ministre et futur maire de Québec Jean-Paul L'Allier.

RYAN-BOURASSA : LA VALSE À CONTRETEMPS

La remarque ne s'applique pas à Claude Ryan. C'est un cas. À l'élection de 1976, l'alors directeur du *Devoir* avait appelé ses électeurs à voter contre Robert Bourassa, qu'il méprisait pour sa gestion molle de tous les dossiers. Appelé en 1977 à succéder à Bourassa à la tête du PLQ, Ryan nettoie avec zèle l'écurie laissée par son prédécesseur, écrit un véritable programme de réforme canadienne (nommée le Livre beige). Lorsqu'il dirige ensuite le camp du Non au référendum sur la souveraineté en mai 1980, Bourassa est revenu de ses exils à Bruxelles et Washington. Il veut s'engager dans le combat. Ryan le relègue à la tâche ingrate de faire la tournée des Cégeps, ce que Bourassa fait en compagnie de son vieil ami Pierre Bourgault.

Lorsque vient l'élection de 1981, que Ryan est certain de gagner, Bourassa s'offre comme candidat, pour devenir, qui sait, ministre de Ryan. «J'aime mieux perdre sans vous que de gagner avec vous» rétorque Ryan de toute sa hauteur, avant de se retrouver chef de l'opposition, puis expulsé par ses députés.

Pendant la course de 1983, Ryan appuie Daniel Johnson contre Bourassa, et perd encore ce pari. Il est donc stupéfiant que le ressuscité de la politique québécoise accepte, contre les avis de Lise Bacon entre autres, de garder Ryan à ses côtés pour l'élection de 1985, que Bourassa remporte. Il lui confie le dossier de l'éducation. « S'il réussit, mon gouvernement va en tirer profit, explique Bourassa. S'il échoue, j'en serai débarrassé. »

Ryan a carte blanche tant qu'il s'occupe de questions qui n'intéressent pas le premier ministre (l'éducation), tant qu'il livre la marchandise commandée par le patron (réforme de la fiscalité municipale), ou tant qu'il fait en sorte de tenir un dossier pourri juste en deçà du seuil de l'explosion (Mohawks, contrebande). S'il s'avise de pêcher dans d'autres eaux, notamment constitutionnelles, Bourassa feint de l'écouter, puis l'ignore.

Il y a bien quelques fortes têtes dans le sillage de Bourassa II. Plusieurs lui sont loyales, à la vie, à la mort, comme Lise Bacon qui, ministre de l'Énergie, n'a jamais pu vraiment gérer le projet du développement hydro-électrique de Grande-Baleine, domaine réservé de Robert. Il y a aussi Marc-Yvan Côté, plus organisateur que politicien. Ministre de la Santé, il avait entrepris une grande réforme des soins médicaux et affrontait la révolte des médecins quand son patron le força à une reddition totale – rapetissant l'autorité de l'État aux yeux même des médecins qui ne s'attendaient pas à tant de faiblesse. Que Côté n'ait pas démissionné sur-le-champ est un signe du remarquable degré de flexibilité que l'on trouve autour de la table du Conseil des ministres de Bourassa II.

Le Bourassa de 1991 a un grand avantage sur celui de 1976. Il a vieilli de 15 ans. Alors que son premier cabinet était peuplé de gens de sa génération, donc moins impressionnés par leur chef, les ministres de 1991 sont pour la plupart plus jeunes que lui. Bourassa peut donc affecter à leur égard une attitude paternelle. C'est le cas des ministres de la Justice Gil Rémillard et de l'Industrie Gérald Tremblay, entre autres, qui prendront à tort le décalage entre leur enthousiasme et son apathie pour un signe de leur inexpérience, de sa sagesse.

UN BOURASSA « BRANCHÉ » SUR LE PEUPLE

Revenu au pouvoir, Bourassa regarde moins les sondages qu'il ne le faisait auparavant, quoique cette règle souffre de nombreuses exceptions, comme on va le voir. Mais, selon Mario Bertrand, chef de cabinet de 1987 à 1989, Bourassa a une autre façon de rester « branché » sur le petit peuple :

> **Bertrand :** *Il ne prend pas une décision importante avant d'écouter ce que disent ses démagogues : Jean-Luc Mongrain* [TVA], *Jean Cournoyer* [CKAC], *Pierre Pascau* [alors à CKAC], *Gilles Proulx* [Radiomutuel], *sur le sujet. Il veut savoir ce que les gens leur disent en lignes ouvertes et c'est sa façon de rester en contact avec les petites gens.*

> **L'auteur :** *Il se fait donner des transcriptions ?*

> **Bertrand :** *Non, il les écoute directement. Il sait où les trouver dans la grille horaire. D'ailleurs je lui disais qu'il s'y fiait trop.*

S'il veut entendre « les petites gens », ce n'est pas pour mieux arrimer sa pensée sociale-démocrate à leurs vœux et à leurs craintes. Bourassa a fait table rase de son passé « de gauche », qui sent trop les années 70. « Quand je vois le Parti socialiste en France imposer des tickets modérateurs dans les hôpitaux, quand je vois les échecs du socialisme », dit-il en 1983, pour expliquer qu'il abandonne à jamais ses élans d'étudiant, « je suis assez lucide ». « La force économique ne vient plus de la social-démocratie. Si vous cherchez un fil conducteur à ma philosophie, vous le trouverez davantage dans le pragmatisme que dans l'idéologie. » On ne trouvera en effet nulle trace, lors de son nouveau passage au pouvoir, de l'ancien réformiste du salon de l'Épave*.

Entre 1976 et son retour, surtout, Bourassa a appris à cacher encore mieux ses véritables sentiments. Voilà un homme qui, en privé, ne dit jamais du mal de quiconque. (Ou presque : dans un des conciles de Meech, en 1987, il pestera contre *that bastard Trudeau*, selon trois premiers ministres présents. Mais Bourassa le nie.) Cette modération signifie-t-elle qu'il ne pense que du bien de tout un chacun ? Voire. Il considère plutôt qu'en émettant des remarques désobligeantes, il se ferait des ennemis, ce qui est contre-productif, car tout le monde peut un jour servir.

« Cet homme a toujours maîtrisé ses émotions de façon remarquable, en privé comme en public, affirme son ancien ministre Guy Saint-Pierre. Parce que son intelligence domine constamment ses passions. » Passions dominées, lesquelles ? La passion du pouvoir, bien sûr. Émotions maîtrisées, lesquelles ?

---

* Nulle trace, mais de la nostalgie, manifeste lors de la mort de René Lévesque, en novembre 1987. À l'Assemblée, Bourassa prononce un éloge funèbre qui va bien au-delà des conventions. Disant se souvenir « des débats de 1965 et de 1966 » sur l'assainissement des finances électorales – que Bourassa ne réalisera pas, mais que Lévesque imposera –, il voit en Lévesque un « visionnaire » travaillant « à contre-courant » sur plusieurs questions, un homme respectueux des valeurs démocratiques. En conclusion, Bourassa dit : « René Lévesque était un grand progressiste, progressisme qui tenait à son humanisme très profond. Éminent serviteur de son peuple, il a présidé à l'établissement de plusieurs réformes importantes dans le domaine social. Il a travaillé d'une façon exemplaire à l'épanouissement de la justice sociale. Démocrate, donc, bâtisseur et progressiste à plusieurs titres, M. Lévesque passera à l'histoire, car son œuvre est considérable, extraordinairement diversifiée et profonde. Tout cela, M. Lévesque l'a fait parce qu'il a passionnément aimé le Québec. Le Québec, avec émotion et reconnaissance, le lui rend bien aujourd'hui. »

Et si c'était le mépris? De son parti, de son caucus, de son cabinet, de la presse, de l'électorat québécois.

Le mot semble trop fort, hors d'ordre, non adapté au personnage. Ce serait le triomphe de Robert Bourassa d'avoir remarquablement occulté ce sentiment derrière son antithèse: une affabilité de tous les instants, une simplicité désarmante, une gentillesse apparente. Comme il l'a fait, en octobre 1970, restant de marbre tout en donnant l'impression d'être fait de guimauve. Et comme il le fera, dans les pages qui suivent, trompant presque tous ses interlocuteurs avec une constance, une habileté, une absence de scrupules qui ferait en pleurer de joie Paul Desrochers, s'il était encore parmi nous. L'élève a dépassé le maître. Mépris? Difficile de se résigner à y croire, malgré le vieil adage suisse: « Quand on voit ce qu'on voit, quand on sait ce qu'on sait, on a bien raison de penser ce qu'on pense. »

Peut-être Bourassa ne s'en rend-il plus compte? Peut-être la chose lui est-elle devenue si naturelle qu'il n'y voit aucune méchanceté? Ainsi, le masque serait devenu chair, et l'homme ne verrait plus la différence entre son arrogance et son affabilité. Cela expliquerait son comportement, dans les chapitres du récit encore à venir.

Reste que Bourassa, tout au long de son chemin du retour au pouvoir, a parfois montré son jeu. Disons plutôt, une carte ou deux:

- Il le fait lorsqu'il écrit, s'agissant de son premier passage au pouvoir: « J'avais l'impression de porter la société québécoise à bout de bras. » De même lorsqu'il se prédit, en 1983, une lune de miel brève, le retour de l'ingratitude « des gens ». « Je ne m'en fais plus, ajoute-t-il. Je vais laisser ma marque au cours des cinq prochaines années et nous verrons bien ce que les gens diront dans dix ans.» Comme la dernière fois, il portera la société québécoise, seul, à bout de bras. Ils auront tort, c'est sûr. Il aura raison, encore.

– Il le fait, avant de reprendre le pouvoir en 1985, lorsqu'il parle au journaliste et auteur Ian MacDonald. Bien désinformé, MacDonald a toujours en tête l'image du Bourassa mou. Il lui demande si l'expérience de la défaite l'a endurci. S'il serait capable de prendre des décisions moralement justes mais politiquement dures.

Il n'y a pas de doute que je serais plus dur, répond Bourassa. Je ne gouvernerais pas en fonction des répercussions électorales. Je pense que le Québec ne peut pas se permettre d'avoir un premier ministre qui gouvernerait en fonction de l'électorat.

En fait, sur tous les sujets pour lui non essentiels – comme la couleur de la margarine, l'éducation, la santé –, son nouveau règne ne sera qu'hésitation et tergiversations. Les répercussions électorales constituent sa seule boussole. C'est aussi vrai, dans un premier temps, en matière de langue, ce sujet toxique qui lui a gâché son mandat précédent. Lorsqu'en décembre 1988 la Cour suprême invalide la loi 101 de René Lévesque et de Camille Laurin et interdit sa disposition qui impose aux commerces l'affichage en français seulement, il décide de couper la poire en deux : affichage bilingue à l'intérieur, mais unilingue en vitrine. Quand le *Financial Times* de Toronto lui demande comment il en est venu à une décision aussi biscornue, il répond : «Vous êtes premier ministre du Québec et vous avez deux sondages, un qui dit " ne touchez pas à la loi 101 ", un autre qui dit "nous sommes favorables à l'affichage bilingue ".

Que faites-vous avec ça? Vous inventez la formule intérieur-extérieur*!»

Mais sur les sujets auxquels il tient, il le promet, il sera plus dur. À quels sujets tient-il? À tous ceux qui pourraient mettre en danger la cote de crédit du Québec. Vous avez dit souveraineté? «Le Québec ne peut pas se permettre d'avoir un premier ministre qui gouvernerait en fonction de l'électorat.» En fonction de qui, alors? En fonction des désirs de Robert Bourassa, quoi qu'en pense l'opinion publique. Surtout lorsqu'elle erre au point de vouloir la souveraineté du Québec.

BRUXELLES, WASHINGTON, YALE

Sa traversée du désert, ses séjours à Bruxelles et à Fontainebleau, où il s'instruit et enseigne, puis à Washington, à Los Angeles, à Yale, où il est professeur invité, ont-ils au moins ouvert ses horizons? Son nouveau chef de cabinet, John Parisella, qui travaille pour lui de 1989 à 1993, offre cette réponse:

> *Robert Bourassa, c'est les finances publiques, c'est l'économie, la constitution pis la langue. Ça, c'est ses quatre dossiers. Tu vas avoir ben du plaisir avec M. Bourassa, il va te donner des heures de temps là-dessus. Mais achale-le pas avec des intendances, commence pas à parler d'un projet en santé, immigration ou quoi que ce soit. Ça, ça fait partie du design, la plomberie, «Organisez-vous avec la plomberie!» Tsé?*

---

* Le retournement linguistique du printemps de 1993, quand Bourassa permet l'affichage bilingue presque partout, représente selon Mario Bertrand «les gestes d'un gars qui ne se préoccupe plus de sa réélection [...] Libéré de la préoccupation purement électorale, il fait ce qu'il a envie de faire.» C'est-à-dire réduire la portée de la protection du français. Claude Ryan sera, ici encore, le porteur de ballon. Mais c'est Bourassa qui a imposé l'orientation de la loi, selon des principes auxquels Ryan était fermement opposés quelques mois plus tôt. «*I hope that I will not let you down!*»

Peut-être Bourassa a-t-il renouvelé l'étendue de son intellect, de sa réflexion, au contact des Jacques Delors et autres eurocrates, des bouquins qu'il a lus, des étudiants qu'il a rencontrés pendant ses neuf ans de récréation de bunker? Lucien Bouchard se souvient d'un voyage en Concorde où Mitterrand et Bourassa se partageaient la première classe, alors que lui, simple ambassadeur, était assis plus loin derrière. Venu voir si tout se passait bien, Bouchard constate que les deux hommes sont assis chacun de leur côté, sans se dire un mot, et que Bourassa semble s'ennuyer ferme. Peut-on imaginer Trudeau, Lévesque, Mulroney ou Parizeau rater une telle occasion de discuter, voire de débattre, avec un voyageur aussi illustre?

Mais Mitterrand vole peut-être trop haut. Baissons en altitude: à l'été de 1991, la revue *Forces* prépare un numéro spécial sur le 200ᵉ anniversaire du parlement québécois. L'auteur est chargé de recueillir, auprès de Bourassa et de Parizeau, leurs réflexions sur la démocratisation des institutions, leur passé, leur avenir. Un test facile, puisqu'il s'agit de leur propre vie politique. Quand on lui pose la question du travail qui reste à faire, Parizeau embraye sur la régionalisation des pouvoirs, comme un moyen de mieux définir les droits et responsabilités, donc l'imputabilité de chaque palier de gouvernement. Il est intarissable. Même question pour Bourassa: on n'en tire que la nécessité de mieux assurer la retraite des politiciens, qui font pitié comme chacun sait. Le premier a réfléchi sur la politique, le second a fait de la politique.

Signe que Bourassa assume son dédain pour les institutions démocratiques? À la grande cérémonie qui soulignait le bicentenaire du parlement, donc le clou de l'année de célébration, devant les diplomates étrangers et les anciens membres de l'Assemblée, Bourassa… n'est pas venu. Il était à son bureau, de l'autre côté de la rue, occupé à des « rencontres privées ». Il a laissé à son leader parlementaire le soin de prononcer ce qui devait être le discours principal.

La pauvreté intellectuelle des discours de Bourassa, éternelle réutilisation de notions déjà toutes présentes en 1967, sera la principale pièce à conviction lorsque viendra le temps de faire le bilan de son apport à la pensée politique québécoise. Attention : Bourassa pense énormément. Tous les jours, il accumule des faits nouveaux, des statistiques, collectionne les rumeurs, se tient au courant des faits et gestes des uns et des autres.

Je me souviens de tout, dit-il en 1988. Les choses qu'on m'a faites, ce qu'on a dit. Les gens placotent, s'imaginent qu'ils sont à l'abri mais, en politique, tout nous est rapporté. On peut penser : « Si jamais il savait ce que j'ai dit... » Mais je le sais.

Bourassa sait beaucoup plus de choses qu'en 1967. Y compris sur le cynisme :

J'ai pu observer un certain cynisme chez les individus, raconte-t-il au sujet de sa traversée du désert : on est élu, on est entouré, flatté, courtisé. On est défait, ça équivaut à la mort. [...] J'ai pu analyser le comportement des mêmes personnes quand j'avais le pouvoir, quand je ne l'avais plus et quand je l'ai eu à nouveau.

Maïs il est étonnant de constater comment tous ces nouveaux faits se sont simplement logés dans les mêmes vieilles ornières. Bourassa I ne jurait que par l'hydro-électricité ; Bourassa II aussi.

Bourassa I avait choyé les Québécois, en leur présentant en primeur son projet de la Baie James en 1970, même s'il l'avait fait devant une assemblée de partisans. À l'été 1985, c'est directement aux Américains que Bourassa II présente son rêve de Baie James II, en allant lancer d'abord à Washington la traduction anglaise de son livre *L'Énergie du Nord**. Ce n'est qu'ensuite qu'il en présente au Québec la version française. L'histoire est anecdotique, mais symbolique. Les projets hydro-électriques de 25 milliards esquissés dans l'ouvrage – sans compter la construction d'un « grand canal » pour exporter l'eau de la baie James dans l'Ouest américain – auraient mobilisé pour une génération au moins le dynamisme et l'épargne des Québécois, ou plus précisément leur marge de crédit. Pour Bourassa, ce n'était pas une raison pour leur en parler avant de commencer à vendre ses idées aux investisseurs new-yorkais. Bourassa sait où est la charrue, il sait où sont les bœufs.

Bourassa I ne jurait que par les multinationales américaines ; Bourassa II courtise également les multinationales européennes. Mais il mise toujours davantage sur les géants étrangers que sur l'entrepreneuriat local, jusqu'à les aguicher en leur abandonnant les richesses naturelles à vil prix, hier le bois et l'acier, aujourd'hui l'électricité. Bourassa I n'avait pas vu venir la fronde autochtone contre la Baie James ; Bourassa II souffre d'un même aveuglement à Grande-Baleine.

Bourassa I avait voulu se débarrasser du dossier de la constitution, dès après sa prise du pouvoir en 1970, en négociant en sous-main avec Pierre Trudeau. Il avait mal calculé et connu l'échec. Bourassa II veut s'en débarrasser dès après sa (re)prise du pouvoir en 1985, par une entente minimaliste soutenue par son ami Brian Mulroney devenu premier ministre – l'entente du lac Meech – on y arrive. Il a mal calculé et connaît l'échec.

Comme les Bourbons, de retour sur le trône après l'intermède républicain, Bourassa n'a rien oublié et il n'a rien appris.

---

* Bourassa déteste écrire. *L'Énergie du Nord* fut rédigé par ses conseillers Marcel Côté et Gérard Latulipe, futur délégué général du Québec au Mexique. Les noms de ces « collaborateurs » ne figurent cependant nulle part sur la couverture ou dans l'ouvrage.

DEUXIÈME PARTIE
LE MARATHONIEN IMMOBILE

*Une société aussi complexe [que le Québec]
ne peut être gouvernée par une élite
fermée sur elle-même [...].
Encore moins cette société peut-elle être gouvernée
par un seul homme, fût-il le plus énergique des leaders.
Il serait au contraire extrêmement dangereux,
à ce stade-ci du développement de notre société,
qu'un chef réussisse à faire durer le statu quo,
laisse pourrir les problèmes
et remette le couvercle sur la marmite bouillante d'idées,
d'énergies et de possibilités qu'est devenu le Québec.
À brève échéance, ce serait l'explosion.*

ROBERT BOURASSA,
DISCOURS, SEPTEMBRE 1969

L'IMPROVISATEUR

« Je vous ai compris ! »
Charles de Gaulle, convaincu de l'inéluctabilité de
l'indépendance algérienne, s'adressant à une
foule opposée à cette indépendance.

« Compris », certes, ils l'ont été. […]
Compris, comme un taureau l'est par un torero,
le cheval par le cavalier. Percés à jour, plutôt,
dans leurs illusions, leurs rêves, leur naïveté. Captés.
JEAN LACOUTURE, BIOGRAPHE DE DE GAULLE

Robert Bourassa nage. C'est un exercice auquel il s'astreint quotidiennement, pour garder la forme. C'est aussi une cérémonie. Un rituel qu'il accomplit chaque fois que sa fonction l'oblige à un effort particulier, à une décision difficile. « Dans les moments importants, je vais nager pour dégager l'esprit de la déclaration – comme je ne lis pas de texte écrit. J'improvise d'une certaine façon, dans la forme sinon dans le fond. »

Les cadres du pouvoir chinois tremblaient dans leurs cols Mao chaque fois que le Grand Timonier se lançait, torse nu, dans le Yangtsé. Sa plongée annonçait invariablement une nouvelle purge, camouflée sous un mouvement de masse. À Québec, ce sont les journalistes qui guettent les baignades du premier ministre, les jours où l'histoire change de paragraphe

ou de page. Aujourd'hui, sentant qu'un nouveau chapitre pourrait s'ouvrir, ils sont particulièrement fébriles.

« Quand c'est rendu que les journalistes vous attendent
quand vous allez nager ! » peste le premier ministre. Ils font le
pied de grue autour de l'immeuble du Club des employés civils de Québec, où se trouve la piscine, espérant lui arracher
une phrase au passage. Les agents de sécurité font entrer le
premier ministre par une porte dérobée. Entre deux lon-
gueurs, Bourassa cherche « la » phrase de son discours du soir.
La conclusion. La formule-choc. Celle qu'on citera longtemps.

Nous sommes le 22 juin 1990. Le pire vient d'arriver. Deux
provinces canadiennes ont laissé passer cette date butoir sans
ratifier un accord qui aurait permis au Québec de signer la
constitution canadienne. L'accord dit du « lac Meech » aurait
reconnu symboliquement que le Québec était « une société
distincte » au sein du Canada. C'était trop demander. Aiguil-
lonnés par Pierre Trudeau qui raille les « eunuques » qui
auraient ainsi cédé au « chantage » du Québec, portés par
une majorité de l'opinion canadienne anglaise qui en rejette
le principe même, la société distincte est mise à mort par un
peloton d'exécution formé de deux provinces : le Manitoba et
Terre-Neuve. Principale victime collatérale : Robert Bourassa.

Alors il nage. Il doit s'adresser, tout à l'heure, à l'Assemblée
nationale. Aux députés rassemblés. Mais plus encore, à toute
la nation qui a suivi les péripéties des derniers mois comme
s'il s'agissait d'une série Canadiens contre Nordiques.

Que doit-il leur dire ? Il a accepté l'idée qu'il fallait *proclamer* quelque chose. Il compte le faire, raconte-t-il, « de la façon
la plus concise et la plus percutante possible, en préservant
l'avenir, comme c'était ma responsabilité comme premier
ministre ».

Joli truc. Car préserver l'avenir, en ce jour, c'est parler fort,
mais sans se compromettre. Claquer une porte, sans la fermer.
Robert Bourassa nage. En pleine « zone grise », dit-il. Quant au
fond, « qu'est-ce qui pouvait arriver ? Il y avait pas tellement

de choix : trois choix, finalement. Un qui était à rejeter, c'était : "On présente l'autre joue, on dit pas un mot. " L'autre qui était risqué, pour ne pas dire téméraire, c'était de dire : "Vous voulez pas de nous autres ? On s'en va tout seuls ! " Et le troisième choix c'était entre les deux, sans qu'on voie clairement ce que ça pouvait être à ce moment-là. À très court terme il fallait poser des gestes pour garder le contrôle de l'agenda. »

Robert Bourassa nage, mais ne plonge pas. Quant à la forme, la solution lui vient, entre deux vaguelettes. Il croit se souvenir d'une citation du chef d'État français, d'un discours livré par de Gaulle à Constantine, en Algérie, à son retour au pouvoir en 1958 ou 1959, qu'il a peut-être entendu, grâce à sa radio à ondes courtes, un soir, dans son petit appartement d'étudiant à Oxford.

Quelque chose comme « Quoi qu'on dise, quoi qu'on fasse, l'Algérie française, aujourd'hui et pour toujours… » se souvient-il. Une façon de dire que jamais Paris n'accéderait aux demandes d'indépendance des Algériens, mais protégerait les intérêts de la minorité française en sol algérien.

De Gaulle n'a jamais prononcé cette phrase. Il a lancé à Alger son fameux « Je vous ai compris ! », volontairement trompeur. Il s'est un jour laissé aller à reprendre un slogan de la foule – Vive l'Algérie française ! – sans s'en rendre compte, a-t-il prétendu, et, ce qui est certain, alors même qu'il manœuvrait en coulisses pour mettre fin au statut colonial, donc français, de l'Algérie. L'emprunt de Bourassa ressemble bien plus dans sa forme à une citation de Proudhon : « L'État, quoi qu'on dise et quoi qu'on fasse, n'est, ni ne sera jamais la même chose que l'universalité des citoyens. »

Qu'importe la méprise, c'est l'intention qui compte. Le premier ministre québécois décide de s'inspirer de la forme et de l'esprit d'un mensonge pour apaiser ce soir-là son peuple meurtri.

« Ça ne vous a pas fait hésiter ? » lui ai-je demandé.

« Ça m'a fait hésiter de dire que j'avais pris ça là. […] Je me suis dit, il y a certainement quelqu'un qui va dire : " Oui, mais, deux ans plus tard, c'était l'Algérie algérienne ! " Mais ça n'a été souligné nulle part. »

Robert Bourassa nage. Il n'hésite pas parce que l'idée de tromper son public le rend mal à l'aise. Il hésite parce qu'il craint de se faire prendre. Sorti des eaux de la rhétorique, il fait le tour de la piscine. S'assied sur les marches de l'escalier. Écrit au crayon feutre sur de petites fiches les mots qui lui sont venus à l'esprit. Esquive les journalistes à la sortie de l'immeuble, esquive les journalistes en entrant au bunker, emprunte au sous-sol le corridor qui va au parlement et se rend jusqu'au bureau situé derrière le Salon bleu.

Là, Bourassa rumine. Répète son discours devant son conseiller Rivest qui a le suprême privilège, dans les moments forts, d'être son premier public. Il peut voir les mots sur les fiches : « Rappeler le but de Meech, les efforts. » Il y a le mot « remercier ». Pas de phrase complète, sauf la formule-choc, écrite en entier. Rivest a le droit d'écouter, pas celui de critiquer. « J'argumente pas, son affaire est faite. »

À l'Assemblée, pleine comme un œuf en ce vendredi soir, aucun ministre, aucun député ne sait comment Bourassa va présenter les choses. À l'oral, le chef libéral a si rarement ému, si souvent déçu, qu'il n'a qu'à être bon pour paraître excellent. Ce soir, il sera très bon.

Il se lève, fait le rappel des événements, remercie ceux qui l'ont épaulé dans la traversée de Meech, dont, nommément, le premier ministre ontarien David Peterson. Il évoque l'injustice faite aux Québécois et rappelle, louangeur, le nom de René Lévesque. Il avait fait preuve, dit Bourassa, « d'une grande flexibilité » après mai 1980, pour « réintégrer le Québec dans la constitution canadienne ». Le ton est bon, le rythme décidé. La voix claire trahit la déception.

Quelques minutes seulement, puis vient la formule pseudo-gaullienne : « Quoi qu'on dise et quoi qu'on fasse, le Québec est, aujourd'hui et pour toujours, une société distincte, libre et capable d'assumer son destin et son développement. »

À cet instant, exactement, le Québec se divise en deux. Il y a ceux qui savent. Il y a ceux qui rêvent. Le récit des deux années à venir se résume, pour beaucoup, aux fluctuations de la ligne de démarcation.

L'ATMOSPHÈRE DU 22 JUIN

Robert Bourassa, lui, sait. Il sait qu'il n'a rien dit.

« Quand je me suis assis, la réaction que j'avais c'est : " C'est fait, et il semble que ce soit bien fait. " »

L'effet produit le déroute. Autour de lui, tout le monde est debout. Les libéraux, bien sûr. Normal. Mais des péquistes, aussi. Le chef du PQ Jacques Parizeau, qui dans son propre discours l'appelle « mon premier ministre » – du jamais entendu – et lui dit « je vous tends la main » – du jamais vu –, traverse l'allée centrale pour venir le féliciter. Les applaudissements sont longs, nourris, chaleureux. Rien à voir avec « la claque » qui accompagne d'ordinaire les prestations ministérielles.

Quand Robert Bourassa a lu son texte, se souvient un député libéral alors nationaliste modéré, Jean-Guy Saint-Roch, il y a eu un silence de mort. On a été estomaqués, puis il y a eu un sentiment d'euphorie. Moi, c'est un des rares moments où j'ai senti qu'il n'y avait plus de ligne de parti, plus d'opposition. Aujourd'hui, on lit le texte dans les gallées [Verbatim des travaux de l'Assemblée] et c'est froid. Mais si t'étais là, t'as vu le visage, le ton de la voix. On était des Québécois à ce moment-là. On est à la croisée des chemins et on y va.

Bourassa assiste au déferlement. « C'aurait pu être des applaudissements polis. En chambre, on ne se lève pas à tout bout de champ, c'est pas la routine. Je n'avais pas écouté la radio toute la journée. Je n'étais pas sensibilisé à l'atmosphère. »

L'atmosphère ? De quoi peut-elle être faite ? De ce que neuf mois plus tôt, le soir de sa réélection, en septembre 1989, Bourassa ait affirmé qu'en cas d'échec de l'accord, le fédéralisme ne constituait pas « une option éternelle » pour les Québécois ? De ce que cinq mois plus tôt, il ait déclaré qu'en cas d'échec, il entreverrait une « superstructure » entre deux nations, plutôt que le fédéralisme actuel ? De ce que quatre mois plus tôt, son ministre chargé de négocier Meech, Gil Rémillard, ait indiqué que « si l'Accord du lac Meech n'était pas accepté, pour beaucoup de Québécois l'indépendance pourrait être une possibilité » ? De ce qu'au cours de l'hiver et du printemps, plusieurs de ses ministres aient indiqué que l'échec – déjà prévisible – avait pour effet d'« ébranler les colonnes du fédéralisme » (Marc-Yvan Côté, Santé) ; conduirait « à regarder n'importe quel scénario, n'importe quelle situation, n'importe quoi » (Yves Séguin, Revenu) ; ferait en sorte que « la solution ne passera pas par le Canada, elle va passer par le Québec » (Michel Pagé, Éducation) ?

L'atmosphère, que Bourassa ne sent pas ce soir-là, n'est-elle pas également chargée du fait que, au cours des derniers mois, une quarantaine de villes ontariennes se soient déclarées « unilingues anglaises » pour protester contre la législation linguistique québécoise ? Qu'un petit groupe de manifestants, à Brockville, en Ontario, ait ostensiblement marché sur le drapeau québécois devant les caméras ? Que ces événements aient poussé le ministre Claude Ryan, pape du fédéralisme, à déclarer que cette hostilité pourrait faire en sorte « que nous nous interrogions de manière décisive sur notre place dans ce pays » ?

L'atmosphère n'est-elle pas chargée aussi du fait qu'un mois plus tôt, autour du 10e anniversaire du référendum de

1980, un ministre fédéral populaire, un certain Lucien Bouchard, ait démissionné avec fracas en affirmant que la souveraineté seule pouvait maintenant répondre aux besoins du Québec? Du fait qu'il se soit ensuite fait acclamer par les parterres normalement frileux de la Chambre de commerce de Montréal et du Barreau québécois? Serait-elle chargée aussi de la conversion souverainiste de trois autres députés fédéraux, de plusieurs leaders du monde des affaires québécois et de… la majorité de l'opinion québécoise, qui le clame maintenant dans des sondages réguliers depuis le début de l'année?

N'est-elle pas aussi un peu lourde, l'atmosphère, du fait que la veille (la veille!), le premier ministre du Canada lui-même, Brian Mulroney, ait pris la parole devant la petite législature de Terre-Neuve et ait déclaré qu'un rejet de l'accord et de sa clause de « société distincte » conduirait les Québécois à devenir encore plus majoritairement souverainistes qu'ils ne le sont déjà et provoquera la tenue d'un référendum fatidique?

Le soir de ce référendum [leur a-t-il dit de sa voix solennelle de baryton], *lorsque chaque membre de cette Assemblée et le reste d'entre nous regarderons les résultats avec nos familles et nos enfants, une pensée traversera notre esprit : Est-ce que tout cela aurait pu être évité simplement en votant pour l'Accord du lac Meech?*

Voilà, pour l'essentiel, de quoi le fond de l'air est fait, en ce 22 juin 1990. Voilà dans quel contexte Bourassa prononce son « Quoi qu'on dise… » Et voilà pourquoi, autour de lui, chacun croit que ces mots ont un sens.

Pas lui. Il ne s'attendait pas, en cette enceinte, à une réaction « aussi éclatante », raconte-t-il. Au-delà des murs de l'Assemblée nationale, aussi, l'impact est, dit-il, « plus grand que je l'avais pressenti ». « J'ai constaté qu'il y avait un niveau d'intérêt et d'anxiété dans la population que je n'avais pas connu depuis – certainement depuis mon retour » au pouvoir. Cherchant des exemples, il cite… la crise d'octobre de 1970, la grande grève du front commun de 1972. Mais depuis, il n'avait jamais retrouvé ni « senti l'anxiété presque palpable. Et c'était le cas, cette journée-là. Et le lendemain, s'il y avait quelque chose, c'était encore plus grand. »

Lorsqu'on revoit l'enregistrement de ce moment, on observe un Robert Bourassa, assis après l'effort, un peu sonné par la réaction des députés et des ministres. Hagard, comme s'il s'était réfugié dans sa carcasse et se forçait à en ressortir chaque fois qu'un collègue lui tendait la main. Puis il y retournait, le regard un peu absent. L'homme semblait débordé, dépassé.

On n'invoque le fantôme de de Gaulle qu'à ses risques et périls.

**

Cette phrase – « Quoi qu'on dise… » – est maintenant ciselée dans le socle de la statue de Robert Bourassa, placée devant l'Assemblée nationale en 2006. Elle le résume parfaitement. Inspirée du mensonge d'un autre, son but était de gagner du temps en laissant croire, faussement, qu'une action allait être prise.

Elle a eu son effet. Immédiat : les Québécois ont cru que son auteur allait prendre l'histoire à bras-le-corps. Durable : elle est encore citée comme un mantra, plutôt qu'un mensonge.

Du Bourassa à l'état pur.

Je suis le seul responsable.
ROBERT BOURASSA,
À L'AUTEUR, LORS D'UN ENTRETIEN EN AVRIL 1991

Il n'a rien dit, mais il sent bien être allé trop loin. Alors il doit rectifier le tir, le lendemain, en conférence de presse.

Journalistes, députés, ministres, quelques membres du corps diplomatique sont assemblés au Salon rouge pour entendre le programme de l'après-Meech. Mme Andrée Bourassa s'est déplacée, autre signe que la partie se corse. Comme le *Quoi qu'on dise...* de la veille, le discours est télédiffusé en direct, au Québec et au Canada *coast to coast*. Le premier ministre, encadré par deux drapeaux, le bleu et le rouge, souligne que la veille, 30 ans plus tôt, Jean Lesage devenait chef du gouvernement québécois et lançait la révolution tranquille. Bourassa retrace, depuis ce jour jusqu'à Meech, le parcours québécois.

Meech mort, explique le premier ministre, le gouvernement comme le Parti libéral sont orphelins de stratégie constitutionnelle. Répondant à la main tendue de Parizeau, il annonce qu'une commission parlementaire sera imaginée pour consulter les Québécois. De même, au sein du Parti libéral, on réunira des sages pour proposer une marche à suivre.

Mais un paramètre fort est posé pour la nouvelle étape : un Canada à deux. « Pas question » de conférence à 11. « Le processus de révision constitutionnelle existant au Canada est discrédité, annonce Bourassa. Le gouvernement du Québec n'accepte pas de retourner à la table de négociations sur le plan constitutionnel. » Pour les sujets autres que constitutionnels, on procédera cas par cas.

L'affirmation n'est pas banale dans la bouche de Robert Bourassa qui réchigne à utiliser des termes tranchés. « La seule porte qu'il s'est vraiment fermée, ça a été de dire que la question du Québec ne se négocierait plus à 11 », souligne son conseiller Rivest. Fermée, à double tour, car Bourassa utilise un mot rarissime en politique, et jusque-là exclu de son propre vocabulaire, le mot « jamais » : « Nous pourrons décider de participer à certaines conférences où l'intérêt du Québec est en cause, mais jamais sur le plan constitutionnel. »

Ces moments étant aussi précieux que rares, l'auteur va faire le bref inventaire, tout au long de la suite de ce récit, des engagements constitutionnels pris par le premier ministre, des phrases courtes et claires dont il est si avare.

Engagement n° 1 :
Négocier dorénavant à 2 et « jamais » à 11.

La difficulté avec cet engagement tient dans sa simple impossibilité. Ce sont les nations souveraines qui négocient d'égal à égal. Pas les membres d'une fédération. Comme le prouvera la suite du récit.

Mais en prenant cet engagement surprenant et clarissime, Bourassa met tous les Québécois nationalistes, y compris dans son caucus et son conseil des ministres, dans la situation de croire que la crise est insoluble. Puisqu'on ne peut négocier à deux dans le Canada, il faudra le faire depuis l'extérieur du Canada. Ne serait-ce que pour mieux y revenir.

Ces gens, et on verra combien ils sont nombreux, n'ont simplement pas correctement décodé le discours de leur chef. Car la phrase-clé de toute l'aventure politique qui s'ouvre avec la mort de Meech est cette autre, que Bourassa prononce ensuite :

Il faudra donc que dans ces décisions importantes pour notre avenir, la dimension économique soit primordiale.

Plus précis, il pose ce paramètre :

C'est l'intérêt supérieur du Québec qui sera le facteur déterminant et, à cet égard, dans toutes ces décisions, nous tiendrons compte de la dimension économique.

«Nous tiendrons compte», donc, de la cote de crédit, évoquée la veille entre Bourassa et ses conseillers. Donc, de l'insécurité. En entrevue, Bourassa explique lui-même la manœuvre : «J'ai affirmé le Québec le vendredi, et le samedi, j'ai immédiatement rééquilibré avec la sécurité économique.»

Au Salon rouge, Bourassa conclut :

Bref, le Québec a la liberté de ses choix. Il doit faire son choix dans le réalisme, dans le calme et dans la lucidité.

Quant à moi, je puis vous assurer que mon seul guide sera l'intérêt supérieur du peuple québécois.

«La liberté de ses choix.» Là encore, les imprudents en concluent que le Québec est appelé à choisir entre rester dans le Canada ou en sortir. Ils ont tort. Car il y a «le Québec», d'une part, qui est libre, c'est sûr. Puis il y a «quant à moi», d'autre part.

Ce n'est pas anodin. Le Robert Bourassa de 1990, on l'a vu, n'est plus celui, défait, de 1976. Il a pris de l'assurance.

Lorsqu'il dit «quant à moi», il parle de l'essentiel. «J'ai assumé le destin du Québec» dira-t-il, le jour de 1993 où il tirera sa révérence. Ce sont les deux phrases jumelles.

Voici donc le code décodé :

1) Première phrase : «Nous sommes à un moment critique de notre histoire. La décision de rejeter l'Accord du lac Meech remet en cause notre avenir politique» ;

2) «Le Québec a la liberté de ses choix» ;

3) Nous allons écouter le Parti libéral du Québec et une nouvelle commission de l'Assemblée nationale présenter de nouvelles solutions ;

4) Seules les solutions qui sont conformes à «l'intérêt supérieur du Québec» seront retenues ;

5) L'intérêt supérieur du Québec exige la sécurité économique ;

6) (sous-entendu :) Toute forme de souveraineté induit l'insécurité économique ;

7) (sous-entendu :) L'intérêt supérieur du Québec exclut toute forme de souveraineté ;

8) De toute façon, «quant à moi», c'est moi qui décide. Donc, on reste au Canada quoiqu'il arrive.

Sur le coup, à l'extérieur du cercle restreint des conseillers de Bourassa, peu nombreux sont ceux qui saisissent.

Certains oui. «Il faisait tout de suite état des difficultés économiques qui seraient sous-jacentes à ce que je qualifierais d'aventure souverainiste. Donc, c'était équivalent pour moi de dire qu'il ne la ferait pas,» analyse par exemple le député fédéraliste orthodoxe Henri-François Gautrin, présent au Salon rouge.

À l'extérieur, les autres Québécois, comme les députés libéraux nationalistes, les jeunes du parti, les ministres québécois à Ottawa, des membres du futur Bloc québécois et du PQ ont placé leur loupe, non sur ce que Bourassa a toujours dit et ne fait que répéter – la sécurité économique –, mais sur ce que Bourassa n'avait jamais dit et a énoncé ce jour-là, sur l'avenir politique du Québec, le refus de jamais ne négocier qu'à deux, le fait que le Québec est à «un moment critique» et qu'il est «libre de ses choix».

INTERDIT DE DISSIPER L'AMBIGÜITÉ

Il y aurait bien sûr une façon simple pour Robert Bourassa de dissiper toute ambigüité. D'affirmer en ce jour que le lien qui soude le Québec et le Canada est indissoluble et que, malgré la tristesse qu'inspire l'échec de l'Accord du lac Meech, l'aventure souverainiste est exclue.

Pourquoi ne le fait-il pas ?

C'est pourtant ce que lui recommandait, quelques heures avant, son conseiller Jean-Claude Rivest, pour contrebalancer le coup de semonce du *Quoi qu'on dise*... « Si tu veux rassurer les marchés financiers, il faut que tu dises : "Non, il n'y en aura pas de référendum" » sur la souveraineté. Donc pas de souveraineté.

Rivest a lâché le mot magique : marchés. Il parle des variations des taux d'intérêt des emprunts québécois à Wall Street, et des cotes de crédit déterminées par les firmes Moody's et Standard & Poor's. Bourassa, on le sait, en fait une fixation.

« Quand Moody's confirme la cote du Québec, c'est des dizaines de milliards de dollars que vous n'aurez pas à payer en intérêts », expliquera-t-il un jour à son aile jeunesse, multipliant par 100, pour mieux impressionner ses cadets, la somme réellement en cause. « Alors demandez-moi pas de pas tenir compte de ça ! C'est pour vous que je le fais ! »

Bourassa se tourne vers son plus jeune conseiller, le directeur-général du Parti, Pierre Anctil : « Pierre, qu'est-ce que tu en penses ? »

« Ça a pas de maudit bon sens, voyons donc ! Tout le monde en veut un ! Le monde veulent plus un référendum qu'ils veulent la souveraineté. Vous allez pas leur dire que vous en ferez pas ! Pourquoi dire ça, là ? Les marchés ? Inquiétez-vous pas. Ils penseront jamais que vous allez faire quelque chose de radical. Vous avez ça d'écrit dans le front, que vous êtes prudent ! »

Anctil est d'autant plus inquiet qu'une énorme manifestation est annoncée pour le surlendemain, lundi 25 juin, pour la
Fête nationale du Québec. «Il va y avoir une parade, là. Je voudrais pas qu'ils brûlent l'effigie de Robert Bourassa devant le
Stade olympique! Ça ferait pas une ben bonne image,» a-t-il
dit, en aparté, à Rivest. Les marchés chéris vont chuter bien
plus «s'ils ont la perception qu'on perd le contrôle de la situation sociale au Québec, s'il y a des émeutes». Mieux vaut leur
montrer un Bourassa «à la pointe du consensus social».

Tout repose donc, on le voit, sur la sécurité économique.
C'est pour elle qu'on ne fera jamais la souveraineté. C'est pour
elle aussi qu'on ne dira pas qu'on ne la fera pas.

CEUX QUI RÊVENT : PREMIÈRE STATION

C'est l'effet Meech. C'est l'effet *Quoi qu'on dise...* Il se fait sentir ailleurs aussi.

Parizeau a tendu la main. Il a son parti derrière lui. Ce n'était pas évident. Depuis plusieurs mois, alors que se jouait l'agonie de Meech et qu'émergeait dans l'opinion un sentiment souverainiste pour la première fois nettement majoritaire, le PQ se heurtait à un mur : le calendrier politique.

Bourassa ayant été élu en 1989, il tient le pouvoir jusqu'en 1994 s'il le veut. Vague souverainiste ou pas, le PQ est condamné à attendre. Et pendant ce temps, le nombre de souverainistes croît jour après jour, dans l'opinion, chez les hommes d'affaires, dans le caucus libéral, chez les ministres, même.

Que faire ? Au comité de stratégie qui se réunit tous les lundis et au caucus, des voix s'élèvent dès le début du printemps 1990 : tendre la main aux libéraux. Cette opinion est d'abord minoritaire. Au comité de stratégie, c'est le conseiller Pierre Boileau qui mène d'abord ce combat. « La politique de main tendue fait avancer l'idée de la souveraineté, parce que les gens sont moins insécures de cette façon-là », dit-il.

Au caucus, deux députés défendent cette thèse. Louise Harel et Michel Bourdon, d'anciens époux devenus complices. C'est justement parce qu'ils veulent la souveraineté par-dessus tout qu'ils sont prêts à la faire faire par d'autres. Denis Lazure, un vétéran, est dans leur camp.

Au printemps, le débat fait rage. Plusieurs s'opposent. Les députés vétérans Jacques Léonard et Jean Garon font de la résistance. Bernard Landry, aussi, qui « trouvait ça effrayant que le Parti libéral fasse l'indépendance». Plusieurs débats s'enchevêtrent, car il y a ceux qui ne veulent pas de cette stratégie, et il y a ceux qui n'y croient pas. Boileau leur affirme que le PQ joue gagnant dans tous les cas : «Bourassa va tout faire pour éviter la souveraineté, leur dit-il. Mais s'il la fait, tant mieux!»

Mais pour Bernard Landry, c'est presque une question de tripes, raconte un témoin. «Il voyait Claude Forget [ancien ministre fédéral] ambassadeur à Paris, puis les libéraux qui mettent en place tout leur appareil à eux. "Ils ont combattu la souveraineté toute leur vie," disait-il. Il était pas capable de voir ça.»

Ni de le concevoir. Lorsque, au printemps 1990, le démographe Georges Mathews publie un livre de politique-fiction, *L'Accord. Comment Robert Bourassa fera l'indépendance*, Landry trouve la chose loufoque. Mais de débat interne en débat interne, le vice-président du PQ finit par se ranger à l'opinion des Boileau, Harel et Bourdon. Si le PLQ veut la faire, aidons-le. Et tant pis pour l'ambassade de Paris.

À Alma, le 20 mai, 10 ans après le référendum de 1980, le PQ tient son Conseil national. C'est là que Parizeau lit la lettre du ministre fédéral conservateur Lucien Bouchard, qui ne sera plus ministre 48 heures plus tard. C'est là aussi que se fait le débat de la main tendue. Bernard Landry en devient un des meilleurs défenseurs. «La phrase-clé de l'époque, résume Landry, c'était *La patrie avant les partis.*»

Des membres du caucus péquiste abordent aussi leurs collègues libéraux nationalistes, pour répandre la bonne nouvelle. «Les députés péquistes, je devrais vous dire, que peu importe avec qui ils la feraient, ils voulaient la faire», se souvient Jean-Guy Lemieux, député libéral de Québec, approché par plusieurs collègues de l'opposition. Il se souvient que Lazure et le député André Boisclair, entre autres, lui ont dit : «On est prêts à vous suivre dans ce sens-là.»

La mort de Meech amplifie cette volonté bipartisane. Plusieurs qui y avaient adhéré par conviction souverainiste et par tactique deviennent de véritables convertis. Premier d'entre eux : l'ex-sceptique Bernard Landry. Avec le *Quoi qu'on dise...*, il craque. « Là, Bourassa a été assez raide dans les heures qui ont suivi » la mort de Meech, rappelle Landry. « En disant que le Québec est une société distincte pour toujours et ainsi de suite, moi j'ai pensé, là, sérieusement, que Robert Bourassa venait, après 25 ans d'hésitation, de se rendre à nos arguments et qu'il allait tranquillement s'orienter vers la souveraineté du Québec en se ménageant de l'espace de virage. »

Landry a le réflexe d'appeler Louis Bernard, l'ancien bras droit de Lévesque qui venait de vivre le sprint de Meech à Ottawa en compagnie de Bourassa. Landry, comme beaucoup de décideurs québécois, a beaucoup de respect pour la capacité d'analyse de Louis Bernard. C'est le contraire d'un excité. Il résiste aux modes et aux enthousiasmes. C'est pourquoi le numéro deux du PQ le croit lorsque Louis Bernard lui dit au bout du fil : « Là je crois que Bourassa va cheminer vers la souveraineté. » (Louis Bernard ne se souvient pas d'avoir été aussi définitif, mais presque : « Si j'ai dit ça, c'est un résumé, dit-il. Tout son parti [libéral] et le Québec dans son ensemble allaient dans ce sens-là, alors je pensais que Bourassa aurait cheminé lui-même là-dedans. »)

Que peut bien dire Robert Bourassa, en privé, aux souverainistes qu'il rencontre, comme Louis Bernard, son ami de collège Claude Béland devenu président du Mouvement Desjardins, Lucien Bouchard et autres, pour qu'ils sortent convaincus que la souveraineté est sur son écran radar ? Sans doute des propos proches de ceux qu'il tient devant l'enregistreuse de l'auteur, en 1991 :

> *L'objectif de souveraineté est peut-être un des plus nobles. Mais moi, ce que j'ajoute à ça, c'est qu'on ne le réalise pas en démantelant allègrement le Canada. Mais si le Canada –*

> *on a l'impression un peu comme Sisyphe, on fait des pro-*
> *positions, ça marche jamais – si le Canada lui-même refuse*
> *toute rénovation du fédéralisme, à ce moment-là on ne peut*
> *pas nous reprocher de quitter et de faire la souveraineté.*

Bernard Landry plante donc profondément son pavillon dans le camp du rêve. Fini les inquiétudes sur le partage des ambassades. Et il se répand dans les salons avec cette phrase : « Dans une république du Québec souverain, il y a un président et un premier ministre. » Sous-entendu : que Bourassa choisisse son titre, nous prendrons l'autre.

Mais Parizeau, dans tout ça ? Dans les débats précédant la mort de Meech, « il est en réserve », se souvient Bourdon. Aux réunions du lundi matin, « il parlait pas dans ces affaires-là, il écoutait, raconte un stratège. Il écoutait avec un petit sourire. »

Que pensait-il ? Quand l'auteur lui demande, trois ans après le fait, s'il jugeait que Bourassa pourrait cheminer vers la souveraineté, Parizeau répond comme s'il s'agissait d'une gigantesque blague. Mais il fait de la surimpression historique. En janvier 1991, devant des journalistes du *Soleil,* il jongle tout haut avec cette possibilité :

> *Quand on a été 20 ans en politique, comme M. Bourassa,*
> *dont 11 ans comme premier ministre, on doit vouloir laisser*
> *son nom dans l'histoire. [Ce doit être] une remarquable ten-*
> *tation pour M. Bourassa* [qui] *ne voudra peut-être pas être*
> *celui qui a approché d'une solution, puis a laissé simplement*
> *derrière lui le bordel et le chaos.*

Au printemps de 1991, en entrevue avec Jacques Godbout, Parizeau confirme y avoir songé :

> *Je me disais : peut-être est-ce que vraiment ils accepteraient*
> *de s'embarquer dans un référendum de la souveraineté ?*

Puis, à l'auteur, à l'automne de 1991, il déclare, parlant de Bourassa :

C'est un nationaliste. Est-ce qu'il aurait été jusque-là ? Je ne sais pas. Est-ce que le fait de lui tendre la main pouvait l'amener un peu davantage ? Peut-être.

À l'été de 1990, après la mort de Meech, Parizeau, comme le reste de son parti, fait en quelque sorte le pari politique de Pascal. Si Bourassa-le-souverainiste existe, leur vœu sera exaucé. S'il n'existe pas, qu'auront-ils perdu à essayer ?

3

L'ENJÔLEUR

C'est être médiocrement habile, que de faire des dupes.
Luc de Clapiers, Marquis de Vauvenargues

Sur le plancher du Centre des congrès de Calgary, une cinquantaine de militants libéraux fédéraux portent leur doute sur le bras en ce 23 juin 1990, lendemain de la mort de Meech.

Jean Lapierre, député de Shefford, a distribué des brassards noirs, en signe de deuil. La mort de Meech, bien sûr. Celle de leurs convictions fédéralistes, aussi. Celle de leur appartenance à un parti et à un chef, surtout. Jean Chrétien, que couronnent avec enthousiasme les militants libéraux réunis dans la métropole albertaine, incarne ce que Lapierre et ses compagnons abhorrent.

CHRÉTIEN, JEAN

Gilles Rocheleau, député de Hull-Aylmer, déambule avec son brassard. Brouhaha près de lui. Caméras et projecteurs. Clyde Wells, le premier ministre de Terre-Neuve qui a donné le coup de grâce à Meech la veille, fend la foule pour se diriger vers Chrétien.

« J'ai vu Jean Chrétien donner un petit baiser amical à Clyde Wells, il était à quelques pieds de moi, » affirme Rocheleau, outré. « *Thanks for all you've done, Clyde* », dit Chrétien. Référence à l'appui du Terre-Neuvien à sa campagne à la direction, dira-t-il, et non à son refus de voter pour Meech. C'est plus que plausible, Chrétien ayant beaucoup fait, dans les toutes dernières semaines, pour que l'Accord soit ratifié et qu'on n'en parle plus. Trop tard, toutefois. Pendant des mois, auparavant, Chrétien avait fait campagne en critiquant Meech, récoltant les vivats de la foule.

Rocheleau est un émotif. Fédéraliste jusqu'à la moelle, il amusait ses partisans en racontant qu'il se réveillait la nuit, exprès pour « haïr les séparatistes ». Sous peu, il siègera comme député fédéral séparatiste, dans un nouveau parti qu'on n'appelle pas encore le Bloc québécois.

Au Congrès libéral de Calgary, quand les résultats du vote sont proclamés, que la victoire de Jean Chrétien est officielle, on voit Lapierre et Rocheleau se diriger vers la sortie. Le président de l'aile jeunesse québécoise du parti, Jean-François Simard, et une partie de son exécutif suivent le mouvement.

Huit ans plus tôt, lorsque Pierre Trudeau et Jean Chrétien, avec l'appui des neuf provinces anglophones, avaient rapatrié la constitution canadienne sans l'accord de l'Assemblée nationale, les libéraux fédéraux comptaient 72 députés au Québec. À l'élection suivante, ils n'étaient plus que 17. En 1988, plus que 12. Et voici que deux autres Québécois font faux bond, devenant députés indépendants, et laissant le PLC avec seulement 4 députés francophones québécois.

Mais les congressistes libéraux sont si heureux, si exubérants, si amoureux de Chrétien, que ces départs passent inaperçus. Le PLC vient de se séparer de l'électorat francophone québécois, son château fort historique, sans même s'en rendre compte.

BOUCHARD, LUCIEN

Au Ritz, à Montréal, quelques heures plus tard, un autre député fédéral indépendant se trouve en intéressante compagnie. Lucien Bouchard, ex-grand ami de Brian Mulroney, ex-lieutenant québécois du gouvernement conservateur, ex-grand manitou canadien de l'environnement et de son Plan vert, est attablé avec le président du Conseil du trésor du gouvernement fédéral, et député de Québec, Gilles Loiselle.

Rencontre politiquement incongrue, puisque Lucien Bouchard est maintenant considéré, dans l'entourage de Brian Mulroney, comme le paria, le traître, celui qui a planté, au pire moment, le poignard dans le dos de son meilleur ami. Démissionnant, un mois plus tôt, du cabinet et du caucus conservateurs, Lucien Bouchard est devenu une vedette instantanée au Québec. L'incarnation du ras-le-bol. Monsieur « Ça suffit ! ». Applaudi, après sa démission, plébiscité, dans un sondage, par les deux tiers des Québécois, Bouchard est l'homme du mois, mais l'inconnu de l'avenir. « J'étais dans les limbes politiques à ce moment-là, dit-il. La politique, pour moi, je considérais que c'était à peu près fini. »

C'est Loiselle qui l'a appelé. Conservateur de souche nationaliste, ancien grand commis de l'État québécois, Loiselle n'est pas moins sonné que son ancien collègue par le *Quoi qu'on dise...* de la veille. Mais il est plus froid. Plus calme. Plus cérébral. Après quelques échanges amicaux sur les circonstances de la démission de Bouchard, Loiselle demande :

« Tu vas à la parade demain ? »

« Oui. »

« J'y vais avec toi. »

« Je te préviens », commence Bouchard, lui expliquant que plusieurs députés conservateurs comptent marcher à ses côtés et signifier ainsi qu'ils quittent le caucus conservateur pour le rejoindre dans ses « limbes politiques ». « Tu sais, ça va être vu, ça va être visible et si tu viens avec moi à la parade, il va se tirer des conclusions. T'es ministre, enfin ! »

« J'y vais. »

Un ministre fédéral du Québec a bien le droit de prendre part au défilé de la Saint-Jean, non?

«Parade», le mot est faible. Ce qui se déplace, rue Sherbrooke, en un long cortège bon enfant, le lundi 25 juin, est plus qu'un défilé. Une forêt bleue. Des milliers de drapeaux québécois flottant au vent. En d'autres temps, on y aurait vu un défi. Aujourd'hui, on y lit une prise de parole. Sereine, certaine. Une déclaration d'existence. Pas de brassard noir, pas de veillée d'armes. Ce défilé n'a rien de l'enterrement. On dirait un baptême. Parmi les deux, trois, quatre cent mille Québécois, point de hargne ni de colère. De la joie. Une libération.

La manifestation a un slogan thème: «Notre vrai pays, c'est le Québec.» Le vouloir-vivre collectif, fondement de l'existence des nations, est rarement visible à l'œil nu. Rue Sherbrooke, le 25 juin 1990, on ne voit que lui.

Lucien Bouchard attend, coin Sherbrooke et Hôtel-de-ville, l'arrivée de Loiselle. Quelques futurs démissionnaires du caucus conservateur les rejoignent. Des équipes de télévision, en quête de célébrités, repèrent l'attroupement et l'encerclent. Bouchard, qui répond à des questions, sent qu'on le tire à l'écart. C'est Loiselle.

«Écoute, je peux pas rester», lui dit-il, frappé par le poids du symbole, la force du moment. Il voulait marcher dans la rue Sherbrooke. C'est le Rubicon qui se présente devant lui. Il ne veut pas le franchir. Il se retourne, il part. Un ministre fédéral du Québec a bien le droit de prendre part au défilé de la Saint-Jean. Mais pas à celui-là. Et pas avec ce compagnon-là.

BOUCHARD, BENOÎT

Les drapeaux bleus défilent sur l'écran de télévision d'un autre ministre fédéral québécois, resté à son appartement d'Ottawa, le cœur brisé. «J'aurais tellement voulu me voir sur la rue Sherbrooke, dit-il. Le sentiment que tu as d'être Québécois, parfois, est décuplé quand tu es à Ottawa. Parce que tu es seul. Ici, t'as toujours l'impression d'être orphelin. J'avais une espèce de regret, le goût de dire : "Que le diable emporte la logique, le bon sens, la raison." C'est dur d'être un Québécois à Ottawa. Tu te raisonnes tout le temps. Tu laisses jamais parler tes émotions. Tu laisses jamais parler tes racines.»

Les drapeaux bleus défilent sur l'écran de télévision de Benoît Bouchard, ministre important au sein du gouvernement Mulroney. Un mouvement de caméra le tire de sa mélancolie. Mais, c'est Benoît Tremblay qu'il vient de voir, aux côtés de Lucien Bouchard. Qu'est-ce qu'il fait là ?

Benoît Bouchard est «de garde» à Ottawa. Depuis un mois, il est responsable du caucus québécois. Depuis trois jours surtout, depuis la mort de Meech, il est chargé de garder le troupeau. Benoît Tremblay, député de Rosemont, est une de ses brebis. Avant-hier, la rumeur voulait qu'il s'apprête à quitter le caucus.

Benoît Bouchard lui en avait parlé. «Tremblay me dit : "C'est faux. Sous aucune considération. C'est une rumeur", raconte le ministre. Je lui dis : "Écoute, si tu vas faire la parade, tu sais ce qui peut se produire !"» T'inquiète pas, Benoît, t'inquiète pas.

Que Tremblay soit dans la parade, d'accord. Mais aux côtés de Lucien, c'est autre chose. Le ministre appelle chez Tremblay. «Mme Tremblay, demandez au moins une chose à votre mari, qu'il me rappelle chez moi, quelle que soit l'heure.» Ce qu'il fait, le soir venu. «Écoute, plaide Tremblay, c'est vrai que je t'ai dit ça vendredi, mais...» Benoît, si t'avais été ici, t'aurais compris.

Ce n'est pas tout. Benoît Bouchard a reconnu Louis Plamondon dans la foule, une autre de ses ouailles. «Tu m'avais dit que tu quitterais pas, le semonce-t-il le soir même. Je suis pas un enfant, j'aurais aimé mieux que tu me dises la vérité.» Benoît, si t'étais venu, t'aurais fait pareil.

Benoît Bouchard le sait bien. « J'étais sur le pilote automatique. Je m'empêchais de penser parce que j'avais peur que si je le faisais, je devrais aller au bout de ma cohérence qui aurait dû être, à ce moment-là, de m'en aller. J'étais venu en politique pour Meech, pour le Québec. […] Mais Mulroney est pas fou, il me parlait trois fois par jour. »

Le nouveau lieutenant du caucus québécois survivra-t-il au choc ? « Le soir de Meech, je te dirai que c'est Mulroney qui m'a retenu. Définitivement. Pour moi, du 22 juin jusqu'au 30 juin, ça a été presque à l'heure. »

Garder le troupeau, c'est son gilet de sauvetage. Il est en contact avec ses responsables régionaux, qui lui signalent les âmes les plus sensibles. Il les appelle, il les relance, il les flatte.

Untel pense partir. Un autre a même appelé Jacques Parizeau, pour lui annoncer la bonne nouvelle de sa démission. Benoît va les retenir.

« J'en ai ramassé un qui se préparait à aller faire une conférence de presse pour annoncer qu'il partait. On l'a bloqué une heure et demie avant qu'il parte. Je dis : "Peut-être que tu fais une bêtise, donne-toi encore une journée." J'ai parlé, parlé, parlé et finalement j'ai réussi, parce que sa femme était pas d'accord. Il est resté avec nous, a fait un excellent député. »

Gagner du temps. Il faut gagner du temps. « Je me disais, l'émotion va tomber à un moment donné. » Mais les députés, de retour dans leur comté, subissent les assauts de la colère populaire. « T'es dans ton comté, on t'envoie Clyde Wells dans le visage. Tu peux seulement te taire. Pleurer avec les gens s'ils pleurent, rire avec eux s'ils rient. »

La ministre Monique Vézina, qui s'est fait courtiser (politiquement) par le vice-président du Parti québécois, Bernard Landry, « branle dans le manche ». Il faut la stabiliser. Dans ces cas difficiles, Mulroney est appelé à la rescousse. Au téléphone, il n'y a pas de meilleur vendeur. Il joue sur toute la gamme : la loyauté, le parti, le pays, la capacité d'un député du gouvernement d'obtenir des subventions pour sa région. Y as-tu pensé, aux subventions ? Dans l'opposition, en auras-tu autant ? Plusieurs mordent à cet hameçon. Brian et Benoît feront en sorte qu'ils soient récompensés.

« Jean-Pierre Blackburn, dans ma région, pleurait avec le drapeau du Québec », dit Benoît.

Gagner du temps, gagner du temps. Il en échappe. Nic Leblanc, Gilbert Chartrand, passeront au Bloc.

À 2 heures du matin, dans sa chambre d'hôtel, le téléphone sonne. Un autre candidat à l'évasion. Il y en a marre à la fin ! Qu'ils se décident et qu'ils me foutent la paix !

« Il y en a un, je lui ai dit : "Écoute, je vais aller te reconduire moi-même de l'autre bord si tu continues, parce que moi je suis tanné, là !" »

CEUX QUI SAVENT : L'ONTARIEN DAVID PETERSON

Montréal n'est guère habituée aux convois officiels de limousines noires qui narguent le trafic et intimident les piétons de leurs escortes policières, toutes sirènes hurlantes. Quelques jours après la mort de Meech pourtant, le spectacle se déploie, entre Dorval et le centre-ville, à la demande expresse du premier ministre Bourassa.

Dans la limousine, son copain ontarien, David Peterson. Les deux hommes se sont parlé le jour de la mort de l'entente et ont résolu de se voir dès que possible. « Il y a un temps pour l'action, explique l'alors premier ministre de l'Ontario, et il a un temps pour la symbolique. Ce jour-là, il fallait montrer que le pays n'allait pas se fractionner et que nous allions faire en sorte qu'il ne le soit pas. »

Bourassa vient de proclamer *Quoi qu'on dise...*, vient de jurer « plus jamais à 11... », déclare que « tout est ouvert » et précise qu'il n'écarte pour l'avenir du Québec aucun scénario, « sauf le *statu quo* et l'annexion aux États-Unis ».

David Peterson, premier ministre de la plus canadienne des provinces, est-il inquiet de cette dérive ? Croit-il que Bourassa est en train de se muer en un René Lévesque modéré et non-fumeur ? Nullement. Parlant de cette rencontre en tête-à-tête de plus de deux heures, Peterson dit : « il n'y a aucun doute dans mon esprit et je me sens absolument solide sur ce point : il n'a jamais cessé d'être fédéraliste. Des gens disent parfois que Bourassa est un crypto-séparatiste. C'est faux. Il en est venu à la conclusion bien avant l'affaire de

Meech, qu'il était toujours préférable que le Québec reste dans le Canada.»

«Oui mais, insiste l'auteur, si ça devenait inévitable, il pouvait penser qu'il était préférable que lui la fasse [la souveraineté] plutôt que Parizeau.»

«Jamais, répond Peterson. Au pied du mur, s'il avait à choisir son camp, il choisissait le Canada. C'est le cœur du personnage.»

Mais, les discours? Mais, la future commission? Peterson et Bourassa en parlent, bien sûr, à quelques jours du choc. Et Bourassa annonce déjà ses couleurs: «à l'évidence, il devait stabiliser la situation, résume Peterson. La réaction des Québécois était prévisible, l'échec de Meech était considéré comme une énorme humiliation, les séparatistes étaient à 70 % dans les sondages. Robert a vécu plusieurs de ces moments difficiles auparavant et il devait gérer le problème. C'est ce qu'il avait fait à l'Assemblée nationale avec son discours et ce qu'il s'apprêtait à faire dans les semaines qui venaient.»

N'avait-il pas peur d'être dépassé par son propre peuple, son propre parti et contraint de les suivre?

«Non. Mais il disait: "Écoute, ces forces sont très difficiles à gérer et je dois les gérer avec beaucoup de soin."»

«Robert est un des politiciens les plus habiles au pays», dit encore Peterson, un de ses plus grands admirateurs, qui aborde ici un point essentiel: «Il en a vu beaucoup et il est astucieux et intelligent. Il comprend qu'il faut gérer ce genre de chose en utilisant le temps qui passe. Et il est patient.»

En juin 1990, Bourassa se sait maître du temps. Son mandat ne se termine qu'en septembre 1994. C'est la donnée la plus importante du jeu.

Et il confie à Peterson: «Je marche vraiment sur la corde raide en ce moment.» Il ajoute dans un sourire: «Mais j'adore vraiment marcher sur la corde raide.»

4.

L'AGUICHEUR

Les politiciens sont des gens qui créent
des choses à partir de rien.
Ils ne sont ni ingénieurs ni artistes ni artisans.
Ils ont peu de talents concrets à offrir.
Mais ce sont des manipulateurs.
C'est ce qu'ils offrent : la capacité de manipuler.

V. S. NAIPAUL

« Tu sais, explique Bourassa, tu pourrais avoir des chances… »
Ils sont sur le toit du bunker. Ils boivent du jus de fruit. La
journée est intolérablement belle. Le premier ministre est en
bras de chemise. Lucien Bouchard revient d'une longue ran-
donnée pédestre dans les collines de Charlevoix. Onze jours
après la mort de Meech, l'égaré de la politique fédérale n'y a
pas rencontré son avenir. C'est sur le toit du bunker qu'il fallait
grimper.

J'avais trouvé Bourassa comme d'habitude extrêmement
gentil. C'est un homme très affable, un des plus affables qu'on
puisse rencontrer en politique, explique Bouchard. Très sim-
ple, très naturel, sans prétention. Puis, il était très prévenant
pour moi. Il était d'une amabilité pour moi qui me faisait me
mettre un peu sur mes gardes.

La conversation va et vient. La démission de Bouchard.
L'impact sur le moral de Mulroney. « Brian est très abattu, dit

Bourassa. Je lui parle souvent. Il se remet mal de ton départ. »
L'avenir politique de Bouchard. « Je lui ai dit que j'avais une
décision à prendre, raconte Bouchard. Je continue en politique,
ou pas ? »

L'enterrement de Meech. Tellement dommage ! Les Canadiens anglais ont laissé passé une chance incroyable. « C'est
foutu, quoi, dit Robert. On peut pas se fier à eux dans une
négociation. Il faut tirer des conclusions, s'orienter. On ne
peut pas en rester là. »

Des propos qui mettent en éveil les antennes politiques de
Bouchard. « Il semblait beaucoup penser comme moi. Il me
semblait tirer les mêmes conclusions que moi de ce qui s'était
passé. Il semblait très désabusé de son expérience de négociation avec le fédéral. Très heurté. Avec une sorte de détermination que je ne lui connaissais pas. Je me disais, il est en train de
faire quelque chose. »

S'ils discutent de la souveraineté, dont Bouchard est
maintenant un partisan déclaré, ce n'est que pour l'effleurer.
Bourassa, dit Bouchard « ne l'a pas exclue nommément ».

Depuis sa conférence du Salon rouge, Bourassa est occupé
à concevoir, avec son adversaire Jacques Parizeau, une commission, un forum, un lieu de discussion sur l'avenir du Québec qui se réunirait pendant l'automne. Bouchard est-il intéressé ? s'enquiert Bourassa. Intéressé ? Il est aux anges, Lucien
Bouchard. Politicien errant, voilà qu'on lui offre un gîte.
Mieux, une plate-forme, un haut-parleur, un rôle en territoire
politique québécois. Que demander de mieux ?

Aujourd'hui, Robert Bourassa joue les pères Noël.

« Tu sais, tu pourrais avoir des chances, dans Laurier-Sainte-
Marie. » Le populiste et populaire Jean-Claude Malépart, député libéral de cette circonscription fédérale de Montréal, a
succombé à un cancer. Une élection partielle doit avoir lieu le
13 août. Il n'est pas question pour Bouchard d'y être candidat. Mais les démissionnaires conservateurs et libéraux des

derniers jours forment un magma politique informe, sans programme et sans boussole. Faut-il les réunir, former un parti, rester à Ottawa ?

Si la réponse est oui, il faut asseoir la légitimité de ce nouveau groupe, lui faire passer un test électoral. Mais Bouchard – Bourassa le sait-il ? – est l'antipoliticien par excellence. Il aime les discours, pas les coulisses. Il exècre les réunions des boys. En deux ans à Ottawa, il a tout juste et à grand-peine passé son examen de Cynisme 101, alors qu'il en faut beaucoup plus pour diriger une formation, et plus encore pour en créer une. Bouchard n'est pas plus ratoureux qu'une planche à repasser. Sans compter qu'il déteste, viscéralement, la ville d'Ottawa. Que son vœu le plus cher est de ne plus y remettre les pieds. Idéaliste, il veut bien se sacrifier pour faire du Québec un pays. Mais la tâche de chef kamikaze souverainiste à Ottawa lui semble un peu lourde. Pour faire ce saut, Bouchard a besoin d'une bonne poussée dans le dos.

« Moi, je me disais, si je reste en politique, il faut que je fasse un combat tout de suite, il faut tester quelque chose », raconte Bouchard. « J'hésitais à ce qu'on envoie un candidat. Tout le monde me disait, envoie-le pas, vous allez vous faire planter. » Bouchard s'en ouvre à Bourassa qui lui glisse, sibyllin : « Peut-être que j'aurai un sondage à te montrer. »

Quelques jours plus tard, Bouchard déjeune à la table du baron de presse et homme d'affaires Pierre Péladeau, dans les Laurentides. On le joint, là ou dans sa voiture, au retour. L'appel est délicat ; Bouchard ne prend pas le risque de discuter avec l'entourage de Bourassa au téléphone cellulaire. Il s'arrête à une cabine téléphonique sur le bord de l'autoroute 15. Rappelle le bunker. « Il m'a donné le sondage. On passait très fort dans Laurier-Sainte-Marie. » Le sondeur de Bourassa avait testé « un candidat appuyé par Lucien Bouchard ». Il emportait au moins 60 % des votes. L'égaré de la politique venait de recevoir une bonne poussée dans le dos.

FEUX VERTS

Il y a beaucoup de fumée dans le bureau de Bourassa. Parizeau vient d'en sortir. La commission parlementaire, encore. Négociations, positionnements, bluffs. Le premier ministre bouge vainement le bras pour se dégager un ballon d'air entre les volutes. Il est fatigué. La rencontre qui commence maintenant sera moins éprouvante que la précédente. C'est un ami qui passe le voir. Un membre de la famille libérale.

Écoutez, je suis prêt à me joindre à Lucien et tout ça, si vous pensez que ça peut être utile. Si vous pensez que c'est pas utile, dites-moi-le tout de suite, ça vient de finir, là, immédiatement !

Jean Lapierre n'est pas de ceux qui tournent autour du pot. Il parle à Bourassa comme à son véritable chef politique. Le jeune député a été membre du Parti libéral provincial avant de se joindre aux cousins fédéraux. Maintenant que Jean Chrétien a triomphé au PLC, Lapierre ne voit de salut que dans le PLQ, qu'il connaît comme le fond de sa poche.

Depuis 15 ans, il a été de toutes les campagnes libérales – provinciales et fédérales –, de tous les congrès, de toutes les combines. D'abord adjoint d'André Ouellet, son «parrain politique», il devient député fédéral de Shefford en 1979, à 23 ans, à temps pour faire la campagne référendaire pour le Non, puis pour voter, en 1982, le rapatriement de la constitution. Un geste qu'il ne cessera de regretter.

Titulaire du dossier constitutionnel quand John Turner dirige le Parti libéral dans l'opposition, Lapierre se fait le défenseur de Meech. «J'avais l'impression qu'on commençait à réparer nos gaffes. Un peu tard, mais on commençait.» Mais il voit de l'intérieur la flamme antiquébécoise qui s'allume et se propage au sein du caucus. Flamme qu'il attise lorsqu'il prend sur lui, en août 1989, d'écrire à Mulroney pour lui offrir son appui dans la défense de Meech et lui proposer que conservateurs et libéraux fassent un front commun pour sauver l'Accord.

Il comprend que les dés sont jetés lorsque la direction de son parti lui préfère Lloyd Axworthy, un trudeauiste non repenti, comme porteur du dossier. «Si c'était bon pour Axworthy, je me faisais fourrer comme Québécois», rapelle Lapierre. Coprésident, fataliste, de la campagne au *leadership* de Paul Martin contre Jean Chrétien, Lapierre fait le tour du Canada au printemps de 1990 et mesure à quel point le Canada anglais trouve irrecevable la différence québécoise.

Il en est à songer à se recycler dans le secteur privé lorsque, le 21 mai, Lucien Bouchard démissionne. Bouchard et Lapierre ne sont pas des alliés naturels. Lapierre était allé faire campagne contre l'ex-ambassadeur dans le comté de Lac-Saint-Jean, dénigrant de porte en porte le «gars de Paris» et vantant le «gars de par ici», le candidat libéral.

Aux Communes, ensuite, Lapierre s'amusait à coincer le ministre Bouchard que, dit-il, «j'haïssais pour mourir et que je picossais à chaque occasion».

Après la démission de Bouchard, Lapierre va rencontrer l'ex-«gars de Paris». C'est la première fois qu'ils ne se parlent pas en adversaires. «Écoutez, Lucien, moi je sais que je démissionne dans quelques jours. Je regarde actuellement la situation. Si vous rouvrez votre siège, si moi j'ouvre le mien, on vient de donner raison à Jean Chrétien, parce qu'il gagnerait ces sièges-là dans les élections partielles, les conservateurs sont tellement bas.» Ils conviennent de se reparler.

Lapierre a adoré le *Quoi qu'on dise…* «Après le discours de Bourassa, moi, comme libéral, je me sentais en voiture, tsé? On était partis! J'appelais mes amis libéraux, qui étaient très heureux. J'étais dans la mouvance.»

Lapierre commence à écrire un bref manifeste pour établir une espèce de programme pour ce qu'on appelle de plus en plus le «Bloc québécois». Dans un premier temps, il n'utilise pas le mot souveraineté, quoique plusieurs des futurs membres en soient déjà fermement partisans. Comme beaucoup de nationalistes libéraux, Lapierre met quelques semaines avant de faire son deuil du Canada.

> *Je voyais le concept de la souveraineté comme un instrument de rapport de force. Je me suis dit : on a essayé de la manière douce* [Meech], *ça a pas marché. On peut pas faire plus que ça. Allons-y de la manière forte. Puis après ça quand on aura justement un rapport de force, on négociera un nouveau deal. Et c'est là, moi, que j'ai apprivoisé le concept de la souveraineté-association. Je peux dire que les premières semaines et les premiers mois, ça glissait pas naturellement. Non. Non, c'était de la résignation.*

Dans son brouillon de manifeste, le Bloc se limite à « être solidaire de la démarche du Québec ». Il faxe sa « Mission du Bloc québécois » à Jean-Claude Rivest et à Lucien Bouchard.

Bourassa en a pris connaissance – « il trouvait que c'était parfait » – lorsqu'il reçoit Lapierre le 10 juillet. Le premier ministre réfléchit à la question du jeune député fédéral. Doit-il rester à Ottawa, oui ou non ? Bourassa n'a qu'un mot à dire pour renvoyer Lapierre dans ses terres, où il pourra toucher une jolie retraite parlementaire. Il sait surtout qu'en lui conseillant le contraire, les conséquences seront lourdes. Car adjoindre Lapierre à Bouchard, c'est offrir l'impresario à la nouvelle star. Donner René Angelil à Céline Dion.

ANCRER LUCIEN BOUCHARD À OTTAWA

Entre libéraux, on se dit tout. Bourassa préfère que Bouchard reste à Ottawa ; il veut « le *grounder* » rapporte Lapierre, plutôt que de le voir modifier le paysage électoral québécois, comme lieutenant de Parizeau ou – qui sait ? – comme chef péquiste à la place du chef péquiste. « C'était clair, il le voyait comme un adversaire potentiel. Il était content de le voir occupé ailleurs », dit Lapierre. Mario Bertrand confirme : « C'est évident que M. Parizeau, là, c'est un chef d'opposition confortable pour le chef du gouvernement. » Le chef péquiste est en effet moins populaire que Bourassa. Il faut donc lui écarter des rivaux potentiels autrement plus attractifs.

Devant des jeunes libéraux, au cours de l'année qui vient, Bourassa fera un autre calcul : Puisque l'élection fédérale va précéder l'élection provinciale, explique-t-il, les Québécois pourront se venger de l'échec de Meech en votant pour le Bloc. Ainsi défoulés – sans risque, car le Bloc ne peut déclarer l'indépendance d'Ottawa –, ils seront plus susceptibles de revenir au bercail libéral à l'élection provinciale subséquente.

Lapierre ne s'offusque pas de ces calculs politiciens. C'est qu'il perçoit aussi un second message, plus important, de la part de Bourassa. « Il est décidé à faire quelque chose, il ne se laissera plus marcher sur les pieds » dans le dossier constitutionnel, pense-t-il. D'ailleurs, le chef libéral donne sa bénédiction à Lapierre et au Bloc. « Ça pourrait être fort utile », dit Bourassa, qui distribue des consignes : « Jean, mes petits nouveaux, ils connaissent pas ça », dit-il, parlant de son nouveau chef de cabinet, John Parisella, et de son nouveau conseiller spécial chargé de l'organisation, Clément Patenaude. « Parle à Pierre Bibeau pour l'organisation et à Jean-Claude Rivest pour le contenu. » Lucien Bouchard vient de recevoir une deuxième bonne poussée dans le dos.

Grand ami de Lapierre, Bibeau fait partie de l'équipe qui a ramené Bourassa au pouvoir en 1985. Au bunker, jusqu'à la fin de 1989, il était responsable de l'organisation pour l'ouest du Québec et chargé de garder les amis libéraux de bonne humeur. Maintenant président de la Régie des installations olympiques, il fait toujours partie des proches auxquels Bourassa parle régulièrement. Le message que lui adresse Bourassa est « qu'il fallait pas perdre contact avec le Bloc, parce que quand il faudrait passer des messages du Québec à Ottawa, le Bloc pouvait être fort utile », se souvient Bibeau.

Bibeau a sa petite idée sur ce que devrait être la suite des choses. Il est, dans l'entourage de Bourassa, un des premiers à franchir la frontière vers le rêve. Par conviction – il est très nationaliste – et par calcul. « Dans sa tête à lui, il pensait qu'on ne pouvait pas même espérer remporter un troisième mandat en gardant notre discours fédéraliste », se souvient Parisella.

Quand Lapierre fait le tour de ses amis libéraux en quête d'appuis organisationnels et de financement électoral, il leur dit : « Appelez Bibeau ! ». Bibeau confirmait l'existence de l'axe PLQ-Bloc. « Mes amis libéraux, dit Lapierre, savaient que mon action était une action libérale. »

Lorsqu'il reçoit ces appels, Bibeau répond : « Faites ce que vous voulez, c'était ça le mot d'ordre, se souvient-il. Il n'y avait pas de frein. » Dans Laurier-Sainte-Marie, des organisateurs libéraux donnent donc un coup de main au candidat du Bloc, un certain Gilles Duceppe, venu du syndicalisme et fils du célèbre comédien Jean Duceppe. Le député libéral provincial, Jacques Chagnon, transmet à Gilles Duceppe ses meilleurs vœux de « bonne chance » le jour de son investiture. Et plusieurs chèques parviennent de sources libérales, dont un de l'un des vice-présidents du parti. Certains donnent par amitié pour Lucien Bouchard, comme Bernard Lamarre, alors président de Lavalin.

Il y a beaucoup de pèlerins, au bunker, en ce début de juillet. Beaucoup de fédéralistes ébranlés. Ils viennent voir le chef pour recevoir son absolution et vérifier que le dogme fédéraliste est bien mort, que les libéraux québécois vont vivre leur Vatican II. Nul plus que Gilles Rocheleau ne ressemble à un vieux prêtre canadien, lui qui a pourchassé les séparatistes comme autant de suppôts de Satan. Maire de Hull puis ministre de Bourassa, il avait refusé en 1988 d'aller prêter main-forte à Lucien Bouchard au Lac-Saint-Jean. « Pour moi, Lucien Bouchard, c'était un péquiste. »

Maintenant, Rocheleau n'a plus de scrupules à entonner les cantiques de la souveraineté. Dès la fin de mai, il est venu dire à Bourassa que, sans Meech, l'indépendance doit devenir une certitude. Mais il reste épidermiquement opposé à l'engeance péquiste dont il sent poindre l'influence dans la mouvance de Bouchard. « J'avais de la difficulté à me joindre à ce groupe-là », raconte-t-il. Il songe à quitter le Parlement.

Il a frappé à la bonne porte. Bourassa « m'a dit très candidement, raconte Rocheleau : " Bon, le Bloc québécois, c'est un groupe de députés qui sont là pour protéger les intérêts supérieurs du Québec et c'est pas mauvais. […] Faut que tu restes." » Il lui dit du bien de Lucien Bouchard.

Et la souveraineté, demande Rocheleau, on va la faire, non ? « " Laissons retomber la poussière… " Il était pensif… "Faut voir ce qui va arriver." » La rencontre fut « assez déterminante » pour Rocheleau, qui dit en avoir tiré la conclusion que « la souveraineté faisait définitivement partie des options de Bourassa » et avoir gardé l'impression que le chef libéral « venait de cautionner le Bloc ». Il embarque.

CEUX QUI SAVENT : MARIO BERTRAND

Robert Bourassa est « une devinette enveloppée dans un mystère à l'intérieur d'une énigme » pour reprendre le mot de Churchill. Le premier ministre ontarien David Peterson en est-il le bon décodeur ? Se peut-il qu'il soit désinformé par le Québécois, en ce lendemain de Meech ? Son récit, en tout cas, recèle un précieux indice : aux premiers jours de l'après-Meech, Bourassa ne prépare nullement son principal partenaire canadien à l'éventualité d'un départ du Québec. Devant lui, il claque au contraire cette porte.

Il n'y a aucun doute que le maintien du lien fédéral est de loin – de très loin – le premier choix du premier ministre. Mais au cours des mois il convaincra 80 % des Québécois, y compris son conseiller constitutionnel, qu'il sera prêt à faire la souveraineté si « le premier choix » ne se concrétise pas, si aucune réforme en profondeur ne se profile à l'horizon. C'est le pacte. Une dernière chance, sinon, on part !

Quand Peterson parle du « cœur du personnage », il laisse entendre qu'en dernière analyse, Bourassa préférerait le *statu quo* à la souveraineté. Qu'il n'y a pas de pacte qui tienne. Que rien de ce qu'il dit ou laisse entendre à Lucien Bouchard ou aux libéraux Jean Lapierre et Gilles Rocheleau n'a d'importance.

C'est précisément le témoignage que fait Mario Bertrand, son ancien chef de cabinet et un des amis les plus proches de Bourassa à ce moment.

L'auteur: *Il n'y a jamais un moment, même après Meech, même dans les mois qui ont suivi, avec les sondages qui se tenaient à 65 % pour la souveraineté, où il a dit: « Ben, peut-être que je vais la faire »?*

Bertrand: *Non, moi, je ne crois pas ça.*

L'auteur: *À aucun moment?*

Bertrand: *Je ne crois pas ça. Je ne crois pas ça. […] Il aimait mieux le Canada à tout prix.*

Mario Bertrand explique que jamais, en deux ans de conversations téléphoniques presque quotidiennes – au cours desquelles Bourassa teste sur lui des idées, lui raconte ses malheurs, l'engueule, même – jamais, donc, Bourassa n'a donné le moindre indice qu'il puisse, dans quelques lointains replis de ses circonvolutions stratégiques, envisager de préparer l'avènement de la souveraineté. Jamais. « C'est pas son expression, dit Bertrand, mais moi, je dis "Canada à tout prix" pour résumer la pensée du chef. »

Bourassa, dit-il, était un inconditionnel du fédéralisme avant, pendant et après la crise. Lui le savait, alors même que se déroulait le drame, alors même que se multipliaient les mensonges.

5.
L'ANTI-ANTI-DÉPRESSEUR

« Monsieur Bourassa, qu'est-ce que vous allez
leur proposer aux jeunes ? »
« Les jeunes, je vais leur promettre un bel avenir,
puis je vais me faire élire, puis après on verra… »
CONVERSATION ENTRE BOURASSA ET L'ALORS CHEF DE LA
COMMISSION JEUNESSE LIBÉRALE, PIERRE ANCTIL, EN 1982

De la rue, la maison ressemble à un blockhaus que son archi-
tecte aurait voulu maquiller en habitation, pour tromper l'ennemi, mais sans réussir. Quand un visiteur sonne à la porte de
la résidence du premier ministre, rue Maplewood à Outremont, il arrive qu'une bonne d'enfants unilingue anglophone
vienne répondre. « C'est pratique, dit le maître des lieux, elle
ne comprend rien à ce qu'on dit. »

Dans le petit salon qui s'enorgueillit d'un Marc-Aurèle
Fortin, Robert Bourassa écoute en hochant la tête l'exposé que
lui fait un visiteur très concentré, aussi jeune que grand, qui
déploie un gigantesque effort pour masquer sa nervosité.
Michel Bissonnette, 24 ans, est président de la Commission
jeunesse du Parti libéral. En cette fin d'après-midi du 6 juillet,
il est venu surfer sur la crête de l'histoire. Il craint le retour de
vague, la chute, le tourbillon. Il se cramponne à son texte, et à
son fauteuil.

Dans cinq semaines, un millier de membres de la Commission jeunesse se réuniront en congrès à Sainte-Anne-de-La-Pocatière. C'est le premier rassemblement libéral de l'après-Meech. Bissonnette et son exécutif veulent leur soumettre un document, disons, audacieux. La résolution principale appelle à « la reconnaissance de la pleine autonomie politique du Québec, donnant ainsi à l'Assemblée nationale du Québec l'exclusivité des pouvoirs sur son territoire ». Par pudeur, il n'y a pas inscrit les termes « souveraineté » ni « indépendance ». Mais seuls les illettrés n'en aperçoivent pas l'ombre, derrière chaque mot.

Si le congrès des jeunes adopte cette résolution, Bissonnette aura le mandat de la proposer et de la défendre au congrès de l'ensemble des membres du parti, prévu pour mars 1991. Les jeunes y détiennent le tiers des voix.

C'est dans le petit salon de la rue Maplewood que le train souverainiste libéral doit partir ou dérailler en gare. Qu'il doit obtenir, dit Bissonnette, « le *go* ou le *no-go* ». À la permanence du parti, une dizaine de jeunes attendent son retour. Le lendemain, le comité organisateur du congrès des jeunes se réunit. Bissonnette raconte : « Ma grande crainte, c'est d'avoir créé trop d'expectatives auprès de ce monde-là pour, en bout de ligne, avoir les jeunes qui sont à un extrême, le chef complètement à l'autre, et que ça pète avant même le début du congrès. »

Bissonnette est donc complètement préparé à entendre Bourassa affirmer que la souveraineté est un non-sens économique et qu'il ne faut vraiment pas s'engager dans cette direction.

On ne peut comprendre l'évolution de cette belle jeunesse sans procéder à quelques calculs simples. Bissonnette avait 10 ans quand René Lévesque a pris le pouvoir en 1976 ; 14 ans pendant la campagne référendaire de mai 1980. Son « délégué aux affaires politiques », fidèle second et principal scribe, Mario Dumont, n'avait pas fêté ses 10 ans quand 60 % de ses compatriotes ont répondu *Non* à la souveraineté-association. Lorsqu'ils s'engagent en politique, à la toute fin des années 80, le débat sur la souveraineté est une rengaine de «vieux», de radoteurs, de ringards, de perdants.

Au printemps de 1990, quand Meech titube et que Clyde Wells annule la ratification de l'accord par son Parlement, Bissonnette et Dumont sont bien en peine. Ils avaient prévu centrer les débats du congrès estival des jeunes sur «le travail». Le thème de la constitution s'impose comme un fâcheux intrus. Avant même la mort de Meech, les 250 jeunes membres des exécutifs locaux réunis à l'Islet avaient donné la marche à suivre. En cas de mort de Meech, l'aile jeunesse serait souverainiste. Elle n'acceptait l'expression «pleine autonomie politique» que comme un synonyme parfait du mot «souveraineté», précise Bissonnette.

Les jeunes sont encouragés dans leur démarche par les signaux envoyés par Bourassa et Rémillard au Conseil général de février, bien sûr, mais la fin de semaine de la mort de Meech leur donne le coup d'accélérateur. Bissonnette et Dumont ont entendu, ravis, le *Quoi qu'on dise...* Ils sont tombés dans le camp du rêve.

Parmi les jeunes, «Bourassa était adulé à ce moment-là», raconte le bras droit de Bissonnette, Mario Dumont. Le lendemain, ils sont à Québec, au Salon rouge. «C'était aussi fort que ce qu'il avait fait la veille à l'Assemblée nationale», pense Bissonnette, peu rompu, encore, au décodage de la pensée du maître. «Sa déclaration venait de confirmer qu'on pouvait aller loin», car Bourassa venait de «mettre un terme à tout ce qui s'était fait auparavant».

Le président de la Commission jeunesse met une demi-heure à exposer les grandes lignes de son document au chef du parti, dans le petit salon de Maplewood. Étape par étape, l'échec de Meech, l'impossibilité de réformer le Canada dans le cadre actuel, la fin des négociations à deux, la volonté d'autonomie des Québécois. «Il est d'accord avec tous ces points-là», constate Bissonnette.

Arrive ensuite le saut périlleux : il lit le libellé de la proposition qu'il veut faire adopter par son groupe. La «pleine autonomie politique du Québec», il la nomme «souveraineté», devant le patron, pour être bien certain que tous les *i* ont des points. Les jeunes veulent assortir cette souveraineté d'une «superstructure» comme celle qu'a évoquée Bourassa en début d'année. Un Parlement commun avec le Canada où le Québec déléguerait des représentants, verrait au maintien de «l'espace économique» et gérerait seulement «les secteurs que les partenaires jugeraient avantageux de mettre en commun». Tout ce beau programme serait mis en œuvre après «une consultation démocratique» tenue, «avant la fin du mandat». En clair, un référendum.

Bourassa a écouté. Il rend son verdict : «Je suis bien d'accord que c'est un modèle européen, que c'est vers ça qu'il faut s'en aller.» Il n'a que deux changements à suggérer. Que la monnaie soit commune entre le Québec et le Canada (même Parizeau est d'accord). Et que le Parlement commun aux deux États soit élu, comme en Europe. De nerveux, Bissonnette devient intérieurement euphorique.

Moi, je m'attends à avoir tellement de bémols. À ce qu'il dise de ne pas aller trop loin, qu'il faut laisser retomber la poussière – 56 000 manières à la Bourassa. Et ce que j'entends est tout à fait l'opposé. C'est un encouragement et un acquiescement sur les grands constats, là où on est rendu et ce vers quoi on s'en va.

Là, je me demande si j'appelle un taxi, ça se peut pas tellement j'ai hâte d'arriver au parti pour revoir tout le monde et dire : «On part!»

UN TRAVAIL DE LIMAGE

Lorsque la Commission jeunesse produit le document de consultation qui doit être envoyé aux délégués, Bourassa souhaite apporter un ou deux autres changements. Il a eu sa monnaie canadienne, son Parlement élu, maintenant il veut que le supra-Parlement ait un pouvoir de taxation directe, donc un budget propre, de quoi pouvoir gérer efficacement l'union économique. Les jeunes renâclent un peu sur les formulations, acceptent le principe, jettent un peu de lest.

Sentant l'ouverture, Bourassa pousse encore un peu plus fort. Il voudrait aussi que le document parle franchement de « fédéralisme fiscal », se souvient Dumont. Bissonnette trace sa ligne. « C'est non, ça s'arrête là. » C'est leur document, après tout. Mais jamais Bourassa ne leur parle de « dernière chance » à donner au Canada. La discussion porte sur l'arrimage d'un Québec souverain à une union économico-politique à l'européenne.

Bourassa donne finalement sa bénédiction au document, dont la presse s'empare aussitôt.

Le samedi 11 août, à La Pocatière, les 1 055 participants au congrès des jeunes adoptent à 95 % la proposition Bissonnette-Dumont. Aucun amendement ne survit au débat. Voilà « un grand document libéral » dit le président de la CJ, entre deux salves d'applaudissements.

Le dimanche, Bourassa est accueilli par une ovation. Les jeunes en sont certains, ils ont devant eux celui qui conduira le Québec dans la famille des nations. La direction de la CJ et les nouveaux représentants régionaux fraîchement élus se placent derrière lui pour écouter le grand discours de l'auteur de *Quoi qu'on dise...* Le premier sermon du virage libéral.

Il faut reconnaître à Robert Bourassa un extraordinaire talent pour donner le ton à une salle. En modifier l'atmosphère. En refroidir la température. Sur ces jeunes surchauffés

par l'idéal souverainiste, il étend une épaiss
frost. Sans les contredire, ni les semoncer
choix de l'angle d'approche. Comme s'il
document d'orientation des jeunes que tr
sur la monnaie commune, le Parlement élu
taxation –, Bourassa disserte à plaisir sur les méandres techniques des unions monétaires et des délégations de souveraineté.
Vante le « réalisme », la « clairvoyance » de la direction de la
CJ qui a intégré ces concepts vitaux dans son projet.

« Il était plate et théorique, se souvient Dumont. Il était
rendu, mon vieux, si t'avais pas une maîtrise en institutions
politiques et monétaires, tu suivais pus, là. » L'anesthésie est
une science difficile. Bourassa en use comme d'un sixième
sens. L'auditoire tout à l'heure survolté, il l'amollit, l'épuise,
l'éteint. Quand il en a terminé, les jeunes participants trouvent encore quelques forces pour taper faiblement dans leurs
mains, incertains de ce qui vient de leur arriver.

« C'est la première fois où on s'est inquiétés », rapporte
Dumont.

Quelques minutes plus tard, la conférence de presse finale
doit avoir lieu. Bissonnette et Dumont s'enferment un moment. « Là, il vient de mettre de l'eau dans le gaz, pis pas à peu
près ! » dit Dumont. S'il continue sur cette lancée devant les
journalistes, le congrès des jeunes va se retrouver en page
D-10. « Michel, t'as pas le choix. Il faut que tu dises qu'on est
souverainistes. Dis-le n'importe comment, mais dis qu'on est
les premiers libéraux souverainistes. »

« *Fuck* ! se décide Bissonnette. Je le dis. Il arrivera ce qui
arrivera. »

Le scénario de la conférence de presse veut que le président
de la CJ prenne la parole une ou deux minutes, puis soit rejoint par la vraie star, le premier ministre. Bissonnette, seul,
s'installe au centre de la table. Un conseiller de Bourassa lui

...t de se mettre plutôt sur le côté. «Je me tasserai quand il arrivera», rétorque-t-il.

Messieurs, mesdames les journalistes, commence-t-il, la Commission jeunesse est maintenant le premier groupe souverainiste à l'intérieur du Parti libéral du Québec.

Les caméras tournent, les crayons s'agitent. En communication, c'est ce qui s'appelle créer la nouvelle.

Quand Bourassa s'installe à son tour, les journalistes assistent à une partie de ping-pong terminologique entre l'aîné et le cadet. Le premier banalise, le second dramatise.

«Les jeunes ont dit que c'était souverainiste, monsieur Bourassa assis à côté a dit que c'était du néo-fédéralisme, résume John Parisella, le chef de cabinet du premier ministre. C'est parfait, là, tout le monde se comprend.»

CEUX QUI SAVENT : L'ALBERTAIN DON GETTY

« À ce moment-là, il [Robert] était particulièrement inquiet de l'aile jeunesse de son parti ; il la jugeait instable et il pensait qu'elle lui donnerait des maux de tête. »

C'est le premier ministre albertain Don Getty qui fait cette confidence, en entrevue. C'est un vétéran du combat constitutionnel de Meech. Après la mort de l'Accord, Getty craignait que le pays ne soit sur le bord de l'éclatement. Il s'en est ouvert à Bourassa et raconte la teneur de leurs propos :

Getty : *Mes conversations avec lui m'ont complètement convaincu que c'était un fédéraliste solide, un Canadien, qui se préoccupait de l'option canadienne. Mais il n'était certainement pas en position de dicter une ligne de conduite à son caucus et à son cabinet et à sa province. [...]*

L'auteur : *C'est ce qu'il vous a dit à l'époque ?*

Getty : *Oui, il disait : « Après tout, c'est mon parti et je ne peux pas lui dicter son option. »*

Soyez à l'écoute des Québécois.
MESSAGE DE ROBERT BOURASSA, DE SON LIT D'HÔPITAL,
AUX MILITANTS LIBÉRAUX RÉUNIS LE 25 NOVEMBRE 1990
POUR DISCUTER DE CONSTITUTION

58 % des Québécois veulent un « pays indépendant »,
66 % veulent la « souveraineté-association ».
LA PRESSE, LE LENDEMAIN

Robert Bourassa l'a dit, avec la mort de Meech, le Parti libéral n'a plus de programme constitutionnel. Un comité du parti est chargé d'en concevoir un nouveau. À sa tête, un ancien champion de judo, avocat, vieux militant : Jean Allaire.

C'est étrange qu'un parti au pouvoir remette à une figure aussi mineure une tâche aussi cruciale. Il ne le fait pas. Jean Allaire n'est censé être que la vitrine de ce comité. Le véritable metteur en scène est Pierre Anctil, directeur général du Parti.

En fait le « Comité Allaire » avait été formé en avril, avant la mort de Meech, car plusieurs ont l'illusion qu'après la ratification de l'entente, il y aura « un second tour » de négociations, dans lequel le Québec réclamera de nouveaux pouvoirs, alors que les provinces de l'Ouest et les autochtones feront valoir leurs propres revendications.

C'est un leurre, du moins pour Robert Bourassa. Meech, c'était sa façon d'évacuer le débat, de faire place nette, d'enlever un peu d'oxygène à un PQ asthmatique. Une fois apaisé par Meech et sa « société distincte », le nationalisme des Québécois se serait assoupi. Selon Bourassa, « ça nous permettait de nous rendre en l'an 2000, peut-être, dans un climat de relative stabilité ». On ne voit pas dans cette explication la moindre trace de volonté de retourner au charbon pour arracher un pouvoir de plus.

Ce qui n'empêche pas de créer un comité, pour faire illusion. De sa constitution en avril jusqu'à la mort de Meech à la fin de juin, le comité Allaire fait du surplace. Le 22 juin change tout. Dans sa déclaration du Salon rouge, Bourassa envoie la balle au parti, ce qui lui permet de justifier un premier délai avant l'action : « Avec le rejet du lac Meech, le programme du Parti libéral du Québec, en même temps, a été rejeté, dit Bourassa. Il nous faut un nouveau programme et c'est normal que nous prenions le temps de discuter avec les militants du Parti libéral. » Finie la « deuxième ronde », commencent les « scénarios alternatifs ».

Oui, mais dans quel corridor ? Y a-t-il une borne à ne pas franchir ? Un garde-fou ? Un rivage interdit ? On n'en trouve aucune trace dans le mandat de la commission. À la fin de juin, Bourassa déclare publiquement qu'il faut écarter « le *statu quo* et l'annexion aux États-Unis ». Voilà des bornes fermes, mais la marge est vaste. Gil Rémillard, à la même époque, affirme qu'il faut procéder à « des changements substantiels, dans la continuité » ce qui ne signifie « pas nécessairement » le fédéralisme.

La direction libérale est trop aguerrie au jeu politique pour prendre cette déclaration pour argent comptant. Elle veut des instructions privées, pas des pirouettes publiques. Elle les obtient.

LE SIGNAL EST CLAIR : IL N'Y A PAS DE SIGNAL !

« On avait donné des signaux à Allaire de n'exclure aucune option », affirme John Parisella, sans nuance. Au courant de l'été, Anctil rapporte à des membres du comité, dont le directeur des communications Michel Lalonde, une petite phrase que le premier ministre a prononcée devant lui : « Je n'ai pas de problème conceptuel avec la souveraineté. »

Dès le début de juillet, Michel Bissonnette, de retour de sa rencontre de la rue Maplewood, est en mesure de confirmer cette information. Au début d'août, chacun peut constater que Bourassa n'a pas désavoué le document souverainiste des jeunes, même s'il a une façon bien à lui d'en interpréter le contenu.

Au moment de la formation du comité, Bourassa donne une autre consigne à Anctil, qui la répercute autour de lui : « S'il y a un clivage, je veux que les nationalistes soient avec nous. » Bref, si le comité n'arrive pas à faire l'unanimité sur une résolution, il est préférable que la majorité inclue les nationalistes (donc aussi les jeunes) et exclue les plus fédéralistes, probablement anglophones et allophones. « Ça, se souvient le militant et membre du comité Jacques Gauthier, mis au parfum, c'était assez clé. »

Ainsi orienté, entre le début de l'été et le début de l'automne, sans percevoir le moindre feu rouge à l'horizon, le directeur général du PLQ, Pierre Anctil, glisse dans le camp du rêve. À son copain Michel Lalonde, il confie : « Si on ne s'engage pas sur la voie de la souveraineté, on va vivre 10 ans de médiocrité. » (Anctil nie avoir tenu ces propos, Lalonde réplique qu'ils sont gravés dans sa mémoire.)

C'est dans un hôtel un peu vieillot des Laurentides que tout va se jouer. L'Alpine Inn. C'est là que convergent le 9 novembre 1990 la quinzaine de membres du comité Allaire. Ils doivent résoudre un casse-tête dont Robert Bourassa a fourni les morceaux. Le *statu quo* est exclu, il l'a dit. Donc, il faut bouger. Il faut obtenir plus d'autonomie pour le Québec, ce que le Canada vient de refuser. Il faut y parvenir en négociant à deux, donc «de nation à nation», ce qui n'est pas dans l'ordre des choses. Comment faire?

Avant d'arriver au Alpine Inn, le Comité Allaire a fait trois grands bonds en avant. Et c'est l'homme de Robert Bourassa, son collègue d'université, ami et fidèle, Fernand Lalonde, qui a le premier appuyé sur l'accélérateur. Dans le document qu'il remet au comité il propose:

> [...] *que le gouvernement libéral procède lui-même à la tenue d'un référendum (i) sur la souveraineté et (ii) sur la négociation d'une entente économique avec le reste du Canada.* [...]

> *Cette stratégie aurait un double effet:*

> *– à l'intérieur, elle aurait pour conséquence de dégager la souveraineté du Québec du débat partisan et de réduire le débat électoral prochain à la seule dimension économique, c'est-à-dire là où le PLQ de M. Bourassa peut l'emporter sur le PQ de M. Parizeau;*

> *– à l'extérieur, elle serait le meilleur moyen pour provoquer une négociation avec le reste du Canada en plein contrôle de notre agenda.*

Une proposition qui ravit les souverainistes libéraux, comme Anctil et Bissonnette, et qui met en déséquilibre les membres plus orthodoxes du comité, notamment l'ingénieur Bill Cosgrove. Il ajoute cependant sa propre pierre à l'édifice du rapport Allaire, car il vient de participer, en Ontario, à un colloque sur l'avenir du pays, rassemblant une soixantaine de sommités canadiennes. Il en résume les conclusions:

> *Il ressort de cette rencontre que le Québec a très peu de chances que les autres provinces acceptent des changements*

si les négociations se font à l'intérieur de la constitution. Pour éviter le processus, le Québec doit sortir du cadre constitutionnel actuel.

Sortir du cadre ? Si mêmes les meilleurs esprits du Canada anglais le disent… Cosgrove ajoute même, selon le procès-verbal : « Les participants de cette rencontre, majoritairement, affirment qu'il n'y a plus d'intérêt à rester ensemble et qu'aucune des options ne va donner de résultats satisfaisants. » Bigre.

Bourassa fait une rare sortie publique, le 19 octobre, à l'émission *Le Point*. « Ce que nous proposons, c'est des changements importants dans plusieurs secteurs, mais on propose le maintien de l'espace canadien, aménagé de façon différente », dit-il. « Il doit y avoir une espèce de gouvernement économique au Canada, de manière à assurer la stabilité économique des Québécois. On ne veut pas de passeport au Québec. » Ce sur quoi il répète sa phrase de rejet du *statu quo* et l'annexion aux États-Unis. Air connu. Mais la commande est lourde : réaménager l'espace canadien ! Rien pour faire dérailler les travaux du comité, sauf cette notion qu'il faut une sérieuse association économique.

Cette sortie est d'autant plus importante qu'elle survient au moment où Robert Bourassa est atteint d'un cancer de la peau et multiplie les allers-retours entre Montréal, l'hôpital de Bethesda en banlieue de Washington et Miami où il va se reposer. Chaque fois qu'il parle et réitère sa volonté de changements importants, il joue le rôle du guide sortant de son malheur pour déclarer, pour emprunter une autre référence : « Que l'on continue…[*] »

---

[*] Phrase prononcée par Lucien Bouchard sur son lit d'hôpital en décembre 1994, alors qu'il luttait pour sa vie contre la bactérie mangeuse de chair, et interprétée comme un appel à continuer le combat souverainiste.

Le 22 octobre, c'est Suzanne Levesque, chef de cabinet du ministre responsable du dossier constitutionnel, Gil Rémillard, qui dépose sa brique. Sans en être certain, chacun pense, autour de la table, qu'elle n'agit pas sans l'appui tacite de son patron. D'ailleurs le 24 septembre, dans une grande entrevue au *Devoir*, son patron Rémillard s'est beaucoup avancé, réclamant un «fédéralisme d'association», décentralisé au point où le Québec contrôlerait peut-être ses affaires étrangères, sa défense et sa monnaie. Pour y arriver, il suggère d'obtenir, par voie de référendum, un «mandat de négocier».

Aujourd'hui, sa chef de cabinet va pousser plus loin. L'option politique, écrit-elle (ou il? ou ils?) en introduction, est «la peinture». La démarche stratégique est «le cadre». Le texte, qui fait 11 pages serrées, est son (leur?) épître aux allairiens.

La souveraineté, «en dépit de l'indéniable facteur de risque qui y est associé» paraît «valable et plus profitable» que les autres options, notamment parce que:

- *elle permettrait au Québec de se présenter en position de force en vue de négociations avec le reste du Canada. De plus, dans ces négociations, le Québec privilégierait une approche bilatérale, seule avenue réaliste dans la problématique actuelle;* [...]

- *les volets souveraineté et mise en commun (ou association) reflètent très bien l'évolution politique dans le monde actuel.* [...]

- *il existe une ouverture sans précédent à cette option chez nos partenaires traditionnels, soit les États-Unis et la France.*

Elle précise un échéancier pour le référendum sur la souveraineté qui «pourrait se tenir à l'été ou à l'automne de 1991».

Après Lalonde, le copain de Bourassa, voici que l'adjointe de son ministre des Affaires constitutionnelles trace la voie.

Les membres plus nationalistes du comité, Bissonnette, Garceau, Therrien, n'ont qu'à regarder passer ces trains. À la fin d'octobre, le convoi, pour l'essentiel, est prêt. Il ne s'agit plus que de le faire entrer en gare.

Trois jours avant la rencontre du Alpine Inn, à la séance d'ouverture de la commission parlementaire chargée de discuter de l'avenir du Québec, Bourassa répète, presque mot pour mot, les discours prononcés à la mort de Meech. « La décision de rejeter [Meech] remettait logiquement en cause notre avenir politique », dit-il. « On ne peut plus faire confiance désormais aux mécanismes de négociations et de révision constitutionnelle à 11 gouvernements. » Gil Rémillard pousse la vapeur : « Les pouvoirs et compétences du Québec, selon la constitution canadienne, sont nettement insuffisants et même, à plusieurs égards, pénalisent le Québec dans son développement. » À la question : « Comment doit-on procéder ? » Rémillard répond : « La volonté du peuple québécois, clairement exprimée, devrait être notre première référence. »

FRANCHIR LA LIGNE DE LA SOUVERAINETÉ

Vient le moment de la décision, au comité Allaire. Sur une grande feuille de papier, Pierre Anctil a encore les cinq options soumises à la discussion : Fédération, Confédération, Modèle Européen, Souveraineté-Association, Indépendance.

Il présente les résultats d'une tournée de consultation tenue depuis la mi-septembre auprès de plus de 4 500 membres dans les 125 circonscriptions. « La plus grande consultation de l'histoire du Parti libéral », affirme Allaire, que personne ne contredit, car il a raison.

Anctil est au meilleur de sa forme. Les animateurs, explique Anctil, ont tenu un pointage des commentaires des militants, pendant les discussions qui ont suivi chaque présentation. Et il se met à écrire ces chiffres :

Fédération	Confédération	Modèle européen	Souveraineté-association	Indépendance
21 %	28 %	21 %	20 %	10 %

Il y a une autre façon de calculer. Il y a une ligne qui scinde ce tableau en deux, explique-t-il avec un grand geste. Une ligne qui départage la fédération des quatre autres options. La Ligne de la souveraineté. Car, dans le blocage politique actuel, seule la souveraineté permettrait de négocier avec le reste du Canada une confédération, un modèle européen et tout le reste.

Donc, à gauche, dans le camp « fédération », qui n'implique aucune rupture : 21 % de nos militants. À droite, 79 %. Nos militants. De notre parti fédéraliste.

Ces chiffres sont tombés comme une tonne de briques sur les derniers fédéralistes, assommant leurs convictions. Ils sont tombés comme un chargement de ciment, bétonnant les positions des tenants de la souveraineté. « L'utilisation que Pierre a fait de ces chiffres était magistrale », raconte l'expert en communications Michel Lalonde, encore admiratif. « On a eu droit à tout un spectacle. »

Voilà, fait Anctil en relançant la discussion de groupe. « Il y a un nœud gordien. On coupe ou on ne coupe pas. C'est l'un ou l'autre. L'un ou l'autre. »

Jean Allaire est le président. Alors il préside. Et pose la question-clé : « Le Québec doit-il devenir un État souverain ? »

On commence un premier tour de table. Plusieurs s'esquivent, tournent autour du pot, refusent de répondre directement. Des fédéralistes trouvent que la question est posée de façon trop simpliste. Fernand Lalonde met son poids dans le débat. « On ne voit pas comment, dans le contexte actuel, amener le reste du Canada à reprendre la négociation dans le cadre d'une fédération, qu'elle soit asymétrique ou qu'elle soit une fédération des régions, sans d'abord faire une affirmation. »

Aussi, il souligne l'enjeu partisan : « Pour éviter aux Québécois l'aventure du Parti québécois, le Parti libéral a le devoir de gagner la prochaine élection. » On connaît sa méthode : voler son option à l'adversaire.

Finalement, il lâche cette phrase : « Il va falloir qu'on soit autre chose qu'un chien qui jappe et qui ne mord jamais. »

Jean-Pierre Roy, le président du parti, partage avec la petite assemblée l'état de sa réflexion : « C'est comme si on était un acheteur pour un grand magasin comme un Sears, commence-t-il. Et il n'y a plus personne qui veut de robe rouge. Si t'es un acheteur intelligent, t'arrêtes d'acheter des robes rouges chez le grossiste. Comme il n'y a plus personne qui veut du fédéralisme, faut arrêter de parler du fédéralisme dans ce parti-là, il faut maintenant parler de souveraineté. » CQFD.

Chacun prend des notes pour préparer son intervention finale. Cosgrove est le plus déchiré de tous. « C'était logique. L'argument était que n'importe quelle option sauf le *statu quo* implique la souveraineté. J'étais contre le *statu quo*. Donc si j'acceptais la prémisse, j'aurais dû dire oui. Mais j'ai pas réussi à faire ce saut-là », raconte-t-il dans un éclat de rire.

Comment le vote se tient-il ? À main levée, disent des participants. En disant oui ou non à la fin de l'intervention, pensent d'autres. Cosgrove affirme que ce sont Allaire et Anctil qui ont déduit la marque finale, à partir des interventions de chacun. Mais un chiffre apparaît au procès-verbal, adopté sans modification à la réunion suivante.

> *Pour la souveraineté du Québec :*   11
> *Contre la souveraineté du Québec :*   2
> *Abstention :* 1

Ne votent pas : Allaire, Anctil, Lalonde, qui, tous, auraient rejoint le premier groupe. Contre, bien sûr, on retrouve Bill Cosgrove. Le second vote négatif appartient à l'ancienne ministre Thérèse Lavoie-Roux. L'abstention, à Suzanne Levesque qui ne veut pas mouiller son ministre, mais qui n'en pense pas moins. La Ligne est franchie.

Le 28 décembre, Allaire et Anctil appellent Robert Bourassa pour lui présenter leurs recommandations. Ils prennent une grande respiration. De tous les Québécois, celui à qui ils vont parler maintenant détient la clé de l'avenir du Québec.

CELUI QUI SAIT : ROBERT BOURASSA

« Je lis l'histoire depuis l'âge de sept ans, dit Robert Bourassa dans une entrevue en juillet 1990. Alors je vois ce qui se passe un peu partout dans le monde. Je ne pense pas que le Québec se trouve dans une situation tellement différente de celle d'autres peuples. »

Bourassa dit vrai. Il lit l'histoire immédiate. Tous les samedis, il dévore la revue britannique *The Economist* et tente d'y flairer des tendances mondiales qui viendront un jour bousculer le paysage québécois. Il lit aussi l'histoire des puissants. De ceux qui ont su profiter des fenêtres, comme Churchill, dont il dévore, en 1989, la biographie écrite par William Manchester, une brique dont le premier tome fait 800 pages. En 1988, il s'était mis à la lecture de la biographie d'un autre audacieux de l'histoire qui, celui-là, avait ouvert à force de pur volontarisme sa propre fenêtre dans un mur qui semblait impénétrable : Charles de Gaulle, raconté par Lacouture. Ce sont d'augustes modèles.

Il reconnaît donc les indices de la présence d'une fenêtre. Il en connaît le mode d'emploi. Il sait qu'elle ne sera pas éternellement ouverte. Il est cependant difficile d'évaluer, à la fin de 1990, si elle le sera pour 6, 12 ou 24 mois. Bourassa connaît surtout les Québécois. Il sait que le marché électoral local est généralement plus généreux pour les prudents (Duplessis, Bourassa) que pour les audacieux (Lesage, Lévesque). Comment définir la prudence, dans le cas du Québec ? Dans son essai intitulé *De la prudence*, le politologue Guy Laforest observe :

Il ne faut pas confondre prudence et culte de l'immobilisme.
Pour cheminer vers la prudence, les peuples doivent parfois
trancher dans le vif, être audacieux. Entre 1989 et 1991,
en Europe de l'Est, des peuples ont été guidés par d'autres
mobiles que le désir de sécurité économique et la crainte de
prendre des risques de toutes sortes. Ont-ils été imprudents
pour autant? Je ne le crois pas. Ils ont deviné que les condi-
tions de leur vie politique avaient changé. Ils ont senti
qu'une occasion se présentait à eux, et ils l'ont saisie.

Robert Bourassa est à la fenêtre. Il peut faire la souveraineté. Les conditions sont réunies comme jamais auparavant.
Peut-être ne se représenteront-elles jamais dans un si beau
bouquet. Il n'y est cependant nullement forcé. Personne ne
peut lui reprocher d'être fédéraliste. Il a bien entonné quelques phrases vagues sur «la superstructure» et le caractère
«non éternel» du fédéralisme. Reste qu'il vient d'être élu, en
septembre 1989, pour quatre ou cinq ans. Pendant cette campagne, il n'a pas promis de faire la souveraineté, il n'a donc ni
le mandat ni l'obligation de la faire.

Bourassa, dont l'esprit est fixé sur la condition la plus problématique de l'accès à la souveraineté – les coûts –, peut légi-
timement penser qu'il ne faut pas la faire. Ou du moins qu'on
ne peut pas la faire à un coût raisonnable.

Depuis la mort de Meech, il a laissé se dérouler le débat
dans le public et dans son parti. Il a distribué des feux verts
aux souverainistes. Aux jeunes libéraux et aux fondateurs du
Bloc québécois, aussi. Il n'est pas intervenu dans les délibérations du comité Allaire, sauf pour les orienter dans une
direction qui ne pouvait logiquement les mener qu'à la souveraineté. Il a donné tous les signes de celui qui entend
«tranquillement s'orienter vers la souveraineté du Québec en se
ménageant de l'espace de virage», pour reprendre l'expression
du péquiste Landry. Mais rien encore n'est irréversible.

Il peut, c'est sûr, appuyer sur l'accélérateur, prendre son ticket pour l'histoire, franchir le rebord de la fenêtre. Prendre, selon une expression qu'il affectionne, « un risque mal calculé ».

Mais ce n'est pas parce que la mer est belle qu'il faut prendre le large. Ce n'est pas parce que tous les matelots s'activent à gréer le navire qu'il faut hausser la grand-voile. Certes, sur la terre ferme, les voisins deviennent hargneux et il y a peu de chances – en fait, aucune – qu'une entente satisfaisante puisse être conclue avec eux. Reste que la troupe est au sec. Qu'elle mange à sa faim. Que, disait un autre capitaine, « ce n'est pas le goulag ». Et qu'au-delà de l'éclaircie et de l'horizon calme qui se présentent depuis la berge, il y a peut-être – sûrement – une zone de tempêtes. Et si on s'échouait sur une terre encore moins hospitalière que celle-ci ? Et si, à mi-parcours, en plein remous, les mousses prenaient peur et réclamaient qu'on rebrousse chemin, pour débarquer, plus pitoyables que jamais, au point de départ ?

Lorsqu'il prend l'appel de Pierre Anctil, le 28 décembre 1990, dans sa chambre d'hôtel de Miami, Robert Bourassa est le chef du Parti libéral du Québec, le premier des ministres du gouvernement québécois. Il peut mettre le frein, arrêter la musique, déclarer que le jeu n'en vaut pas la chandelle. Annoncer aux Québécois, à son retour de convalescence, que, tout bien considéré, la souveraineté est une aventure trop risquée et qu'il ne faut pas compter sur lui pour les y plonger. En aucun cas.

Si certains veulent provoquer ce débat, il pourra les confronter, en toute franchise, et débattre argument contre argument. S'il est mis en minorité par son parti, il pourra, comme René Lévesque en 1984, tenir un référendum auprès des militants, un « Robertrendum ».

Si, à l'extérieur de son parti, les Québécois tiennent vraiment si fort à la souveraineté, s'ils descendent régulièrement dans les rues, peut-être devra-t-il mettre sa légitimité en jeu, comme de Gaulle après mai 1968. Comme lui, il en tirerait les conclusions. «Quel homme serais-je, disait de Gaulle avant le référendum sur la régionalisation de 1969, si je ne tirais pas sans délai la conséquence d'une aussi profonde rupture?» À minuit, le soir de sa défaite, il remettait sa démission. Il avait perdu ce pari, il en avait gagné bien d'autres, envers et contre tous, pendant sa carrière. Car, disait-il aussi, «ce qui est salutaire à la nation ne va pas sans blâme dans l'opinion».

De Gaulle avait su affronter l'opinion, et le plus souvent la convaincre qu'il avait raison, qu'elle avait tort. Quand il réussissait ce tour de force, et emportait l'adhésion de l'opinion, il en sortait grandi et la France avec lui. Parfois, il échouait, et n'avait alors pas l'arrogance de se cramponner à un pouvoir qu'il aimait pourtant sans partage.

Le 28 décembre 1990, Robert Bourassa est donc placé devant un choix historique et éthique. S'il se rend aux arguments d'Anctil, donc de son parti, donc de son peuple, il aura la lourde tâche de créer un pays. Comme Churchill, il pourrait aviser les Québécois, avant de prendre la mer, qu'il faudra «de la sueur et des larmes» pour se rendre à bon port. On dira qu'il a évolué, qu'il a pris le virage de sa vie, qu'il a choisi le bon moment, qu'on avait bien fait de l'attendre. On le dira courageux, pionnier, timonier. Il aura sa photo en première page de *The Economist*. On écrira sa biographie.

Il entend l'appel du large, il sait que le bateau peut partir, et il le dira, six mois plus tard, dans une entrevue au quotidien *Le Soleil*: «J'aurais pu, il y a un an, passer à l'Histoire; si j'avais décidé de faire un référendum sur la souveraineté en septembre 1990, je pense bien que, là, ça y était.» À l'été de 1991, il ajoute: «Si on avait fait un référendum au mois de juin [1991], si on l'avait gagné, quelque chose comme 58 % à 42 %, on aurait fait quoi?» Une jolie marque, 58 %.

S'il refuse les arguments d'Anctil, comme c'est son droit, il aura la très difficile mission de ramer contre le courant, de convaincre ses compatriotes de ne pas prendre le large. Cette tâche est ingrate. On le traitera de poltron, de briseur de rêves et de fossoyeur de peuple. On le dira cependant, aussi, homme de conviction et de détermination, comme un autre grand fédéraliste, Pierre Trudeau, qui appelle tous les acteurs du drame, en 1990, à « jouer cartes sur table, se battre pour ainsi dire à visière levée – et se fier à la chance autant qu'à l'habileté ». Si Bourassa est franc, direct et honnête dans l'adversité, on le dira homme d'État. On fera une série-documentaire sur sa vie.

Le 28 décembre 1990, Robert Bourassa est à la fenêtre.

Sa décision est prise. Il se met à bouger. Que fait-il ? Il ne franchit pas le rebord de la fenêtre. Il ne tente pas de la fermer. Il tire les rideaux, cependant, pour tenter de la cacher. Puis il lui tourne le dos, mais s'appuie tout de même d'une main sur son rebord. Bizarre. On ne sait pas exactement s'il prend appui pour faire le saut, ou s'il se cramponne pour bloquer le passage. La pose est équivoque. C'est voulu.

7

LE DOMPTEUR

*Monsieur Bourassa adresse des félicitations à
monsieur Allaire et aux membres du
Comité constitutionnel.
Il souligne le réalisme du document,
qui met l'accent sur les aspects économiques.
Il spécifie que le rapport reflète bien la volonté du
Parti libéral du Québec qui est de promouvoir
avant tout le progrès du Québec.*
Procès-verbal de la réunion de l'exécutif du PLQ,
28 janvier 1991

*Si j'avais pu revenir une semaine avant,
y'en aurait pas eu, de rapport Allaire.*
Robert Bourassa, à un ministre fédéral,
en août 1992

Robert Bourassa se souvient. Sans joie. De la conversation. « J'avais mes trois opérations dans le corps », dit-il. Les ingrats. Les indélicats. Qu'est-ce qu'ils lui en ont fait baver !

« Quand avez-vous pour la première fois appris où se dirigeait le comité Allaire ? » demande l'auteur.

« En Floride. Le 28 décembre », répond-il, sur le ton du reproche.

« On a perdu le contact avec le parti, à ce moment-là, dit-il. Il y a eu des réunions pis des militants, évidemment, avec la fièvre qui existait, avec le climat qui existait… » Soupirs…

Le chef de parti est un peu plus expansif, pendant l'épreuve, avec un de ses vieux complices, Ronald Poupart, qui l'appelle pour lui souhaiter la bonne année.

« J'espère que tu te reposes », lui dit Poupart au bout de la ligne.

« Non, non ! Je me repose pas ! Si tu savais dans quoi je suis pogné… »

Poupart, un fédéraliste qui introduit peut-être un brin de sa propre colère dans le récit, rapporte la teneur de la conversation :

> Robert Bourassa, par rapport au rapport Allaire, d'abord c'est un homme vidé, épuisé physiquement. Donc il ne vit pas le rapport Allaire. Il le reçoit en pleine face. Et il découvre le monstre qu'il a devant lui. C'est lui, malade, qui supplie les gens d'amender ça, pour que ça soit moins violent. […] Il me dit qu'il a trouvé ça dur, épuisé comme il était, fatigué comme il était, d'être obligé de négocier par téléphone des heures et des heures. Essayer de convaincre des gens de ne pas rendre public un document qui allait aussi loin […] S'il avait été en pleine possession de ses moyens, je suis convaincu que le rapport Allaire n'aurait pas été aussi loin.

Devant plusieurs interlocuteurs, à partir de janvier 1991 et au cours des deux années qui suivent, Robert Bourassa expliquera le rapport Allaire par ces formules : « J'étais malade », « J'étais parti ». On le sait, le premier ministre a souffert d'un cancer de la peau qui est apparu à l'été 1990.

Avec le temps, s'impose l'impression que Bourassa était constamment absent, à l'automne de 1990. La réalité est plus nuancée. Voici les dates de ses absences : il a d'abord quitté le Québec au début de septembre, deux mois après que le comité

Allaire eut commencé à étudier «toutes les options». Il fut opéré le 12 septembre à Bethesda, puis revint au Québec à la fin du mois. Il est «opérationnel» à mi-temps, pendant tout le mois d'octobre, au cours duquel il voit son caucus et ses conseillers, donne des entrevues et participe au lancement de la Commission parlementaire Bélanger-Campeau. Il ne repart pour Bethesda que le 12 novembre, le surlendemain du vote de l'Alpine Inn, donc après que «le gros œuvre» d'Allaire eut été complété.

Ensuite, des complications opératoires le mirent totalement hors jeu pour, probablement, trois semaines. Au début de décembre, il est convalescent et se tient au courant des dossiers, recevant John Parisella et Mario Bertrand à Bethesda. Il dit alors multiplier les appels et lire sa revue de presse quotidienne, mais il ne travaille probablement pas plus de deux ou trois heures par jour.

Séparément, Anctil, Allaire, Fernand Lalonde et Cosgrove informent le chef de cabinet John Parisella, début décembre, de la teneur souverainiste du document en préparation.

De retour à Outremont le 7 décembre, Bourassa reste au Québec pendant deux semaines sans faire d'apparition publique, et avec une charge de travail réduite. Puis il part pour Miami le 22 décembre. Sur les 16 semaines qui courent du début de septembre jusqu'à la fin de décembre, en comptant large, on peut conclure que M. Bourassa fut «inconscient» du déroulement des événements québécois pendant, au grand maximum et cumulativement, huit semaines. Or, le dossier de l'avenir du Québec n'était pas alors un obscur problème sectoriel. C'était le sujet dominant toute l'actualité politique de l'automne.

Alors? Pris complètement par surprise, Robert Bourassa? Même les autruches savaient, à la fin de novembre 1990, que les Québécois de toutes couleurs, libéraux compris, étaient souverainistes. Allaire et Anctil avaient avisé le premier ministre, de vive voix, que le rapport «irait loin», qu'il serait «très contraignant». Même les journalistes rapportent que le comité étudie des «scénarios souverainistes».

Mario Bertrand et Pierre Bibeau, qui parlent à Bourassa en décembre, affirment tous les deux : «Il le savait.» Bibeau a une théorie : «Bourassa lui-même jongle avec ça, cherche quelque chose, et c'est pour ça qu'il laisse quand même aller, dans Allaire, une bonne secousse. Il savait où ça s'en allait.» Dans cette hypothèse, Bourassa aurait senti venir l'orage mais, velléitaire comme à l'accoutumée, n'aurait songé à sortir son parapluie qu'aux premières chutes de grêle. Explication plausible.

«C'étaient des rumeurs, dit Bourassa. Mais on en entend tellement en politique. On prend pas toujours ça pour du comptant.» (Même quand Allaire, en octobre, et Anctil, en novembre, l'en informent directement?)

Jean Allaire a bien sûr sa façon de présenter les choses : Si Bourassa n'a pas compris, «c'est parce qu'il ne voulait pas comprendre».

Aveuglement, donc. Cécité politique. C'est le nom de la maladie qui afflige la haute direction libérale à la fin de l'année 1990. Certes. Mais quelle en est la racine, la cause? Il n'y en a qu'une : la possession tranquille – beaucoup trop tranquille – de la vérité. Car Bourassa, Parisella et Poupart sont parmi les seuls qui savent. Ils savent qu'il ne faut pas rêver. Ils le savent tellement qu'ils ne voient pas qu'autour d'eux, beaucoup de gens rêvent. Et ils ont un problème. Un détail, vraiment. Une vétille. Ils ont oublié de partager leur savoir avec les autres.

BLAGUE : J'AI LES FORMULAIRES D'ADHÉSION AUX NATIONS UNIES !

Pierre Anctil parle en direction du téléphone avec une foi propre à convaincre Alexander Graham Bell lui-même. À l'autre extrémité, cependant, au bord de l'Atlantique, l'interlocuteur n'a pas la passion de l'inventeur, ni son goût du risque et de l'expérimentation.

« Couvrez bien la question économique », lui avait dit Bourassa, un mois avant. Alors Anctil la couvre, ce 28 décembre. Il la couvre tellement que c'en est un peu gênant pour un premier ministre dont la carte de visite est l'économie.

De tous les pays industrialisés, depuis 10 ans, le Canada affiche la moins bonne performance en termes de gain de productivité. Couplet, ensuite, sur l'union économique canadienne, qui fonctionne moins bien que l'union européenne, qui regroupe pourtant des pays souverains. « La conclusion, soutient Anctil, c'est que le *statu quo* n'est plus rentable économiquement, ce n'est plus un *winning proposal* [une proposition gagnante], et l'impératif de changement politique se reflète aussi dans la situation économique canadienne. »

Voilà. Il veut des chiffres, de l'économie. Il en a. Anctil embraie sur son second volet, constitutionnel.

« La conclusion qu'on tire de Meech est que la formule d'amendement de la constitution a fait ses preuves : elle est bloquée et incontournable. »

« Alors il faut provoquer l'enjeu par un référendum. La conclusion qu'on tire est que ça prend un référendum sur la souveraineté. On propose une réforme selon trois axes : union économique, autonomie politique du Québec, Parlement supranational. »

Bref, résume le directeur général du parti, qui guette les grognements que lui adresse le patron au bout du fil, « ça nous prend la réforme, il faut qu'on la décrive, puis ça prend absolument une démarche qui accrédite notre sérieux, qui dit au monde : "Là, on passe à l'action" ».

Bourassa, raconte Anctil, se met alors à poser « de vraies questions ». Sur « l'utilisation conjoncturelle de la politique monétaire », par exemple. Car cette conversation dure plusieurs jours, sans que ses acteurs puissent distinguer par la suite avec précision comment les arguments s'échangent après cette première présentation, dans quel ordre, sur quel ton. Le 28 décembre, Anctil se souvient que Bourassa «ne se commettait jamais complètement», Allaire perçoit chez Bourassa «des réticences». Le chef veut voir les textes. Ça vient, ça vient, lui dit-on. Anctil et son équipe améliorent, allongent, bétonnent le texte.

Bourassa rumine-t-il tout ça pendant le réveillon du premier de l'An? Tout le monde retient son souffle, en tout cas, jusqu'au 5 janvier. Ce jour-là, enfin, on lui télécopie le rapport préliminaire, à Miami.

Texte en main, réalisant peut-être la fermeté du propos, la profondeur de la conviction, l'ampleur du travail réalisé, l'existence d'un «monstre» complètement formé, Bourassa est plus dur. «Il a réellement poussé», se souvient Allaire.

«C'était "on décrète la souveraineté avec la question". Ça allait loin», se souvient Bourassa. «C'est pas faisable, objecte-t-il. Je vois pas comment je peux faire ça. Sur le plan économique, comment est-ce que ça va être perçu?»

Comment Bourassa réagit-il, intérieurement? «C'était pas une colère, c'était pas l'enthousiasme. Intellectuellement c'est que c'est inacceptable. Alors j'utilise des arguments intellectuels pour dire que c'est pas acceptable. Et ça durait une heure et demie», le premier jour. Avec trois opérations dans le corps. Parisella, à qui Bourassa parle juste après la première conversation, se souvient d'un premier ministre «inquiet, concerné, préoccupé».

«Indépendamment de ça, c'est pas réalisable. C'est pas réaliste», rétorque Bourassa pour couper court. «J'invoquais le réalisme. Et les risques.»

À un moment, Bourassa lance à peu près ceci: «De toute façon, la souveraineté, c'est compliqué, les problèmes de reconnaissance internationale, et tout.» Y as-tu pensé, Pierre?

« Ben, monsieur Bourassa, je vous ai fait venir tous les formulaires des Nations unies, on a toutes les copies qu'il faut », lance Anctil dans un sourire. C'est une blague.

« Ah ! rétorque Bourassa sur le même ton, je suis sûr que rendus là, on saura ce qu'il faut faire. »

LE GRAND RETOUR DES MARCHÉS

Bourassa a un argument massue, tout de même, les marchés :

On est le parti au pouvoir, enchaîne Bourassa. Si on dépose un document qui dit : « Le Québec va faire un référendum sur la souveraineté, puis va négocier d'autres arrangements après », immédiatement les marchés vont escompter que ça va se réaliser. [En clair : les taux d'intérêt imposés aux emprunts du Québec vont immédiatement bondir.] *Moi, si je dis ça en janvier 1991, le monde vont dire : « C'est fait ! » Je peux pas faire ça, là, en plein milieu d'une récession. À la limite, c'est même pas démocratique, parce que ça va être pris pour acquis avant même le congrès. Alors je ne peux pas me permettre de faire ça. Il faut trouver une formule qui permette aux militants de discuter, de s'exprimer, là, mais qui n'engage pas le Québec de façon irréversible dans une voie, au mois de janvier 1991.*

Cette dernière volée d'arguments, prétend Anctil, « m'a vraiment frappé comme une locomotive ». Si le premier ministre du Québec annonce, au moment du dépôt public du document à la fin de janvier, qu'il est favorable – mieux, qu'il propose – un référendum sur la souveraineté, l'impact sur les marchés sera massif, la démarche enclenchée sera irréversible. « J'ai trouvé franchement, là, que j'étais obligé de reconnaître la pertinence de sa préoccupation. »

N'avait-il pas pensé qu'il y aurait un moment, en janvier, précisément, sept mois après le *Quoi qu'on dise…*, où le premier ministre allait se commettre, enclencher le processus, casser quelques œufs économiques et politiques?

Et puis, plaide le chef libéral, le Conseil de ministres n'allait-il pas exploser devant une telle proposition? Mais Allaire et Anctil avaient rencontré chaque ministre et, soupire Bourassa, «ils avaient fait leur calcul». À froid, donc sans recommandation du chef, et dans ce contexte où 66 % des Québécois disent aux sondeurs vouloir voter oui à un référendum sur la souveraineté dès 1991, le pointage donnait 15 ministres favorables et 12 défavorables.

«Mais leur argument était toujours le même, se souvient Bourassa : si vous prenez position, les ministres vont se ranger, le caucus va suivre, ça va passer!» Il en convient.

«Si je décide d'embarquer, j'aurais un bon appui dans le parti. Ça c'est clair, nettement majoritaire. Mais j'aurais des gens de calibre qui, probablement, iraient de l'autre côté, s'associant aux autres fédéralistes. […] J'aurais pas tous mes ministres. Des gens de calibre dans mon cabinet, articulés, convaincants, pourraient passer de l'autre côté.»

Deux écueils en particulier : Claude Ryan et le président du Conseil du Trésor et successeur présumé de Bourassa, Daniel Johnson.

Bourassa a une idée, pour refroidir les ardeurs des allairiens : les envoyer en pèlerinage, chez Monsieur Fédéralisme, le ministre Claude Ryan.

LES COMMANDEMENTS DU PÈRE RYAN

Événement rare. Depuis qu'il a quitté la direction du Parti libéral en 1983, Claude Ryan arpente rarement les corridors de la permanence du parti. En ce 28 décembre, à 16 h, il y est pourtant. Car on a besoin de ses lumières.

Devant lui, Anctil joue son Bourassa et inonde l'homme de lettres de considérations économiques défavorables au *statu quo.* Sans dévoiler toutes ses batteries, il lui parle «d'une piste», évoquée au comité, pour contourner le problème du blocage constitutionnel canadien: souveraineté d'abord, re-confédération ensuite.

L'auteur du Livre beige ne se laisse pas déborder par la rhétorique de ce jeunot. «Moi, je ne suis pas convaincu que Meech a démontré hors de tout doute qu'il est impossible de réformer la fédération de l'intérieur.» Ah? Non, poursuit-il. D'ailleurs, «on a nos torts» dans Meech. Lesquels? Mystère.

Dur moment à passer pour Allaire et Anctil. Claude Ryan reste sagement planté en territoire fédéré. Et il ne connaît encore que les paramètres du rapport. Lorsqu'il aura le texte complet devant lui, au début de janvier, il aura ce commentaire: «Ça me fait penser aux projets de conventions collectives que je recevais au *Devoir* dans les années 70, quand le syndicat faisait des projets absolument échevelés dans sa première version.»

Anctil a-t-il, ce 28 décembre, une illumination?

«Êtes-vous ouvert à l'idée d'un test ultime? propose-t-il à Ryan. On va dire: "On veut ça, puis on prend tant de temps pour s'entendre."»

«Ah? fait Ryan. Peut-être, il faudrait regarder ça.»

Le «test ultime», la «dernière chance». L'idée circule déjà à la Commission Bélanger-Campeau. Le politologue Léon Dion, entre autres, l'a évoquée. Ryan se demande tout haut si on ne pourrait pas remettre tout simplement les modestes conditions de Meech sur la table, sans y ajouter de nouvelles revendications, mais en y assortissant un échéancier quelconque.

Mais que faire si ça ne marche pas? Dans des entretiens séparés avec l'auteur, Allaire et Anctil évoquent tous deux spontanément ce souvenir: Ryan, qui les avait fort refroidis par la timidité de ses ambitions de réforme, ajoute qu'en cas d'échec du «test ultime», «je ne serai pas le dernier embarqué» dans le train de la souveraineté. «Vous verrez, je ne suis pas le plus peureux des hommes [...] Je n'ai pas peur de la souveraineté. » Et il laisse entendre qu'une fois « hors du cadre », il faudra y rester. Il n'a pas l'engouement de Bourassa pour la multiplication des structures communes.

Ne pourriez-vous pas, demande Anctil, nous écrire une bafouille là-dessus, monsieur Ryan, vous qui avez une plume si agile ? Le 10 janvier, Ryan rend sa copie. Il prévoit une démarche en deux temps :

A) *Que le Québec institue une nouvelle démarche en vue d'obtenir, un droit de veto, « un pouvoir de législation prépondérant en matière linguistique » et « un processus de révision en profondeur du fédéralisme canadien ». Sinon :*

B) *La démarche évoquée à l'article précédent devra déboucher sur un accord dans des délais raisonnables. À défaut de quoi le Parti libéral du Québec recommandera :*

1– *que la population du Québec soit invitée par voie de référendum à se prononcer en faveur de la souveraineté politique ;*

2– *qu'une fois arrêté le choix de la population en faveur de la souveraineté, le gouvernement du Québec propose au reste du Canada une entente en vue du maintien d'un espace économique commun et de la gestion commune de fonctions gouvernementales à définir ;*

3– *qu'un délai précis soit prévu entre le choix de la souveraineté et l'entrée en vigueur de celle-ci, de manière à permettre les négociations nécessaires en vue de la liquidation des actifs de la fédération canadienne et la mise au point de modes d'association appropriés entre le Québec et le reste du Canada.*

En clair, Claude Ryan fait deux choses. Au plan des revendications spécifiques du Québec, il place la barre remarquablement bas. Deux demandes absolues : qu'une nouvelle formule d'amendement redonne au Québec son droit de veto; que le Québec soit seul maître à bord en matière linguistique, sauf en ce qui a trait aux institutions fédérales. Réparation, donc, des gifles de 1982. Le reste est un catalogue de vœux de changements et de références à des rapports, dont son «Livre beige». Il ne précise pas dans quelle mesure l'éventuelle réforme devrait en adopter les recommandations.

Ce petit appétit, même Bourassa le trouvera trop réduit. «Je ne pense pas que les Québécois se satisfassent de ça», dit-il lorsqu'Allaire et Anctil lui font part des idées de Ryan, au téléphone, dans les jours qui suivent.

Mais au plan de la démarche, Ryan en met plein la vue, et il faut souligner les mots. Le président du comité du Non au référendum de 1980 est clair: on ne veut pas grand-chose, mais on le veut absolument. Sinon, on part! Deuxième message de l'ancien chef du Parti libéral: PLQ et fédéralisme ne sont pas des synonymes parfaits. Dans certaines conditions, le parti pourrait, devrait même, faire la promotion de la souveraineté.

L'intervention de Ryan est paradoxale. Elle désorganise les projets de Bourassa, qui espérait éloigner une fois pour toutes de ses lèvres la coupe référendaire. Voici que le bon père la lui brandit devant la bouche. Au moins, elle est assortie d'une condition – le test ultime – et d'un délai.

Bourassa s'en saisit pour convaincre Anctil de faire réécrire le rapport Allaire en épousant la démarche stratégique de Ryan. L'objectif n'est plus la souveraineté en soi, mais une réforme importante. En cas d'échec de cette réforme, le Parti libéral proposera la souveraineté. Anctil accepte. Pourquoi? Parce qu'il a été retourné.

L'ÉDUCATION POLITIQUE DE PIERRE ANCTIL

«Bourassa n'a de respect que pour les gens rigoureux, intelligents et honnêtes, explique son ancien chef de cabinet Mario Bertrand. Les autres, il les tolère.» Il faudrait ajouter que le patron apprécie ces qualités dans les limites de la loyauté et de l'obéissance. Intelligence, d'accord, mais pas au point de se muer en menace.

Anctil pratiquait Bourassa depuis huit ans, d'abord à titre de président de la Commission jeunesse (CJ), puis en tant que Directeur général du parti, lorsqu'il se lance à toute vapeur, à l'automne de 1990, dans la confection d'un rapport souverainiste. Pense-t-il que le patron est prêt à faire ce saut?

« Pendant toute la démarche de l'automne, la stratégie de Pierre, à mon sens, a été de pousser le comité le plus loin qu'il le pouvait, sachant que peu importe le point d'arrivée, ce serait probablement trop loin pour Bourassa », explique Michel Lalonde, un Anctil-*watcher* pendant 10 ans, et alors son collaborateur le plus proche.

Une stratégie classique. À la présidence de la CJ, Anctil avait pris l'habitude de convoquer une conférence de presse avant d'en aviser le patron. Il appelait ensuite Bourassa pour lui dire de quoi il comptait parler aux journalistes. « Je vais en mettre assez dans ce que je vais lui dire pour qu'une fois qu'il m'ait demandé de retrancher a, b, c et d, j'arrive à un compromis qui soit satisfaisant pour moi », expliquait-il autour de lui.

« Le rapport Allaire, c'est rien de moins que ça, explique Lalonde. Anctil n'a jamais hésité à pousser et les événements l'ont bien servi. […] On s'est retrouvé avec un rapport qui était souverainiste. Anctil l'a envoyé à Bourassa et a dit : "Robert, qu'est-ce que t'en penses?" Sachant que le gars allait rentrer dans son banc. On le savait tous. »

Mais Pierre Anctil n'est plus président de la Commission jeunesse. Il est directeur général du parti au pouvoir. Il n'a plus 23 ans, mais 32. Il est passé de l'autre côté. De trublion, il est devenu rouage. Comment a-t-il pu ne pas voir La Ligne, la vraie? Pas celle du programme politique et du statut politique du Québec, mais La Ligne du pouvoir. On est avec ou on est contre le pouvoir. C'est l'un ou l'autre.

Quelqu'un va se charger de le lui rappeler, ou de le lui apprendre.

Autour des puissants gravite un petit essaim d'«anges gardiens» volontaires, prévenant les coups, les rendant au besoin. Anciens ou futurs conseillers et assistants, organisateurs et hommes de main. Le lien qui les lie au chef est réel mais imprécis. C'est le domaine du demi-mot. L'ange gardien interprète la volonté du chef sans qu'elle soit exprimée. Il l'exécute sans que l'ordre ait été donné. En matière d'espionnage, cela donne la *plausible deniability*. Traduction: le patron, le président, le premier ministre peuvent, sans mentir, affirmer n'avoir jamais autorisé telle intervention, tel putsch, telle explosion du navire d'un groupe écologique.

«Je connais la pression des petits Pierre Anctil de ce monde», dit le plus actif des anges gardiens de Bourassa, Mario Bertrand. En décembre 1990, Pierre Bibeau et lui savent que le comité Allaire est parti pour la souveraineté. Ils décident de s'en mêler. Ils n'en parlent pas à Bourassa – «on a pris sur nous, comme ça arrive souvent, dit Bertrand, on n'était pas en service commandé» –, mais vérifient tout de même auprès de Parisella, qui dit avoir été mis «au courant, avant pis après». Ils vont s'occuper du domptage.

«À partir du moment où ils ont constaté [qu'Anctil] jouait un rôle déterminant, commente Michel Lalonde, ils comprennent qu'ils doivent faire aussi rapidement que possible, avant que ça devienne un véritable désastre.» Anctil a parlé à Bourassa le 28 décembre. La balle vient donc tout juste d'être mise au jeu. Il ne se passe pas 48 heures avant que les anges entrent en action.

L'occasion: un souper chez Pierre Bibeau, sur la Rive-Sud. Trois couples. Les Bibeau, les Bertrand, les Anctil. L'objectif: ramener le «*hard core*» du groupe Allaire, selon l'expression de Bertrand, sur la bonne voie.

Bibeau a fait ses classes au parti. Permanent pour la Commission jeunesse, il fut le principal organisateur du parti de 1978 à 1985, avant d'accéder au bunker, où il supervisait le patronage (on dit: «les nominations»). Il fut ensuite récompensé en étant lui-même nommé président de la RIO. Bertrand, lui, est passé directement du privé – il était grand manitou des communications chez Labatt, où il devint vice-président à l'âge de 28 ans – à l'entourage de Bourassa, puis au bunker, de 1987 à 1989. Au début de 1990, il tente un redressement des Magasins M (rachetés l'année précédente par son ami Michel Gaucher avec l'argent de la Caisse de dépôt, suivant les conseils du chef de cabinet Bertrand). Au début de 1991, il préside aux destinées du premier réseau privé de télévision au Québec, TVA. Bref, le parti, il n'en a rien à cirer.

L'ex-chef de cabinet du premier ministre explique n'avoir «jamais eu beaucoup de chimie avec cette espèce de pseudo-démocratie partisane. Ces gens-là sont imbus d'une mission.» Ici, les étudiants de Sciences Po devraient prendre des notes, car il n'y a rien à jeter: «Comme je leur disais souvent, poursuit Bertrand, il y en a qui font de la politique par désœuvrement, d'autres par ambition, d'autres par passion, d'autres pour échanger de l'information. Moi, j'ai toujours fait de la politique uniquement pour gagner.»

Autour de la table, la conversation se déroule à deux niveaux: le fond du problème et le rôle des acteurs. Bertrand insiste sur le second niveau: «Vous, votre responsabilité, dit-il à Anctil, se limite à amener des options, à ouvrir des options à Bourassa, et pas à le coincer.»

Pierre Anctil répond au contraire qu'il lui incombe de refléter les vœux de la base. «C'est la volonté du peuple, c'est la volonté du parti, réplique-t-il, parlant du fond, selon le souvenir de Bertrand. Vous êtes dépassé, vous êtes d'une autre culture, d'une autre génération», lui dit-il.

«J'embarquerai pas sur le débat, reprend Bertrand, revenant sur la question du rôle, c'est pas votre *game*. Votre *game*, là, la raison d'être du comité Allaire, c'est d'ouvrir davantage la marge de manœuvre du PM, pas de la réduire ! »

Le fond et le rôle. Sur le fond, Bibeau est déchiré. Devenu souverainiste, il souhaite que le patron fasse l'histoire. Mais il a depuis longtemps choisi son côté de La Ligne. Est même devenu ange gardien, comme Bertrand. « J'ai vu que Bourassa devait ramer à l'envers, et que la position du comité Allaire ne lui donnait pas assez de marge de manœuvre, c'était assez évident, et elle lui en enlevait en mettant des échéanciers. Elle lui enlevait la possibilité de jouer avec le temps. »

Comme Bertrand, Bibeau pense que le parti n'existe que dans un but : servir le chef.

Dans la discussion, Bibeau n'embarque pas « sur le fond de dire ce qui était représentatif ou pas » de la volonté du peuple ou du parti. C'est secondaire. « Mais je disais : "Le parti enlève à son chef sa marge, [et] ça a pas d'allure d'attacher le chef comme ça." » Servant le vin, il tente parfois de calmer le débat qui, dit-il, « est devenu *heavy* une secousse ».

Bertrand est parfois surnommé « l'abrasif ». Il ne se retient pas.

« C'est qui ton boss, Pierre ? demande-t-il. C'est le parti ou le chef ? Le parti ou le chef ? »

Anctil n'est pas démuni quand il s'agit de son rôle. Il ne nie pas qu'il doive travailler pour Bourassa. Mais pas seulement pour lui. « À ce moment-là, je travaillais avec l'ensemble du parti, explique-t-il. J'étais un pion sur l'échiquier », lance-t-il, faussement modeste. De toute façon, enchaîne-t-il, « je n'ai pas l'impression d'avoir travaillé d'une façon contraire aux instructions que j'ai reçues ». « J'ai toujours considéré que j'étais la personne la mieux placée pour juger de ce que j'ai pu avoir comme discussion avec mon patron. Je suis en contact direct avec lui, je n'ai pas besoin d'interprète. »

La discussion dérive alors sur la qualité de l'interprétation qu'Anctil a pu faire des consignes de Bourassa. Selon une version, Bertrand déclare qu'Anctil a tellement mal décodé son patron qu'il a commis une gigantesque bourde, pour ne pas dire qu'il a préparé une embuscade à Bourassa, à qui il a « enfoncé le rapport Allaire dans la gorge ».

Anctil retourne le compliment; il signale que Bertrand, à ce moment, n'est « même plus dans le décor », ayant quitté ses fonctions gouvernementales un an plus tôt. « Je fais affaire avec qui? Le président des Magasins M ou quoi? »

Bertrand juge que le souper « s'est soldé par un retentissant échec, pour Bibeau et pour moi. […] Ils m'ont envoyé promener, ils m'ont remballé dans mon petit paquet. » Sur le coup, Anctil a tenu bon, Bibeau et Bertrand pensent ne pas l'avoir fait bouger.

Mais la séance de rééducation a eu de l'impact. Anctil en parle autour de lui, dans les jours qui suivent. Qui est son boss? Le parti ou le patron? La question le tenaille. Car c'est vrai, il a « peinturé Bourassa dans le coin », comme le dit Bibeau. Il a tout fait pour lui fermer sa marge de manœuvre, comme le dit Bertrand. Et il sait, même si ça le met de méchante humeur, que Bertrand est le plus proche confident de Bourassa.

« Ça l'a ébranlé. Moi je suis sûr que ça a dû l'ébranler, dit John Parisella, parce que Bibeau a toujours été un petit peu un maître à penser pour lui. » C'est une impression, ou une conclusion? « Il y a eu un moment, dit Michel Lalonde, où il y a eu un déclic dans sa tête [d'Anctil], où il n'était plus un personnage autonome qui avait un agenda politique, mais il était quelqu'un qui était directeur général du parti, puis son agenda, c'était celui du chef. » Les deux anges gardiens et Bourassa, Parisella, puis Jean-Claude Rivest, « ont fait ce qu'ils ont pu avant le 11 janvier », et poursuivi dans les mois subséquents « l'opération de charme », dit Lalonde, alors aux premières loges.

Il aurait été brutal de virer le trouble-fête, et probablement contre-productif. Il aurait été malpropre de le menacer. C'est une pratique de plus en plus rare dans les partis modernes, et généralement peu efficace. Il aurait été risqué de l'acheter, et on n'en connaissait pas le prix. Le mieux était de le retourner – comme on dit dans le monde de l'espionnage –, d'en faire un transfuge. Le mieux, et de très loin. Car, lui retourné, il devenait le plus utile, le plus habile, le plus crédible, le plus précieux des alliés. Il fallait à Bourassa, dit Lalonde, «rapatrier ce gars-là dans le cercle des intimes de manière à ce qu'il participe à la définition du jeu et au déroulement des événements d'une manière qui soit constructive pour le chef du parti».

Pendant la première quinzaine de janvier, un travail de modification en profondeur du rapport Allaire, un travail de dénaturation, en fait, est entrepris. «Anctil, à ce moment-là, était *on side*», dit Parisella.

On side, c'est-à-dire de notre côté, avec nous.

Le 8 janvier, Bourassa revient à Montréal. «À ce moment-là, à toutes fins pratiques, dit-il, j'avais réussi à retourner la situation.»

Anctil a franchi La Ligne. Il a rejoint ceux qui savent. Ceux qui savent que le seul rêve autorisé est celui du chef.

UNE OBLIGATION DE RÉSULTAT

Toute la presse politique québécoise est réunie, fin janvier, pour voir Bourassa, flanqué de Jean Allaire, présenter aux médias le document intitulé «Le Québec libre de ses choix».

Avec ses conseillers, il a choisi une phrase qui pourra frapper l'imagination, être retenue dans les titres des journaux, les extraits de commentaires à la radio et à la télé. On s'entend sur: «Une obligation de résultat.»

La formule est forte, engageante, une autre rareté dans la rhétorique bourassienne. Donc on la note comme un engagement:

Engagement n° 2 :
Obligation de résultat

En conférence de presse, il joue les convertis. « Après 25 ans de discussions, nous voulons une obligation de résultat, tranche Bourassa. La seule façon d'obtenir un résultat, à notre avis, est de fixer un échéancier [et] 18 mois, c'est assez long. »

Il a en effet réussi à reporter à l'automne 1992 le délai accordé au Canada pour laisser au Québec les 22 pouvoirs réclamés dans le rapport réécrit. Mais ces 22 pouvoirs étaient prévus en cas de Québec souverain, ce qui faisait sens, mais pas en cas de Québec membre de la fédération, ce qui est absurde. Mais c'est ainsi lorsqu'on dénature une proposition.

Bourassa le sait bien, mais indique aux journalistes que « ce que nous demandons correspond à l'intérêt du Québec. » Souliers, bâton de pèlerin, Bourassa semble y prendre goût, à ce damné rapport !

Au quotidien *La Presse*, le chef libéral affirme clairement « si je vois que cet intérêt [du Québec] passe par une autre structure politique – la souveraineté dans une structure confédérale – je ne serai pas doctrinaire ». Pas doctrinaire ? Lui qui a cent fois déclaré en privé que la souveraineté n'était « pas réaliste », qu'il n'était pas question de s'y attacher ? Pour les micros, pour le peuple québécois qui l'écoute, il prétend le contraire.

En entrevue avec Michel Vastel, il en met un peu plus. La souveraineté ? « S'il faut passer par une telle démarche… Comme disait Mackenzie King : " pas nécessairement, mais si nécessaire ! " »

La manchette du *Devoir*, le lendemain, donne le ton : *Bourassa prêt à la souveraineté*. Vraiment ? Puisque c'est écrit !

Ceux qui lisent le rapport au complet sont renversés. Surtout les Canadiens anglais. Un vieux sage du fédéralisme, le mandarin Gordon Robertson, déclare que le départ du Québec vaudrait mieux que la révolution proposée par Allaire. De Terre-Neuve, Clyde Wells affirme que la position du comité « équivaut au démembrement du Canada en tant que nation » et donnerait au Québec « une situation privilégiée », commentaires qui ont plutôt pour effet de susciter chez les Québécois l'adhésion au rapport. Les chroniqueurs politiques et les éditorialistes foncent sur le document comme s'il s'agissait de Mein Kampf.

À Ottawa, Benoît Bouchard soupire : « les Québécois sont déjà partis… »

Les députés du Bloc québécois, en tout cas, pleurent de joie ! Jean Lapierre, qui ne manque jamais une occasion de se faire des amis au PQ, croise le secrétaire général péquiste, Pierre Boileau, qui n'est pas lui-même le moins partisan des apparatchiks. « Je l'ai bavé, raconte Lapierre, toujours membre du PLQ, en lui disant : " Écoute, mon Boileau, inquiète-toi pas, nous autres les libéraux, on sait faire les choses ! " » Même des péquistes sont renversés. Le président des jeunes du PQ, Joseph Facal, affirme : « Ça m'a tellement surpris qu'une fois que j'ai terminé de le lire, j'ai tout de suite recommencé pour être bien sûr que j'avais compris ! »

LE RAPPORT ALLAIRE

Photo : *La Presse Canadienne* / Jacques Boissinot

Michel Bissonnette, président des jeunes libéraux, au congrès de La Pocatière : « La Commission jeunesse est maintenant le premier groupe souverainiste à l'intérieur du Parti libréral. »

Photo : *La Presse Canadienne* / Jacques Boissinot

Le rapport Allaire est publiquement défendu par Bourassa. « Nous avons une obligation de résultat », dit-il.

CEUX QUI SAVENT : DANS LA PRESSE TORONTOISE

Lorsque le rapport Allaire est publié, le chroniqueur national du *Globe and Mail*, Jeffrey Simpson, polyglotte, pro-Meech et influent, fait l'erreur de croire que Robert Bourassa dit parfois ce qu'il pense et pense parfois ce qu'il dit. Le soir même, à l'émission *Le Point* de Radio-Canada, il déclare que « le Québec a maintenant deux partis souverainistes ».

Il voit bien la différence entre PQ et PLQ. Il comprend qu'ils n'ont pas la même approche. Mais, vue de Toronto, la « réforme en profondeur » proposée par Allaire, telle quelle ou réduite de moitié, voire des trois quarts, équivaut au démantèlement du Canada. Simpson conclut que la réforme ne peut être réalisée dans le cadre canadien, que le Parti libéral devra par conséquent user de sa position de repli, qu'il est donc devenu souverainiste.

Puisque l'heure de la séparation a sonné, il faut arrêter les frais, pense-t-il, sauter les préliminaires et s'atteler immédiatement à la difficile tâche de séparer la dette et les actifs. Le lendemain matin, dans le *Globe*, et le lundi suivant dans la chronique qu'on lui traduit au *Devoir*, il suggère que les Canadiens commencent par « se défaire des Québécois qui dirigent les partis nationaux [Mulroney et Chrétien, donc] et de ceux qui ont un rôle important dans la fonction publique [fédérale], et trouver en leur sein des représentants appropriés pour les négociations avec le Québec ». Négocier, en somme, de nation à nation.

Bourassa et Rivest sont catastrophés par cette réaction – pourtant assez logique – d'un des principaux interprètes de la pensée québécoise sur la place médiatique anglophone. Dès que Simpson loge un appel pour demander un rendez-vous, on le lui donne et il est reçu au bunker dans la semaine qui suit, donc la première semaine de février 1991.

L'entrevue se déroule *off the record*, donc à la condition que le chroniqueur ne dévoile pas ses sources. Simpson a accepté de raconter la scène à l'auteur :

> **Simpson :** *Bourassa est entré et a dit quelque chose comme – ce ne sont pas ses mots exacts – « Oh ! Jeffrey, vous êtes trop pessimiste ! Tout va se régler ! Il y aura pas de problème ! »*
>
> *J'ai dit : « Oui, mais, le rapport Allaire ? »*
>
> *Il dit : « Le rapport Allaire ? C'est pas sérieux le rapport Allaire », dans des mots très proches de ça en tout cas. « On va s'en occuper, du rapport Allaire. »*
>
> *Puis il m'a expliqué pourquoi il avait dû suivre le courant, avec le processus qui avait eu lieu dans le parti et l'avait emmené dans cette direction. Il a expliqué qu'il y avait un fort courant nationaliste dans la province à cause de Meech et qu'il devait gagner du temps et une des façons qu'il avait de gagner du temps était de plier sous le vent – c'est mon expression, pas la sienne – pour un bout de temps. Puis, quand l'équilibre reviendrait dans le parti et la province, on verrait. C'était une question de temps. [...]*
>
> *Et il m'expliquait combien il allait être très raisonnable dans les négociations et qu'il voulait une entente et que le Canada est l'endroit où on veut vivre et tout ça. [...]*
>
> *Ensuite on a eu une assez longue conversation sur la tenue d'un référendum. Bourassa était absolument clair : il n'aimait pas l'idée d'un référendum et il ne voulait pas en tenir un.*

Il a parlé assez longuement de ça, de pourquoi il était contre. [...]

L'auteur: *Il n'a donné aucune indication qu'il pourrait remettre en cause l'unité canadienne s'il n'obtenait pas ce qu'il voulait?*

Simpson: *Non, non, non. Au contraire.*

Bourassa est franc avec le scribe parce qu'il sait que Simpson rencontre toute l'élite politique canadienne. Il figure parmi les gens qui comptent. Le désamorcer, lui, c'est une mesure de prévention contre toute l'armurerie canadienne.

Bref, les seuls qui restent dans le brouillard, ceux à qui Bourassa chante la chansonnette de la dernière chance, du « une grande réforme, sinon on part! », de « l'obligation de résultat » sont les Québécois francophones.

8.
L'ÉTRIPAILLEUR

La question, dit Alice, est de savoir si vous avez
le pouvoir de faire que les mots signifient
autre chose que ce qu'ils veulent dire.
La question, riposta Humpty Dumpty, est de savoir
qui sera le maître... Un point c'est tout.

LEWIS CARROLL,
DE L'AUTRE CÔTÉ DU MIROIR

Les délégués libéraux, arborant cravates à la mode ou tailleurs élégants mais sans ostentation, sont venus à un lancement, à un tournant, à un spectacle interactif. Dans la grande salle du Palais des congrès de Montréal, le décor est fonctionnel, mais riche. Nous sommes un parti moderne. Sur l'estrade, on peut lire le titre du rapport, thème du congrès : « Un Québec libre de ses choix. »

De longues rangées de chaises coussinées attendent les délégués. Pas de quoi s'endormir, mais assez pour tenir. Pas de table de travail, par contre, pour étaler ses documents, prendre des notes. On n'est pas au PQ. On n'est pas un parti de professeurs.

Les lumières sont tamisées, la musique monte, la messe commence. D'abord, il y a le vidéo. Ode à l'histoire libérale. Honte aux fossoyeurs de Meech. Oh! le beau rapport Allaire. Les chaises des délégations du *West-Island* grincent. Ailleurs, on s'autocongratule de la facture professionnelle du montage. Nous sommes un parti haute définition.

Des coulisses apparaît la première star, l'homme du jour, le nom du mois, l'auteur de rapport de l'année : Jean Allaire. Ovation debout. Prolongée. Nourrie. Les chaises des délégations du *West-Island* grincent. Ce sont les seules utilisées, à cet instant. L'accueil des militants parle fort. Rien de ce qu'Allaire dit n'importe davantage.

Les délégués sont à peine calmés qu'arrive leur guide à tous, leur bienfaiteur, celui qui les a menés quatre fois au pouvoir, le bâtisseur de la Baie James, le ressuscité de 1976, l'auteur du *Quoi qu'on dise…*, le rétabli de Bethesda. La salle craque. Une minute et 30 secondes d'applaudissements. « Je vois que je n'ai pas été le seul à m'être ennuyé », dit-il. S'il ne s'agissait pas de libéraux, ce serait le délire.

Nous avons « un rendez-vous avec l'histoire ». Bourassa le dit, c'est donc vrai. On a bien fait de venir. « Il y a une très forte volonté d'unité politique » dans le parti, affirme-t-il, comme pour conjurer le sort. Il faudra rester uni, car la tâche est gigantesque. Il dénonce les dédoublements de pouvoir, qui grèvent les coffres de l'État et gaspillent les énergies. Il parle de l'autonomie québécoise qu'on réclame avec tant de justesse et de légitimité. Il encense Allaire, son travail, son rapport. C'est le signal, la consigne. Les délégués indécis – il y en avait – prennent note.

« La modération a été rejetée » par le Canada anglais, continue-t-il. C'était notre premier choix. « Nous nous retrouvons face à une crise, mais ne blâmez pas le Québec. Ceux qui, entre 1987 et 1990, ont torpillé l'Accord du lac Meech seront jugés par l'histoire. » Il est bon, ce soir, Bourassa. Il est bon. Il devient excellent, et lâche cette phrase cristalline :

« Le *statu quo* est la pire solution pour le Québec. » La pire ? Pire que la souveraineté ? Pire que l'indépendance ? C'est beaucoup. C'est fort. On note :

Engagement n° 3 :
Le *statu quo* est la pire solution pour le Québec.

On ne peut pas réunir des libéraux, même en des temps historiques, sans se payer un peu de bon temps au détriment de l'adversaire péquiste. Lorsque Bourassa aborde cette partie de son discours, ses yeux s'allument, la joie envahit son visage. Il n'y a rien que Bourassa préfère à l'espièglerie. « Hier, M. Parizeau m'interpellait, raconte-t-il. "Parbleu! dit-il, je veux savoir si [le premier ministre] est fédéraliste ou souverainiste."» L'orateur et les auditeurs rient comme s'il s'agissait de la question la plus incongrue jamais formulée.

« Je suis libéral! » tonne le chef. C'est le punch. Ça veut tout dire.

Puis il va s'amuser avec les journalistes, en conférence de presse. Eux ne trouvent pas la question incongrue du tout. Êtes-vous souverainiste ou fédéraliste? Il ne répond pas. « C'est une question un peu académique. » Vraiment ?

LA COLÈRE DU FÉDÉRALISTE TRANSPARENT

Il aurait pu être utile aux délégués de savoir que leur chef était toujours fédéraliste car, le lendemain, un fédéraliste qui croit à la transparence, Claude Ryan, va faire son propre spectacle. Il a beau avoir aiguillonné la structure de la proposition (une grande réforme, ou on part), il ne se retrouve pas dans le libellé des propositions qui doivent être discutées.

Sa circonscription d'Argenteuil a donc proposé 14 amendements qui visent à rendre la proposition réaliste. Ces 22 pouvoirs par exemple, ça n'a pas de sens. Et la résolution parle de « présenter » l'absurde liste de revendications « au gouvernement du Canada ». Disons les choses clairement, pense Ryan, il faut « négocier » « avec le reste du Canada ». Mais il est intéressant de noter qu'aucun des amendements de

Ryan ne visent à retirer la menace de référendum sur la souveraineté en cas d'échec de la négociation.

Sur le plancher du congrès, la lutte est inégale. Et tout se joue sur cet amendement : « négocier » plutôt que « présenter ».

Alors le débat s'engage. Les queues s'allongent derrière les micros. Deux dissidents du comité Allaire, Thérèse Lavoie-Roux et Cosgrove, interviennent. Quelques arguments font mouche.

Un peu plus loin, le ministre Marc-Yvan Côté, devenu chaud partisan du rapport Allaire, discute avec son vieux comparse Gilles Rocheleau, maintenant au Bloc québécois. Dans le coin, se souvient Rocheleau, toujours membre du PLQ, les ministres Lawrence Cannon, Yvon Vallières et Gil Rémillard vont et viennent. « Il y avait toutes sortes de qualificatifs que ces gens-là attribuaient à Ryan, raconte-t-il : Le Seigneur, Dieu le père, Vieux crisse. Ils disaient : " C'est pas lui qui va venir nous dire quoi faire. " Il y avait beaucoup d'hostilité. » Y compris de sa part.

« On était tous d'un commun accord et on surveillait Ryan avec son petit groupe d'anglos du *West-Island* qui amenait des résolutions, puis là on était paquetés sur notre côté pour battre ça à tout coup, l'affaire était ketchup. »

Chacun attend l'intervention annoncée de l'ex-chef du parti. « Si Ryan y allait, se souvient Rocheleau, il y en a qui y allaient aussi. J'avais l'impression que le ministre Yvon Picotte ou Marc-Yvan Côté ou Rémillard seraient allés. Moi, je m'étais dit que j'irais aussi. »

Bissonnette entend les arguments favorables à l'amendement et se met en branle. Pour la première fois, il va parler. Le chef des jeunes n'est pas certain que la réception de la salle va être bonne. « T'as pas nécessairement la sympathie de tous les délégués. Tu passes ta journée à te faire traiter de " petit péquiste ", de " petit baveux ", pis t'en viens comme avec le *feeling* que le plancher du congrès est loin de t'être acquis pis que tu vas te faire planter. »

« Quand je suis arrivé pour intervenir, je me suis présenté : "Michel Bissonnette, président de la Commission jeunesse." Il y a eu un *standing ovation*. J'ai vu tout de suite que j'avais le 50 % nécessaire pour pouvoir faire passer n'importe quoi. Ça se voyait, ils étaient par talles ceux qui se levaient pas. À partir de ce moment-là, y'avait plus de danger. »

Ce congrès est historique, dit Bissonnette au micro, « parce que notre chef, Robert Bourassa, après l'échec de l'Accord du lac Meech, a déclaré que le processus était discrédité ». Puisque l'amendement demande de revenir aux « négociations à 11, je pense qu'on doit être contre cet amendement-là ». Applaudissements nourris.

Depuis une heure et demie, les 2 700 mains n'ont pas touché à leur cahier. Il reste 56 pages à tourner. Le débat collectionne les redites. Depuis plusieurs minutes, des caméras de télévision tournent autour de la rangée de fauteuils où Claude Ryan et la délégation d'Argenteuil observent l'avancement du désastre. Cosgrove vient s'asseoir près du ministre.

« Je pense que je vais peut-être être obligé de me lever », lui dit Ryan. « Si vous avez l'intention de le faire, répond Cosgrove, vous êtes mieux de le faire tout de suite, parce que j'ai l'impression, d'après le *mood* de l'auditoire, que même si vous êtes debout, ils vont clore le débat et vous n'aurez pas la chance de dire ce que vous voudrez. »

« Ils n'oseront pas faire ça », tranche Ryan.

Cosgrove repart. « M. Ryan, c'est pas quelqu'un qu'on bouge facilement, faut en être conscient », raconte le député Henri-François Gautrin, qui lui tient lieu de bras droit pendant le congrès.

Responsables des opérations de plancher du groupe Ryan, Gautrin et ses adjoints décident : « Il faut envoyer Ryan au micro au plus vite. » L'ordre est transmis par un membre du cabinet du ministre.

Un jeune, spontanément, est allé demander le vote au micro. « Je ne me souviens plus qui, dit Bissonnette, mais c'est un bon *move*. Il était temps que ça se fasse. »

En termes de procédure, ça s'appelle « la question préalable ». On n'en débat pas. Normalement, le président d'assemblée regarde qui est encore en ligne pour parler et, s'il voit des figures importantes derrière des micros, demande – fermement – au proposeur de la question préalable de laisser intervenir ceux qui sont déjà debout. Mais le président d'assemblée a beau regarder, il constate qu'aucun ministre, aucun député, aucune célébrité n'est dans la file, ou ne bouge pour s'y rendre. Il demande à l'assemblée si elle est prête à voter. Elle l'est, massivement, à 95 %.

Alors on vote. L'amendement est rejeté par les deux tiers des délégués. Les deux tiers ! La vague est tellement forte que les compteurs de la CJ n'ont pas besoin de doubler ceux, officiels, qui font superbement leur travail. Ce sera Allaire, tel quel.

Parmi les convertis tardifs à la cause allairienne, on distingue nettement la vice-première ministre Lise Bacon. Elle a « cheminé », explique-t-elle, et « se sent à l'aise » avec le rapport, y compris avec sa position de repli. Le congrès rejettera un amendement auquel elle tenait, mais elle ne s'en formalisera pas. Gérald Tremblay est moins disert, mais il a voté aussi avec la majorité. « Je ne sais pas pourquoi les journalistes disent que je suis un fédéraliste convaincu », dira-t-il à l'auteur. « Je ne sais même plus ce que ça veut dire. » Il est plutôt agnostique, sur la question de l'avenir du Québec.

Jean Lapierre, assis avec un groupe de députés libéraux nationalistes, jubile. « On était partis ! Pis là on était très contents d'être allés au Bloc, parce que notre parti venait de nous rejoindre ! »

Plus cérébral, Rémillard part à la recherche de micros. « J'interprète ce vote, dit-il lorsqu'il en a trouvé un, comme la confirmation par les militants de ce que le premier ministre a déclaré. J'ai voté pour qu'il soit clair que nous ne retournerons pas nous asseoir à 11 avec un Clyde Wells qui n'a pas honoré sa signature. »

LES PORTES BATTANTES

Mais la gifle – pas le résultat du vote mais le fait qu'il ait été demandé – est ressentie par les fédéralistes avec une force telle que Gautrin et plusieurs autres jurent « avoir vu » Ryan dans la file d'attente au micro, au moment où le débat s'est abruptement terminé. L'outrage aurait.été direct, personnel, calculé. Ce détail est important, car il conditionnera pour longtemps la dynamique au sein du PLQ. La colère embrouille les mémoires. Parisella, assis non loin du ministre et témoin de la scène, a ce commentaire dans lequel on ne sait pas encore quoi, de la colère ou de la mémoire, va l'emporter : « C'est faux de prétendre qu'il était pas en ligne ; il était pour être en ligne ! » Cosgrove est plus posé : « Il était pas au micro. Mais il était sur le point de se lever. » Mario Dumont a sa propre lecture des faits : « Ma conviction profonde, là, puis je connais le vieux, là, c'est que Ryan voulait pas aller parler. Pour ne pas perdre. » Mais « si M. Ryan s'était retrouvé derrière le micro, dit Bissonnette, les militants n'auraient jamais osé demander le vote sans qu'il se soit exprimé ». Il n'existe aucune raison d'en douter.

Reste qu'à partir de ce moment et pour la suite de l'histoire, Ryan, Parisella, Cosgrove, Gautrin et tous les fédéralistes du parti tiendront la CJ, Bissonnette et Dumont coupables du crime. Ils ont coupé la parole à quelqu'un qui allait peut-être se lever pour aller la prendre. Ça ne pardonne pas. Et ça jette un discrédit sur toute l'opération du congrès.

Qu'est-ce que c'est, ce brouhaha, vers la sortie? Un petit mouvement de foule. Une agglomération de caméras. C'est Claude Ryan. Il a franchi une des portes battantes de la salle. Il est sur la grande mezzanine. Il s'en va. «Je suis déçu, évidemment… Le débat aurait dû se prolonger davantage. Plus de militants auraient dû se faire entendre.» Lui-même avait l'intention d'intervenir, avant «le glissement du débat» sur la question de procédure, mais n'en a pas eu le temps.

Où va-t-il? demandent les journalistes. «Ces choses sont si importantes qu'il faut prendre le temps de réfléchir», dit-il. Ces choses? Quelles choses? «Je dois consulter les gens… réfléchir à tout ce qui regarde l'avenir… je vais mesurer toutes les implications de ce résultat… dans ces grandes choses-là, on n'agit pas seul.» Tout s'éclaire: il y a de la démission dans l'air. La nouvelle se répand.

Bourassa l'appelle. «Je suis en réflexion», répond Ryan. «Il concluait que la discussion aurait pu être plus ouverte et que le rapport Allaire avait été une orientation très risquée, se souvient Bourassa. J'avais confiance, étant donné qu'on était un peu sur la même longueur d'onde, qu'il resterait.»

DU GRAND BOURASSA

Quand l'équipe du premier ministre se réunit, le dimanche matin, la «crise Ryan» fait toujours rage. S'il part, plusieurs le suivront. Même les ministres anglophones qui préféreraient rester seraient mis dans une situation intenable. Comment expliqueraient-ils leur immobilisme à leurs électeurs, si Ryan, un francophone, avait claqué la porte? Et il n'y a pas que les élus. Beaucoup de militants anglophones de premier plan iraient grossir les rangs du petit Parti égalité, refuge des anglo-libéraux déçus.

Bill Cosgrove, par exemple, pense plier bagage.

Parisella, Anctil, Rivest tombent d'accord : il faut rectifier le tir dans le discours que Bourassa doit prononcer ce dimanche après-midi. Bourassa lui-même le leur demande. C'est dommage, car dans ce discours de clôture, le premier ministre devait se tourner vers le Canada anglais, brandir le document constitutionnel fraîchement et massivement adopté par ses militants comme sa nouvelle arme chimique et se servir, pour la première fois, du nouveau rapport de force établi en sa faveur par son parti.

Exit l'appel au Canada. *In* l'appel à Ryan.

Le discours est retransmis en direct. Ryan écoute, à distance. Robert Bourassa regarde ses petites fiches. Il a préparé un bon couplet sur Ryan. « Je regrette que l'ancien chef du parti ait été désappointé, mais je voudrais l'assurer que ceci n'altère d'aucune façon la profonde admiration que nous avons pour lui et pour son travail exceptionnel. » Ovation de la foule.

Les libéraux sont polis, mais généralement pas exubérants, surtout avec Ryan. S'ils se lèvent presque tous pour le saluer ainsi, c'est que les permanents du parti, disséminés dans la salle, donnent le signal. « Je me souviens des permanents politiques dans les allées qui disaient : "Envoye !" » se souvient Michel Lalonde. Il y a de ces spontanéités qu'on doit organiser.

Il donne à Ryan un mot qu'il cherchait : « négocier. » « Nous négocierons avec le gouvernement fédéral », dit-il. Les « présentations », c'est bon pour la Vierge Marie et l'Enfant Jésus.

C'est bien beau de louanger le leader de la minorité, mais la majorité aimerait un peu de fleurs aussi. « J'ai eu de la difficulté à rester sur le plancher », dit le député pro-Allaire Jean-Guy Lemieux. « J'ai jamais compris ce discours de M. Bourassa, là, pour temporiser les choses, pour ramener M. Ryan. Est-ce qu'il aurait fait pareil pour nous [les nationalistes] ? J'en suis pas certain. » Rocheleau peste de même : « C'était quand même pas à nous-autres de partir, on venait de remporter une victoire absolument écrasante ! »

Pas si vite ! Le rapport qu'ils viennent d'adopter et celui que le premier ministre va maintenant décrire, en direct et en couleurs, n'est pas tout à fait le même. « Mon objectif, expliquera Bourassa, c'était de mettre en relief les changements qui avaient été apportés dans la journée de samedi et qui étaient passés inaperçus. » Certains changements étaient cependant « passés inaperçus » pour une bonne raison. L'amendement 56, dernier du cahier, proposé par des nationalistes contre la volonté de la Commission jeunesse, reprenait le débat de « la réforme à prendre ou à laisser », et voulait faire en sorte que le congrès déclare la réforme proposée : « complète, finale et non négociable. » Dumont et Bissonnette considéraient que ce détail était déjà réglé. À 22 h 30 le samedi soir, après sept heures de débats, alors que la salle se vide, le nationaliste ayant proposé l'amendement 56 décide de le retirer, à la grande joie de Mario Dumont. Il n'a donc même pas été voté.

Le dimanche après-midi, Bourassa utilise cet exemple comme s'il s'agissait d'un point central de la discussion de la veille. « On avait retiré l'amendement disant que c'était à prendre ou à laisser, alors j'ai mis ça en relief, raconte Bourassa. J'ai dit : "Écoutez, là, le rapport a pas été adopté tel quel." » C'est une figure de style. Les militants du parti fédéraliste du Québec ont plutôt passé la journée à repousser 48 tentatives de canadianisation du rapport le plus autonomiste jamais adopté par le PLQ.

Bourassa n'en a cure. Mieux encore qu'à La Pocatière, il présente les changements minimes, et le retrait de l'amendement 56, comme les joyaux du rapport Allaire. Ses organes vitaux. Le Parlement commun, le droit de taxation qu'il a lui-même fait introduire dans le texte en janvier en sont le cœur et le cerveau. Loin d'expliquer l'anatomie du rapport, il en fait l'autopsie. Le draine, le dépèce, l'éviscère. Il le tripatouille, c'est sûr. Mais surtout, il l'étripaille. Quand il a fini, il est méconnaissable.

Puis il frappe encore. Encore plus fort. Comme à son habitude, il avait lu son texte, à l'avance, à son public privilégié : Jean-Claude Rivest. Son conseiller comptait beaucoup sur le congrès et le rapport Allaire pour donner un électrochoc au Canada anglais. À son avis, l'opinion publique canadienne-anglaise n'« avait manifestement pas compris » que Meech n'était pas « un échec constitutionnel comme y'en avait eu 50 000 dans l'histoire et que c'était pas banal. Dans ce sens-là, c'est important de faire quelque chose. » Exemple ? « Le rapport Allaire, c'est exactement dans cette ligne-là. »

À cause de la crise Ryan, Rivest a approuvé le changement de ton apporté au discours de clôture du congrès. Mais Bourassa fait exprès de ne pas lui lire la phrase-clé, celle qui fera la manchette, et que Rivest découvre avec effroi, de son siège de commentateur à CKAC : « Il nous faut, comme premier choix, développer le Québec à l'intérieur du Canada, dans une structure fédérale. »

Structure fédérale ? Premier choix ? Rivest veut bien que Bourassa y croie. Il ne veut pas qu'il le dise. Il voit déjà les manchettes canadiennes du lendemain. (*Canada First Choice of Liberals, Bourassa says,* titrera effectivement le *Globe and Mail*.) Adieu l'électrochoc ! On en est réduit à l'électrolyse, sur un ou deux poils irritants tout au plus. « Il me l'a pas lu avant, dit-il. Il a dénaturé » le congrès. « J'avoue que j'étais un peu inquiet après le congrès, explique Rivest un mois plus tard. Dans le fond, Bourassa est terriblement déroutant. »

La situation est complexe, et Bourassa est le premier responsable de cette complexité. Pour son conseiller Rivest, qui ne croit pas un instant au rapport Allaire, il était important de faire peur au Canada anglais pour préparer le terrain pour une vraie réforme du Canada. Et son chef vient de briser cet élan.

Les nationalistes et les Allairiens savent aussi que le rapport Allaire est un document tronqué, absurde, dénaturé par les interventions de Bourassa. Mais ils n'ont d'autre choix que d'en faire leur programme, car il comporte toujours la clause-clé: en cas d'échec de la réforme, le Parti libéral proposera la souveraineté.

Dans son discours de clôture, Robert Bourassa dit une partie de la vérité, mais pas toute la vérité.

Il dit: «Il nous faut, comme premier choix, développer le Québec à l'intérieur du Canada, dans une structure fédérale.»

Comme premier choix. S'il disait la vérité, il ajouterait que c'est son seul choix. Du coup, la situation se simplifierait totalement. On serait dans la clarté. Mais il ne le fait pas. Et c'est cette ambiguïté du «premier» choix, qui en suppose un second, qui continue à conduire le Parti libéral, et tout le Québec derrière lui, dans un Absurdistan politique.

CEUX QUI SAVENT :
LES PREMIERS MINISTRES FRANK MCKENNA ET BOB RAE

Pendant que la vague souverainiste monte au Québec, à l'automne 1990 et à l'hiver 1991, alors que les déclarations de Bourassa, de son ministre Rémillard, de ministres et de députés semblent dangereusement glisser vers la souveraineté, les premiers ministres du reste du Canada demandent à leur ami Robert ce qui se passe.

Le premier ministre du Nouveau-Brunswick, Frank McKenna, résume ainsi leurs conversations :

McKenna : *Il devait tenir deux facteurs en équilibre. Premièrement, il devait garder sa crédibilité au Canada anglais, s'il voulait atteindre ses objectifs de réforme pour le Québec. Deuxièmement, il devait apaiser les forces les plus nationalistes au Québec. Et je pense que l'histoire soulignera que sa réaction fut extrêmement habile. Comme il me l'a dit un jour :* One has to permit a period to allow the blood to boil. *(Il faut laisser au sang le temps de bouillir.)*

En Ontario, David Peterson ayant perdu le pouvoir au cours de septembre, c'est son successeur néo-démocrate, Bob Rae, qui va aux nouvelles chez Bourassa :

Rae : *C'est allé beaucoup plus loin qu'il ne le voulait, pour parler franchement. Pendant plusieurs de nos discussions, j'essayais de lui dire : « Robert, si tu crois à une solution fédérale – et je sais qu'il y croit – et que tu préfères une solution fédérale, la stratégie que tu as de créer une position de* *négociation plus forte* [pour le Québec] *ne marchera pas au Canada anglais. Il faut en trouver une autre. »* […]

Mais il fallait qu'il laisse la vague souverainiste aller et venir, presque comme une marée. M. Bourassa sentait par exemple qu'il ne pouvait revenir à la table de négociation tout de suite, car il se ferait démolir par ses critiques. […]

L'auteur : *Est-ce qu'il utilisait des phrases comme « il faut attendre le retour du balancier » ou « il faut laisser au sang le temps de bouillir » ou « la situation intérieure doit se calmer d'abord » ?*

Rae : *Oui, il voulait attendre que l'opinion, qui était assez extrême, finisse par se pacifier.* […] *Il ne m'a jamais donné une indication que sa préférence, à quelque moment que ce soit, était autre chose qu'une solution canadienne.*

L'auteur : *Même si la nouvelle tentative de réforme constitutionnelle ne marchait pas ?*

Rae : *Tout à fait. Il était d'ailleurs très sceptique quant aux chances de succès des nouvelles négociations.*

LES ADMIRATEURS

Peterson, Rae, Getty, McKenna, tous les autres, vantent « l'extraordinaire talent » de Bourassa, sa « très grande habileté politique », le décrivent comme un véritable « homme d'État » dont ils sont « admiratifs ». La suite du récit montrera ce qu'ils pensent des stratégies de Bourassa à leur endroit, dans la négociation canadienne qui s'ouvre. Et le lecteur constatera qu'aucun de ces qualificatifs ne pourra s'appliquer à ce nouveau rôle. Ils s'appliquent cependant à merveille à la stratégie de Bourassa envers son propre peuple.

« Nous avons toujours compris que M. Bourassa tentait de ramener l'ordre dans une situation très chaotique », dit par exemple McKenna, du Nouveau-Brunswick.

« La situation interne ? » demande l'auteur.

« Oui, c'est ça. »

Chacun chez soi, Rae, McKenna, Getty et compagnie pensent qu'eux-mêmes n'auraient jamais pu réussir un tel coup. « *To some extent, he is held in some awe* », dit Bob Rae (*awe* : une crainte révérencielle, le plus grand respect). Ils sont les spectateurs privilégiés du drame.

Comme tous les autres spectateurs, ils ont leur ticket, car c'est le seul cirque en ville. Mais contrairement à tous les autres, ils ont le programme en main. Et c'est bouche bée qu'ils observent le funambule dans son numéro jusqu'ici le plus difficile, le plus périlleux. Pantois, admiratifs mais dubitatifs, ils s'interrogent : Arrivera-t-il à tromper suffisamment de Québécois suffisamment longtemps ? Est-il assez crédible, sont-ils assez crédules, pour que le mensonge tienne le coup ?

BÉLANGER, CAMPEAU ET LES AUTRES...

Photo: *La Presse Canadienne* / Jacques Boissinot

«Considérant la nécessité de redéfinir le statut politique du Québec...»

Une commission, extraordinaire à plus d'un titre, est créée. Comme si toutes les vedettes du *Téléjournal* emménageaient dans le même appartement.

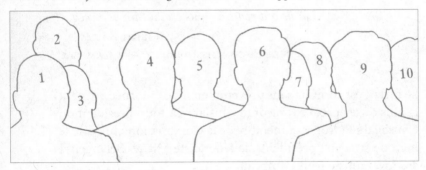

1. Jacques Parizeau
2. Henri-Paul Rousseau, secrétaire de la Commission
3. Gérald Larose, de la CSN, *whip* des non-alignés
4. Michel Bélanger, coprésident
5. Lucien Bouchard, chef des non-alignés
6. Jean Campeau, coprésident
7. Jacques Léonard, péquiste orthodoxe
8. André Ouellet, fédéraliste orthodoxe
9. Robert Bourassa
10. Robert Libman, chef du Parti égalité, membre honoraire

9.
LE PIÉGEUR

« *M. Parizeau, vous connaissez
M. Bourassa depuis longtemps.* […]
Vous ne craignez aucun piège, de sa part ? »
« *Dans l'état actuel des choses ? Non, vraiment.* »
JACQUES PARIZEAU,
AU DÉBUT DE LA COMMISSION BÉLANGER-CAMPEAU

Là, ils ont réalisé qu'ils étaient un peu piégés.
ROBERT BOURASSA,
À LA FIN DE LA COMMISSION BÉLANGER-CAMPEAU

Le forfait est commis sans prévenir, en fin de journée. « Ce fut la plus dure épreuve », raconte Ghislain Dufour, président du Conseil du Patronat et membre de la Commission qui porte le nom de ses deux présidents, le fédéraliste Michel Bélanger et le souverainiste Jean Campeau.

Ils sont chargés de dessiner « l'avenir politique et constitutionnel du Québec » et sont assis autour d'une grande table, dans une pièce un peu trop petite pour le groupe et à l'acoustique déficiente, au domaine Maizerets, habitation seigneuriale sise en bordure de Québec. C'est le lieu des discussions à huis clos de la commission. Elles se déroulent, pour un tiers, avant le congrès libéral du 9 mars et, pour l'essentiel, dans les semaines subséquentes.

Ce 19 février 1991, les coprésidents annoncent qu'ils ont une proposition à déposer. Jean Campeau en explique les attendus, puis passe la parole à Michel Bélanger. Il faudrait, explique-t-il, que les Québécois soient appelés à voter par référendum sur le principe de la souveraineté, dès cette année, en septembre 1991. Mais cette souveraineté ne serait mise en vigueur que deux ans plus tard, le temps de réaliser les études et préparations nécessaires. Si, dans l'intervalle, des offres de refonte du fédéralisme étaient formulées par le Canada anglais, et que le Québec les considérait satisfaisantes, l'Assemblée nationale pourrait alors les accepter et conserver le lien canadien.

LE « COUPERET SUR LA GORGE »

La proposition emprunte son constat de base à l'ensemble des témoignages entendus pendant les audiences de la commission à l'automne, et au discours de Bourassa du 23 juin : le système canadien est bloqué, il ne bougera pas tout seul. Elle tire son délai – septembre 1991 – des opinions exprimées dans de nombreux mémoires et de nombreux sondages.

Elle décalque son dispositif des témoignages de quatre experts entendus en décembre et en janvier :

1) Léon Dion, politologue et épisodique conseiller de Bourassa et de Rémillard, qui a prédit que le Canada ne bougera pas à moins qu'on lui mette « le couperet sur la gorge » (tout le monde le citera dorénavant de travers, mais sans trahir le sens de ses paroles, en disant : « le couteau sous la gorge ») ;

2) Claude Castonguay, sénateur fédéral et ancien ministre libéral québécois, qui a évoqué l'utilité du délai de deux ans avant qu'une menace de souveraineté soit mise à exécution ;

3) Louis Bernard, bras droit de René Lévesque, puis conseiller de Bourassa à Meech, qui a évoqué le concept de « vote souverainiste suspensif » ;

4) Claude Morin, qui a démontré à huis clos, à l'aide d'un graphique assez convaincant, l'impossibilité de la réforme constitutionnelle canadienne.

Bélanger explique en entrevue :

Si on réduit ça à sa plus simple expression, c'est qu'il y a des gens qui sont pour la souveraineté tout de suite, presque dans un esprit religieux – soit dit avec juste le degré de méchanceté qu'il faut – et d'autres qui étaient pas nécessairement pour la souveraineté, mais qui disaient que si le Canada anglais veut rien comprendre, ça va finir par arriver. Alors l'idée de la proposition était de mettre ça sur la table : puisque ça peut finir par ça, faudrait peut-être prendre conscience de ce que ça implique, et donc il faudrait commencer par demander [par référendum] si c'est ça qu'on veut. Ensuite, si c'est bien ça qu'on veut, on pourra décider si on veut ça quoi qu'il arrive, ou seulement en dernier ressort.

Quelles que soient les constructions logiques du coprésident, il reste qu'il franchit d'un coup deux lignes interdites : 1) il veut que le gouvernement Bourassa invite les Québécois à se prononcer pour le principe de la souveraineté ; 2) il veut qu'il le fasse dès 1991.

« On était un peu beaucoup fourrés », explique Jean-Claude Rivest, qui note que Bélanger n'avait pas émis « un son » avant-coureur. « Je trouvais qu'il y avait trop de risques », raconte Rivest, qui comprend mal pourquoi son coprésident franchit aussi allègrement les tabous de Bourassa. « Tout à coup, les gens l'auraient prise ! Le PM aurait pas été d'accord avec ça ! »

« Tout le monde regardait Michel Bélanger en se disant : "Comment a-t-il pu se rendre là ?" » commente le président du Mouvement Desjardins et commissaire, Claude Béland, qui en est aussi ravi qu'étonné.

Les fédéralistes de la commission, surtout, se sentent trompés, trahis par leur chef, celui qui devait défendre le fédéralisme à la coprésidence. « On a dit ça s'peut pas, ça. […] Pour nous autres, les gens des affaires – moi, Michel Bélanger, je le connaissais comme président de la Banque Nationale, c'est ma banque –, Bélanger était un fédéraliste inconditionnel, » dit l'un d'entre eux, Marcel Beaudry.

On ne peut pas parler de « conversion » de Michel Bélanger. Le mot « cheminement » s'applique un peu mieux. Le mot exact est « voyage ». Bélanger est allé au Canada anglais, a rencontré ses collègues directeurs de conseils d'administration. Il a parlé avec eux. Il a vu le mur. Il raconte :

> *Dans la période qui a précédé de quelques semaines le mois de juin 1990, avant l'effoirement de Meech, à l'occasion de dîners, de rencontres au Canada anglais, certaines gens que je connaissais et d'autres que je connaissais peu, me semblaient n'avoir aucune espèce de conception de ce dont il était question.*

> *Ma perception a été renforcée aussi par une émission du réseau anglais de Radio-Canada dans les jours qui ont suivi la débandade du mois de juin. Il y avait à l'écran un bon fermier du Manitoba, qui n'était pas un méchant gars, mais qui disait : « Bon, le Québec, il en demande toujours. Mais de toute façon, ils s'en iront pas. » Et ça, ça me semblait refléter la vision de bien des gens.*

L'objectif de Bélanger n'est donc nullement la souveraineté en soi. Son objectif est de briser le carcan constitutionnel imposé par Trudeau et Chrétien. Mais ses amis du grand capital canadien, comme son bon fermier du Manitoba, ne sont pas disposés à l'aider dans la tâche de dégeler le texte fondamental, pour revenir à l'idéal pré-1981, et ne prennent pas au sérieux la menace souverainiste. Voilà ce à quoi il veut remédier. Voilà pourquoi il faut voter d'abord pour la souveraineté, advienne que pourra.

Comme les autres Québécois, Bélanger a entendu les discours de Bourassa, il analyse la situation politique, il ne voit aucun feu rouge, ne reçoit aucune consigne. Il conclut que l'avenir est ouvert. Il tombe, à sa façon, logique, dans le camp du rêve. Comme les allairiens, Bélanger se pense véritablement investi du mandat de crever l'abcès, de conduire les Québécois à une vraie décision.

LA BÉVUE STRATÉGIQUE DE JACQUES PARIZEAU

Parizeau, membre de la commission, est content. Les événements se déroulent comme si le PQ en était le maître d'œuvre. Des audiences prosouverainistes, une commission divisée mais dont la part du lion est souverainiste, que demander de mieux? La victoire péquiste semble entière. Le pouvoir libéral a complètement perdu le contrôle de la commission. Il s'en pincerait. Il commet une bévue stratégique grave. Il lâche la proie pour l'ombre.

La proie, c'est la proposition des coprésidents. Parizeau devrait l'adopter telle quelle, s'asseoir dessus et ne plus bouger. En comptant les coprésidents et toute la famille souverainiste, elle réunit 18 commissaires sur 36. La moitié exactement. Pas mal, sachant qu'il est peu probable que les 18 opposants puissent rester unanimes sur une seconde et unique option.

En l'adoptant, le PQ se montrerait flexible – le délai suspensif de deux ans. Où est le risque? Si Parizeau-le-perspicace avait jugé que le Canada anglais serait trop inflexible pour adopter Meech, pourquoi craindrait-il que, les Québécois ayant voté le principe de la souveraineté, le Canada anglais produise une offre raisonnable? «Le choc» proposé par Bélanger et Campeau aurait assommé toute volonté conciliatrice au Canada – si tant est qu'il en existe une, ce qui est douteux – et aurait ouvert, non une autoroute, mais une voie royale vers la souveraineté.

En la «prenant», le PQ aurait forcé Bourassa à jouer les empêcheurs de faire le consensus, que Bélanger lui-même avait imaginé. Depuis des mois, Parizeau se doute que Bourassa n'est pas sérieux lorsqu'il parle de souveraineté. Voici une occasion d'en faire la preuve.

Mais Parizeau laisse courir, le 20 février. Il campe sur son objectif de produire un rapport souverainiste de bout en bout, sans délai ni suspension. Les commissaires Lucien Bouchard, Claude Béland et le chef de la CSN Gérald Larose, eux, des souverainistes non-péquistes qui se font appeler les «non alignés», pestent contre cette partisanerie.

«La proposition des coprésidents a été mise sur une voie de garage à la satisfaction des deux partis [PQ et PLQ], raconte la commissaire péquiste Louise Harel. Mais quand on y repense vraiment, il aurait peut-être fallu la prendre au vol, la saisir.»

Presque un mois plus tard, le 14 mars, donc après le congrès libéral, les péquistes constatent leur gaffe, proposent de «faire un compromis» en acceptant la proposition des coprésidents. Trop tard : elle est morte. Elle ne reviendra plus. C'était le haut de la vague. Il faut maintenant gérer la décrue.

L'ÉDUCATION POLITIQUE DE JEAN-CLAUDE RIVEST

«Dans l'entourage de Bourassa, explique Mario Bertrand, Jean-Claude a toujours été plus fédéraliste. Il a toujours réussi à ménager, à guidouner comme il faut avec les péquistes, mais ça a toujours été un fédéraliste dans l'âme.» Sans doute. Et les positions que prend Rivest le jour et le lendemain de la mort de Meech montrent que malgré toutes les amitiés qu'il entretient avec les souverainistes, il a choisi le Canada.

Mais puisqu'il est à la fois conseiller constitutionnel et éclaireur de Bourassa, puisqu'il doit multiplier les missions aussi bien en terre fédérale qu'en espace souverainiste, il se met à construire, pièce par pièce, une stratégie qu'il veut gagnante pour le Québec, pour son parti, pour son chef.

Ayant vécu Meech de l'intérieur et dans ses moindres détails, il est conscient de l'énorme difficulté que représente une réforme de la fédération. Surtout qu'il place la barre assez haut. « Ma théorie c'est que, écoute, ça fait 25 ans que ce maudit problème-là existe, d'une façon très sérieuse, très profonde. Il faut que les Québécois sentent qu'y'a une vision, pis qu'y'a un changement, pis qu'y'a une compréhension fondamentale de leur différence [par le Canada]. » Il faut, ajoute-t-il, « pouvoir faire quelque chose de profond et d'important, sinon c'est cuit. »

Mais, depuis Meech, ses contacts avec les représentants fédéraux ne le rassurent nullement sur l'existence d'une nouvelle « ouverture d'esprit » que son patron affirme apercevoir à l'horizon.

Rivest en vient rapidement à la conclusion, comme les fédéralistes tels Castonguay, Dion, Bélanger et son ami souverainiste Louis Bernard, que le Canada a besoin d'un choc. Voilà pourquoi il comptait sur le rapport Allaire. Voilà pourquoi il veut que la Commission Bélanger-Campeau fasse monter les enchères. Un choc, sinon rien n'arrivera.

Comme les autres commissaires, il est à la recherche d'une combinaison gagnante, mais il en veut une qui respectera les desiderata de son patron. La proposition des coprésidents et toutes les variantes du « mandat de grève » (on vote pour la souveraineté, mais on ne la met en pratique que si les négos échouent) sont donc exclues.

Mais il retient des témoignages d'experts que la menace de la souveraineté doit faire partie du dispositif.

Rivest ne franchira jamais, comme Fernand Lalonde, Pierre Bibeau, Jean Allaire ou Pierre Anctil, La Ligne de la souveraineté comme premier choix, ou comme point de passage obligé. Il restera toujours, avec son patron, du côté « fédéralisme-premier choix ». Mais il ne semble pas avoir (encore) intégré que, pour Bourassa, le fédéralisme est le seul choix.

À l'automne de 1990 puis à l'hiver de 1991, il bascule, comme Bélanger, dans le camp du rêve. Dans le camp du : une vraie dernière chance mais, en cas d'échec, on part !

Cette conversion, de la part d'un des deux plus proches confidents de Robert Bourassa, est significative. Parce qu'il y croit, il contamine les autres.

Il n'irait pas dans le camp du rêve s'il n'était pas convaincu que son patron lui-même envisageait de l'y retrouver. Car s'il juge Bourassa «terriblement déroutant», il s'est fixé une ligne de conduite qui lui évite généralement des ulcères : «Moi, mon rôle puis ma façon, c'est ben simple, je travaille pour Robert Bourassa, point. Je connais comment il fonctionne, puis ma théorie, c'est simplement de lui réserver sa marge de manœuvre puis d'aplanir les bosses.»

C'est ce qu'il fait, à la commission. Mais comme aplanir la plus grosse bosse consiste à trouver une formule qui dégagera à son patron une bonne marge de pouvoir dans la future négociation, dans la future dernière chance à donner au Canada, il va trouver la meilleure façon de la lui donner : la menace d'un référendum sur la souveraineté.

Il a personnellement évolué sur ce thème, plus que son patron. Il l'indique dans un entretien d'avril 1991 :

L'auteur : *Tu te considères plus nationaliste que lui ou plus fédéraliste ?*

Rivest : *Moi ? Plus ! Moi, j'aurais pas de drame à évoluer dans la souveraineté.*

Rivest a été désigné par Bourassa pour donner un coup de pouce au Bloc québécois et à son ami Jean Lapierre. Plus encore que Bourassa, Rivest voit l'utilité du Bloc comme garde-fou contre des offres trop molles du fédéral. Pour qu'un projet fédéral faible «se fasse planter par Lucien, il faut que Lucien existe» explique Rivest. Il faut donc l'aider. «Sans ça, on n'aura rien, explique-t-il. Donc, on va y aller en souveraineté, ce qui n'est pas notre premier choix. Tout ça, ça faisait partie de la même *game* ».

Politiquement, et socialement, Rivest garde régulièrement le contact. Si Parizeau et Bouchard sont des alliés, Rivest et Bouchard deviennent des amis. « Rivest, lui, avait l'air d'un gars qui s'en allait vers la souveraineté à ce moment-là », dit Bouchard. « Il ne l'écartait pas, et il nous donnait à entendre que dans le Parti libéral, il y en avait qui croyaient que c'était assez, là, puis qu'il fallait que l'aile nationaliste prenne le contrôle, s'affirme plus, puis tasse Ryan et les autres », raconte Bouchard.

« Ça venait de Lapierre en particulier – il était plus ouvert avec Lapierre – tsé? "Ryan puis sa gang en mènent trop large". Moi j'avais l'impression, puis Rivest me le confirmait tout le temps, qu'ils pourraient aller jusqu'à la souveraineté. […] Il était vraiment très ferme. Il disait : " S'il le faut, on va la faire." C'était clair son message à lui. »

Il tient le même discours avec les fédéralistes. « C'est lui qui nous faisait le plus peur », avoue par exemple Ghislain Dufour.

L'auteur : *Est-ce qu'il disait que s'il n'y avait pas de bonnes offres, il était prêt à y aller à la souveraineté ?*

Dufour : *Oui, c'est vrai qu'il nous a dit ça, dans des rencontres de restaurant. Je pense qu'il nous a toujours dit, Jean-Claude, que le fait de parler de référendum sur la souveraineté, pour lui, n'était pas négatif, que ça pouvait forcer le fédéral à faire des offres acceptables.*

L'auteur : *Mais Jean-Claude disait : « Si à la fin ça ne marche pas, on exécutera la menace », alors que M. Bourassa n'a jamais dit ça ?*

Dufour: *C'est vrai, c'est vrai cette distinction-là, très claire, entre M. Bourassa et Jean-Claude.*

Lorsque survient la proposition des coprésidents, Rivest sait cependant qu'il doit tout faire pour épargner à son patron la tenue d'un référendum en 1991. « On voulait éviter que le ciel nous tombe sur la tête », dit-il. Et puisqu'il veut que la commission débouche sur un rapport majoritaire auquel le gouvernement va s'associer, il doit jeter du lest aux souverainistes.

Quelques jours après l'ajournement du 20 février, le groupe dirigé par Bouchard est prêt à bouger sur la date du référendum. Rivest et Gil Rémillard remettent en secret aux coprésidents une nouvelle proposition. Rivest en résume les éléments : « Un référendum sur la souveraineté, mais en 1992, et deux commissions parlementaires, une sur les offres fédérales [espérées], une sur la souveraineté. »

L'absolue nouveauté de la proposition Rivest, c'est que le gouvernement y propose de tenir le référendum que Bourassa tente, publiquement, d'écarter. Il n'y a de consensus avec Bouchard et compagnie qu'à ce prix. « Ce qu'ils voulaient, explique Rivest, c'était des garanties qu'il va y avoir un référendum sur la souveraineté », et sur rien d'autre. Rivest est prêt à céder sur ce point, car, tactiquement, il est parfaitement d'accord avec eux.

L'axe Rivest-Bouchard en faveur de cette proposition met Jacques Parizeau et les péquistes en minorité. De guerre lasse, et après des débats déchirants, ils acceptent de s'y rallier. L'entente est à portée de la main. La certitude de la tenue d'un référendum sur la souveraineté en 1992 est leur trophée.

CAUSE TOUJOURS MON LAPIN !

« Quand la partie va très bien, moi, j'ai l'impression qu'il y a quelque chose qui ne marche pas, explique Michel Bélanger, le technocrate le plus espiègle que le Québec ait enfanté. J'ai l'impression que ça ne peut pas être vrai, qu'il y a quelqu'un qui n'a pas compris ou qui va se réveiller trop tard ou qui se prépare à tirer le tapis quelque part. »

Au matin du mercredi 20 mars, chacun a l'impression que presque tout est réglé. À Maizerets, le texte de la résolution est déposé. Tout y est : une loi qui prévoit un référendum – un seul – sur la souveraineté, aussi tôt qu'en juin 1992, mais pas plus tard qu'en octobre 1992 ; dans l'intervalle, deux commissions, l'une examinant les modalités d'accès à la souveraineté, l'autre étudiant des offres « liant les gouvernements » du reste du Canada ; en cas de victoire du Oui au référendum, une souveraineté, version René Lévesque, sera proclamée un an plus tard, jour pour jour. « On avait l'impression qu'on avait la fin de semaine pour attacher ça, dit Bélanger, et que le lundi, la dernière séance, ce serait la consécration. »

Les journalistes questionnent surtout Gil Rémillard sur cette grande et bonne nouvelle du jour. Alors c'est vrai ? Il y a un accord ? Votre gouvernement va tenir un référendum sur la souveraineté quoi qu'il arrive ?

Pas du tout, fait Rémillard, où êtes-vous allés chercher ça ? « Sur ces offres, la loi référendaire est toujours là, il existe une loi générale qu'il ne s'agit pas de répéter. » Qu'est-ce ? Pour tenir son référendum en 1980, René Lévesque avait fait adopter la *Loi sur les consultations populaires*. Elle est toujours en vigueur. On peut toujours l'utiliser.

Pardon ? Le ministre explicite, évoque la possibilité de tenir un référendum sur des offres avant un éventuel référendum sur la souveraineté, à moins que ce dernier ne soit rendu caduc par le premier, enfin voyez-vous, je m'y perds.

Le journaliste de *La Presse*, Denis Lessard, ne s'y perd pas du tout, et résume avec limpidité, dans son article du lendemain, la situation : « Autrement dit, le référendum sur la souveraineté n'est qu'hypothétique et le seul référendum dont il n'est pas question dans la proposition est celui dont on peut pratiquement être assuré.»

Quelqu'un entend Rémillard livrer ainsi le pot aux roses devant les micros. Une fois la séance reprise, à l'intérieur, derrière les portes closes, un péquiste demande au ministre de répéter ce qu'il vient de dire en public, question de vérifier si on a bien compris.

Rémillard s'exécute, au propre et au figuré. Selon le souvenir de Ghislain Dufour, le ministre ne faisait pas dans la dentelle. «Rémillard leur a dit carrément: "C'est ça que ça voulait dire. Vous devriez le savoir, puis si vous le savez pas que la *Loi sur les consultations populaires* est là, ben crime, vous avez un problème!"»

Ghislain Dufour, que Bourassa avait préalablement informé de cette petite surprise, n'est pas fâché que le secret soit éventé mais il confirme que plusieurs, autour de la table, sont estomaqués. Maintenant que le ministre vend la mèche, la colère va se déverser sur le stratagème.

Gérald Larose prend le crachoir. «Tout le monde se sent absolument trahi, raconte-t-il. Jamais dans tous les débats qu'on avait menés à huis clos, en privé, en public, il n'a été question de tenir deux référendums, un qui serait le vœu de la commission et un qui serait le vœu du gouvernement en vertu de la loi actuelle.»

Bouchard, le mieux informé de tous, harangue aussi Rémillard. «Le diable a pris, se souvient-il, parce que ça, il fallait pas le dire, tu comprends? [...] On savait bien qu'ils pouvaient faire un référendum sur les offres à n'importe quel temps, mais on comptait qu'ils n'auraient pas le temps. On savait que c'était théoriquement possible, mais de le rappeler bêtement comme il l'a fait d'une façon presque provocatrice... Là je me rappelle, j'ai fait une grosse scène et ça a fini dans le bordel, la réunion.»

Rivest observe la scène avec désolation. Tout son édifice s'écroule devant lui, à cause de ce bavard de Rémillard.

Mais Rémillard a rendu service à la commission. Il a dit la vérité. Parizeau a compris le message. «On s'est fait rouler!» Son séjour dans le camp du rêve s'arrête abruptement, après une vingtaine d'heures tout au plus. Le message du ministre, il le résume ainsi: «Il a dit: "Cause toujours, mon lapin!"»

UN CHÂTEAU DE SABLE QUI RÉSISTE À L'ORAGE

Normalement, à ce point du jeu, l'édifice construit par Rivest et Bouchard devrait s'écrouler. Les non-alignés n'ont pas de garantie que le gouvernement va respecter ses engagements envers eux. Ils ont plutôt la garantie du contraire, puisque le ministre responsable a fait de la recommandation un paillasson. Rageurs, trompés, les non-alignés campent pourtant sur leur position. L'édifice tient.

Que reste-t-il? La foi:

«Nous, explique Gérald Larose, on plaidait quand même, même si on avait des indices troublants, on comptait quand même sur l'honneur et les engagements qu'un premier ministre et que les ministres peuvent prendre. On est pas spontanément des gens qui voulons systématiquement remettre en question la bonne foi des gens.»

Que reste-t-il? Le calcul:

«Personne s'imaginait qu'on pouvait faire confiance à Bourassa», affirme pour sa part Lucien Bouchard. «Mais nous, on voulait régler. Nous, on pensait que pas régler, c'était un désastre.» Lui et ses collègues calculent que, munis de la résolution telle que formulée: «On pouvait gagner la guerre des communications» contre Bourassa. Il s'agirait de prétendre, malgré les déclarations de Rémillard, qu'un seul référendum sur la souveraineté est prévu dans le rapport. Donc de forcer Bourassa, via l'opinion publique, à respecter les recommandations.

Que reste-t-il? L'espoir:

«Dans notre for intérieur, on se disait: "Il n'y en aura pas, d'offres." On venait de sortir de Meech et on se disait: "Quelles sortes d'offres ils peuvent faire, qui seraient meilleures que Meech?"» dit Claude Béland. «On savait bien qu'à Ottawa, ils auraient pas le temps de se virer de bord», renchérit Bouchard, qui en conclut que, courant 1992, «ça pourra plus négocier, ça va être la souveraineté».

Que reste-t-il? L'allié:

Malgré tous ses trucs, Rivest continue de croire et de dire que la stratégie du couperet sur la gorge va fonctionner. Il s'est éreinté à élargir la marge de manœuvre de son patron, mais il juge toujours que Bourassa n'a d'autre choix que de respecter, dans ses grandes lignes, le dispositif de la recommandation, jusqu'à et y compris la menace de souveraineté. Sinon, répète-t-il, Bourassa signe son arrêt de mort électorale, quand sera venue la fin de son mandat. Rivest-le-confident-du-chef le pense vraiment, il le dit avec conviction, et les non-alignés le croient.

LA BÉVUE STRATÉGIQUE DE LUCIEN BOUCHARD

C'est ici qu'ils commettent leur bévue stratégique. Enfermés dans la stratégie Rivest-Bouchard qui les pousse à faire pression sur le PQ, ils ne voient pas qu'à ce stade, ils auraient beaucoup plus à gagner à faire l'inverse. C'est du moins l'analyse qu'en fait… Jean-Claude Rivest, le conseiller constitutionnel de Bourassa, un mois plus tard.

L'auteur: *Qui aurait mieux survécu à l'absence de consensus?*

Rivest : *Si y'avait pas eu de consensus à Bélanger-Campeau, à mon avis ça aurait été dangereux parce qu'on* [le gouvernement] *aurait été isolé. Parizeau aurait été avec ses 60 %* [de souverainistes dans l'électorat]*, Lucien pis les centrales syndicales auraient emboîté tout naturellement le pas. Ce sont des souverainistes de conviction, je vois pas pourquoi ils auraient changé de bord.* [...] *L'opinion publique est évidemment sceptique sur nous, la souveraineté, les négociations. Donc, le Parti libéral, en participant à ça* [le consensus]*, s'accrédite, participe à cette démarche-là.*

Rivest explique qu'en s'associant au rapport, le gouvernement « ne se dissocie pas de la thèse de la souveraineté » archipopulaire dans l'opinion. En un sens, le gouvernement continue à « sortir avec » la souveraineté, sans l'épouser, sans même se fiancer avec elle. Il continue à poursuivre ses propres objectifs, sans donner l'impression de rompre avec le sentiment populaire. Bref, il gagne la guerre des communications.

Si Bouchard, Larose et Béland avaient menacé Rivest de le laisser tomber, deux choses auraient donc pu se produire : 1) Bourassa aurait jeté plus de lest, de peur du « danger » de l'isolement, et aurait pu être plus fermement « contraint » d'aller vers la souveraineté ou ; 2) Bourassa n'aurait pas signé, se démasquant ainsi au moins partiellement, ce qui aurait clarifié les lignes de démarcation au sein de l'opinion et du PLQ, et aurait levé le brouillard créé à dessein par le premier ministre. Ce qui aurait permis, donc, un débat plus net.

Mais l'erreur stratégique de Bouchard et de ses alliés oblige le PQ à se ranger aussi.

Depuis l'automne 1990, Parizeau n'est plus du nombre des croyants. Son scepticisme croît de mois en mois. Mais il se sent bien seul.

J'ai été très, très impressionné de voir à quel point un grand nombre étaient convaincus que Bourassa allait faire la souveraineté. Et ça, peut-être davantage dans le public que je rencontrais que dans la classe politique. On rencontrait des gens sur la rue et, étant donné le poste que j'occupe, c'est clair que j'étais visé par beaucoup de ces remarques : « Vous qui avez passé votre vie à vouloir la souveraineté du Québec, comment vous allez prendre ça que Bourassa la fasse ? » C'est drôle, on se demandait d'où ça venait. Ça s'est répandu comme une traînée de poudre. [...] Je sais pas comment, par quel truchement de combinaison de déclarations publiques, de rumeurs souterraines ou de choses comme ça, comment il a réussi à répandre ça à ce point dans le public. Mais ça, c'est de la belle ouvrage ! [...] C'est du beau boulot ! C'est du beau travail ! J'aime ça, l'ouvrage bien fait !

Acculé au pied du mur, Parizeau résiste longtemps. Un conseiller lui propose d'exprimer ses réserves dans un addendum en fin de rapport. De mettre donc un astérisque sur sa signature.

« Astérisque, astérisque ? répond-il, je ne suis pas Obélix, tout de même ! » Mais il finit par s'y plier et sa technique sera imitée par plusieurs autres commissaires.

LA QUESTION DE LA SIGNATURE

Le rapport de la Commission ne doit pas être seulement voté, mais également signé. La feuille, avec les espaces blancs, les lignes et les noms, est prête. Plusieurs commissaires non alignés décident qu'ils ne signeront pas avant que Robert Bourassa ait lui-même apposé sa signature. Il est à Québec. Rivest lui parle au téléphone toutes les cinq minutes. C'est facile à organiser. Qu'il se commette d'abord.

Ah ! mais voilà, il hésite. Il s'est ménagé une porte de sortie : la *Loi sur les consultations populaires*. Et pourtant, il hésite. Il préférerait ne pas signer du tout. Tant qu'à y être. Deux mois plus tôt, le problème s'était posé pour le rapport Allaire. Bourassa était membre d'office du comité. Il avait convaincu Anctil et Allaire de faire sauter la cérémonie, jusqu'alors prévue, de signature du rapport. Le texte fut plus simplement adopté par consensus. Robert Bourassa a donc évité de laisser une trace écrite de son adhésion à ce document encombrant.

Il ne peut faire abolir de même, cette fois-ci, la cérémonie. Mais il voudrait au moins se soustraire, personnellement, à la chose. Il pourrait s'en laver complètement les mains, puis traiter le rapport comme un machin de plus, écrit par d'autres, voté par d'autres, signé par d'autres, destiné, pourrait-il feindre, à d'autres.

Mais les non-alignés insistent. «Si Bourassa signe pas le premier, déclare Béland, on signera pas!» Lucien Bouchard insiste aussi pour voir ce paraphe. «On a exigé. Puis moi, je me rappelle d'avoir dit [au secrétaire de la commission, Henri-Paul] Rousseau: "Tu vas aller chercher sa signature", puis on sacrait, "on veut sa signature".»

Ça va mal.

Il est presque minuit. Les travaux sont interrompus pour cause de non-signature du premier ministre. Quelqu'un (Rivest?) a une idée. Se faire pondre, séance tenante, par un juriste du gouvernement, un avis juridique. Un avis qui prouve que la signature du premier ministre, écrite de sa main, devant le secrétaire de la Commission sur l'avenir politique et constitutionnel du Québec, ne l'engage à rien. Un avis qui rassure le chef du gouvernement. Qui lui dit: Mec, ta signature ne vaut rien. C'est du toc. Du vide. Du vent.

Cet avis est dressé, il existe, en cette nuit du 25 au 26 mars 1991. Bourassa en prend connaissance. Content de se savoir insignifiant, il accepte de signer.

Robert Bourassa atteint à cet instant le degré zéro de l'éthique. Cette nuit, il suspend la dignité de sa tâche, il l'efface, il la nie, il se déclare inexistant. C'est indicible.

UNE SIGNATURE, UNE LOI

Mais il y a les mots, et il y a les textes. Il y a aussi la loi, que Bourassa présentera dans quelques semaines et qui reprendra presque mot pour mot les recommandations, et pour laquelle il votera.

Dans le monde politique normal, les textes, les lois, les signatures valent ce qu'ils valent. Ils sont l'expression de la volonté et de l'engagement. Les textes sont clairs, forts, précis. Donc, on note.

Les recommandations, comme la loi, numérotée 150, réaffirment l'engagement n° 2 :

Engagement n° 2 :
Obligation de résultat / Nécessité de redéfinir
le statut politique du Québec.

D'ailleurs, dans son allocution de clôture et dans des entrevues, Robert Bourassa répétera que le rapport impose une « obligation de résultat ». Il y a beaucoup de nouveau, dans les recommandations et dans la loi. Au premier chef, la tenue, sans nuance ni condition inscrite au texte, d'un référendum :

Engagement n° 4 :
Tenue d'un référendum sur la souveraineté du Québec,
au plus tard le 26 octobre 1992.

Bourassa signe et vote, aussi, une phrase qui l'engage à ne soumettre à l'Assemblée des offres fédérales que si elles « lient » le reste du Canada.

Engagement n° 5 :
Seule une offre liant formellement le gouvernement du
Canada et les provinces pourra être examinée.

On a beaucoup parlé du dispositif implicite. Mais il y a le dispositif explicite, dans la conclusion du rapport. Mieux encore, Bourassa en fait état, noir sur blanc, dans l'addendum qu'il ajoute au rapport et qui n'engage que lui et Rémillard.

Pas de compromis, de demi-teintes ou d'esquive : c'est lui et son ministre délégué qui parlent :

> *Deux avenues doivent être considérées parallèlement dans les discussions et les décisions qui seront prises touchant l'avenir politique et constitutionnel du Québec : un réaménagement en profondeur du système fédéral actuel ou la souveraineté du Québec. Les autres solutions ne sauraient répondre aux besoins et aux aspirations de la société québécoise.* [...] *Le gouvernement dont nous faisons partie accepte volontiers ce principe d'action.*

Bref :

Engagement n° 6 :
Réforme en profondeur, sinon souveraineté.

LA VICTOIRE DU PIÉGEUR

Pour l'essentiel, Bourassa remporte cette manche. Les doigts croisés dans le dos, il signe un document auquel il ne croit pas, mais oblige toute la famille souverainiste à signer.

Jean-Claude Rivest est ravi du résultat. Après quelques alertes chaudes, il a obtenu ce qu'il voulait. L'année, d'abord. « Imagine-toi le travail qu'on a eu pour porter ça en 1992, dit-il. Et là, non seulement en juin 1992, mais en automne ! Moi, je suis content de ma démarche. »

De sa stratégie aussi. Car il n'aurait jamais été capable de produire ce consensus tout seul. « Lucien, il a fait exactement ce qu'il fallait qu'il fasse. C'est-à-dire que s'il n'y a pas [uniquement] la souveraineté dans les conclusions, si on n'a pas de référendum en 1991, ben une chance que je l'ai eu, [Bouchard] hein ? »

« Moi, j'aurais pas parlé au PQ, dit Rivest, j'aurais pas convaincu le PQ de faire ça ! » D'autant que « le fait d'avoir le PQ avec nous, en termes de message, c'est mieux ».

Certes, Bouchard est sincèrement convaincu que la «dernière chance» est vouée à l'échec, que le risque n'est ni beau ni élevé. Mais hier, la souveraineté était seule au monticule, dans le match politique. Aujourd'hui, grâce à lui, elle est reléguée au rang de lanceur de relève, pendant que Bourassa et sa réforme en profondeur tiennent la balle bien en main.

Rivest a tout compris, tout calculé : «On a réussi à ce que Bélanger-Campeau ne conclue pas à la souveraineté, mais à ce que la commission dégage des voies qui la mettent très possible et qui la crédibilisent et qui l'élaborent.» Il faut non seulement que le gouvernement «sorte avec» la souveraineté, mais que celle-ci soit jolie, crédible, pour que la menace du divorce soit réelle et que la jalousie suscitée chez la partenaire canadienne provoque chez elle un mécanisme de défense : une nouvelle offensive de charme. De bonnes offres.

Tout ce que Rivest veut maintenant, c'est que Bourassa ne casse pas sa baraque. Qu'il use du consensus comme d'un gourdin face au Canada anglais : «Je voulais pas qu'il dénature mon Bélanger-Campeau comme il avait dénaturé le congrès».

CELUI QUI SAIT : BRIAN MULRONEY

L'hélicoptère du gouvernement fédéral s'est posé non loin de la résidence d'été du premier ministre canadien. Le chalet cossu surplombe un lac que les anglophones appellent Harrington, que les francophones appellent Mousseau. Robert Bourassa a quitté l'engin et vient saluer son hôte. Ou devrait-on dire son vieux complice ? En ce jour de juin 1991, Brian et Robert se rencontrent incognito. Ce n'est ni la première ni la dernière fois.

C'est une visite de courtoisie entre vacanciers. Pendant quelques heures, ils discutent de tout et de rien, mais surtout de l'année qui vient de s'écouler. Une année terrible. Ils ont l'air de deux guerriers qui comparent leurs cicatrices avant de retourner au front.

Mulroney est maintenant le premier ministre le plus détesté de l'histoire du Canada. Des rumeurs annoncent sa démission. « Écoute, lui dit Robert, si t'es pas là, rien ne va fonctionner ! » Mulroney est au courant. Sa coalition souffre des divisions qui déchirent le pays. Les membres québécois de son caucus lui doivent leur élection et lui gardent leur estime. Mais rien ne garantit qu'ils seraient encore du voyage avec un nouveau leader. Le sénateur et ancien ministre Lowell Murray a d'ailleurs avisé Mulroney que s'il part, « la désintégration de ce parti et de ce gouvernement ne sera pas une question de mois ou de jours, mais d'heures ».

La question québécoise n'est pas seule en cause, mais elle cause une douleur lancinante, qui s'ajoute aux autres, plus ponctuelles. En juin 1990, la mort de Meech a mis Mulroney dans une humeur massacrante. Cet échec ne finira jamais de le ronger.

Mulroney figure parmi « ceux qui savent » que Robert Bourassa est un fédéraliste qui ne remettra jamais en cause le lien canadien. Les deux hommes se connaissent suffisamment et se parlent assez régulièrement pour que ce soit indubitable. Brian et Robert ne se parlent pas tous les jours. Mais il n'est pas inhabituel qu'ils se parlent quatre fois dans une journée. Tous les deux mois, environ, quand Mulroney doit se rendre à Montréal, il s'arrange pour arriver la veille de son engagement officiel et va souper avec Robert. Le plus souvent, ils cassent la croûte en tête-à-tête. Ni vu ni connu. Aucun autre premier ministre provincial n'a droit à ce traitement de faveur.

Des membres de son entourage ou des politiciens anglophones s'interrogent devant Mulroney sur les vraies intentions de Bourassa. Et si c'était un souverainiste de cœur ? Et s'il décidait, contraint et forcé, de suivre le courant ? « Jamais, jamais », leur répond Mulroney, sans nuance. On lui demande un jour de chiffrer, de 0 à 10, la possibilité que le Québec quitte le Canada après l'échec de Meech. Mulroney répond : « *None*, zéro. »

« Je ne savais pas toujours où Bourassa s'en allait, dira-t-il encore, mais je savais toujours où ça allait se terminer », c'est-à-dire dans la fédération canadienne.

« ROBERT, ÇA A PAS DE CRISSE DE BON SENS ! »

Au bout du fil, l'ami Brian va de colère en colère. Cela commence cinq mois plus tôt, en janvier 1991, lorsque Brian lit sa copie du rapport Allaire, qui réclame 22 pouvoirs exclusifs pour le Québec dans un Canada redéfini, sinon c'est la souveraineté. Le premier ministre canadien est intarissable : « C'est un document profondément médiocre ! Complètement inacceptable ! Aucun premier ministre du Canada ne peut accepter ça! Ça a été écrit par un fonctionnaire de Laval [Allaire] qui a perdu le Nord!»

«Oui, mais, répond Robert, c'est mieux que c'était!» Essentiellement d'accord avec l'évaluation qu'en fait Mulroney, Bourassa tente tout de même de lui expliquer que la version d'origine du rapport était encore plus radicale. C'était: souveraineté d'abord, négociation ensuite.

«Robert, oublie ça, *it is never going to happen*! [ça ne se réalisera jamais]», reprend Mulroney qui, en privé, passe souvent du français à l'anglais, choisissant dans les deux langues l'expression qui porte le plus. «Je préfère de beaucoup, poursuit-il, que les Québécois soient appelés à voter pour l'indépendance que de négocier ça.»

Mulroney pense l'affaire enterrée jusqu'à ce qu'il suive au petit écran le déroulement du congrès libéral québécois de mars 1991. Le vendredi soir, il entend le discours d'ouverture où Bourassa affirme que «la modération a été rejetée, le moment est historique» et déclare que «le *statu quo* est la pire solution pour le Québec».

«Qu'est-ce que c'est que cette folie, est-ce que tu as entendu ça?» tonne Mulroney à l'adresse de son conseiller québécois, Michel Roy, dont on reparlera. «Ce n'est que la deuxième période, attends la fin de la partie», répond Roy pour le calmer. Le lendemain, Mulroney écoute les débats télévisés du congrès. Il voit le rapport Allaire adopté dans l'enthousiasme et les amendements fédéralistes de Claude Ryan écrasés avec la délicatesse du rouleau compresseur. Fulminant, il assiste au départ de Claude Ryan du congrès et à sa menace de démission. Il empoigne le téléphone.

«Robert, ça a pas de crisse de bon sens!»

Mulroney a rarement été d'aussi mauvais poil.

«C'est une disgrâce, dit-il encore, maniant l'anglicisme. C'est un des moments de plus grande disgrâce politique de l'histoire du Québec! C'est disgracieux que ce grand homme [Ryan] du Québec et du Canada soit rabroué par des jeunes hors de contrôle», s'indigne-t-il, parlant de la Commission jeunesse et de son nouveau président, Mario Dumont.

«Il faut absolument qu'il y ait des interventions immédiates, non seulement pour M. Ryan, mais pour votre parti!»

«Je vais m'en occuper», l'assure Robert, qui s'y astreint effectivement mais qui avait rarement entendu, par le passé, Mulroney dire du bien de Claude Ryan. Aujourd'hui, Brian l'encense et l'appelle directement pour partager avec lui son courroux et sa répulsion.

Mais deux semaines ne se sont pas écoulées que la soupe déborde encore, cette fois dans les chaudrons de la Commission Bélanger-Campeau.

«Robert…»

Brian ne comprend absolument pas la stratégie «consensuelle» menée par Robert à la commission. Consensus? Avec qui? Les séparatistes? «C'est la chose la plus bête et la plus politiquement stupide que j'aie vue de ma vie! lui dit-il. Vous présumez de la bonne foi des séparatistes. Moi, je présume qu'ils veulent la destruction du Canada.»

LE PLQ ET LE SYNDROME DE STOCKHOLM

Mulroney vitupère contre le projet de résolution qui parle «d'appels d'offres» de réforme constitutionnelle de la part du Canada. Une expression qu'il juge «répugnante et quétaine».

À un confident, il dit penser que les membres libéraux de la commission ont été victimes «du syndrome de Stockholm» selon lequel les otages finissent par adopter les vues de leurs kidnappeurs. Il juge la commission «paquetée pas mal, *off the rails*». Quant au *label* de «non-alignés», attribué aux souverainistes non péquistes, il lui rappelle toujours Fidel Castro, prosoviétique et membre du «Mouvement des non-alignés».

Mulroney ne prise guère le rapport final de la commission. Et moins encore la loi 150 qui en découle et qui prévoit un référendum sur la souveraineté avant octobre 1992, même si Bourassa et Rivest expliquent qu'ils vont passer outre.

De ces conversations, il faut retenir deux choses. D'abord, Brian Mulroney sous-estime gravement la force de la vague souverainiste en 1990-1991, à l'extérieur comme à l'intérieur du Parti libéral du Québec. Il ne saisit donc pas la complexité des manœuvres que Robert Bourassa doit accomplir pour dire une chose et faire son contraire, pour entraver le courant prédominant dans l'opinion publique tout en feignant de l'accompagner.

Mais il y a plus. Mulroney est devenu impopulaire en menant ses batailles de front, en terrain découvert : libre-échange, TPS, Meech. Le cynisme dont Bourassa fait preuve dans son combat antisouverainiste le laisse donc perplexe. À sa place, Brian aurait multiplié les professions de foi fédéraliste, déclaré la guerre aux séparatistes, expulsé de son parti les fauteurs de troubles. Mulroney ressemble en cela à Jacques Parizeau, qui parle à cette époque du « terrible désir de revenir aux choses claires ».

Au bord du lac Harrington, en juin 1991, le premier ministre canadien déverse encore son incompréhension sur son convive.

Robert, lui dit-il, comment se fait-il que tu laisses quelqu'un comme Mario Dumont prendre tellement d'ampleur dans ton parti, alors que de toute évidence il est indépendantiste ? Moi, je ne permettrais jamais une chose pareille !

Bourassa tente de faire son éducation quant aux rapports de force existant au sein du PLQ, reflets des courants de la société québécoise. Il lui explique que, s'il s'y prend mal, une majorité du parti pourrait – hypothèse noire – opter pour la souveraineté. Mulroney ne veut rien entendre :

Si le PLQ faisait ça, affirme-t-il, il y aurait un autre Parti libéral fédéraliste qui serait créé. Car tant que le fleuve Saint-Laurent coulera dans le même sens au Québec, il y aura des Québécois qui veulent être Canadiens.

Bourassa et Mulroney débattent, entre fédéralistes, de stratégie fédéraliste. Ils savent que le rapport Allaire ne sera jamais appliqué. Ils savent par conséquent que le *statu quo* n'est pas la pire solution pour le Québec.

10.
LE BRADEUR

Il manquait de couilles.
Je lui en ai donné.

MARCEL MASSE, MINISTRE FÉDÉRAL
REVENANT DE VOIR ROBERT BOURASSA

Joe Clark ne comprend absolument pas ce qui vient de se passer. C'est imprévu, incongru, déroutant. Ce 3 juin 1991, il sort de sa première rencontre en tête-à-tête avec le premier ministre du Québec. La discussion a été «valable», dit-il. Bourassa s'est montré «flexible», ajoute-t-il. Le français de Joe Clark n'est pas impeccable. À la blague, il raconte parfois l'avoir appris de John Diefenbaker, qui le massacrait au point que John F. Kennedy s'en est un jour moqué en public. Mais il maîtrise suffisamment le français pour sentir que les mots «valable» et «flexible» ne résument en rien la rencontre qu'il vient d'avoir. Cherche-t-il la traduction du mot «*weird*»?

Depuis cinq semaines qu'il a été «conscrit» – c'est son terme – ministre responsable des Affaires constitutionnelles, donc chargé de sauver le Canada, Clark a vécu plusieurs rencontres désagréables.

Mais il avait gardé l'étape québécoise pour la fin de son tour de piste. Tous les autres, qu'il a vus et entendus, menacent de se fâcher s'ils n'obtiennent pas gain de cause : un Sénat réformé pour l'Ouest, des gouvernements autonomes pour les autochtones, une charte des droits sociaux pour l'Ontario. Mais, bon, on en a vu, des colères, et on en reverra. À Québec, ils ne parlent pas de se fâcher. Ils parlent de décamper. C'est plus grave. Et leurs demandes ont la fâcheuse habitude d'aller en sens contraire de celles des autres provinces. En plus, ils boudent. Bourassa a promis de ne plus «jamais» revenir à une table de négociation à 11. Ça ne facilite pas la tâche.

Joe Clark ne veut pas arriver à Québec les mains vides. Officiellement, tout le monde affirme qu'il n'y a pas de négociations entre Ottawa et Québec. Mais voilà, il faut bien se parler et tester des idées entre nous, non? Pas la peine de s'embarquer dans des batailles épuisantes pour se rendre compte ensuite qu'on a conquis la mauvaise colline, escaladé le mauvais rempart.

Qu'est-ce qu'ils veulent, ces Québécois? La société distincte? Bon, mais qu'est-ce que c'est? La culture, bien sûr, mais la langue, surtout. Car Tocqueville a raison: «Le lien du langage est peut-être le plus fort et le plus durable qui puisse unir les hommes.» Les unir, et les diviser. Car la langue française pose aussi un problème dans l'ouest du pays, où on trouve qu'il y en a trop. Au Québec, on trouve qu'il n'y en a pas assez. Au centre, Ottawa est la cible des tirs croisés. Ces positions sont-elles conciliables? Joe Clark, comme le chef de cabinet du premier ministre Brian Mulroney, Norman Spector, pense que oui.

Spector manifeste une telle ouverture d'esprit qu'il propose de donner aux provinces la responsabilité en matière linguistique pour tout ce qui ne touche pas directement les institutions fédérales. Il a pour allié Michel Roy, devenu en février conseiller constitutionnel de Brian Mulroney. Journaliste émérite, ex-éditorialiste au *Devoir*, Roy est un des fédéralistes les plus intelligents de la province, dans la filiation des André Laurendeau et des Claude Ryan, dont il est toujours l'ami.

Observant la vague de fond qui déferle sur sa province, il comprend que le Québec ne peut être retenu dans la fédération, que le Canada ne peut être sauvé qu'au prix d'une véritable réforme en profondeur. Jamais Roy n'aurait signé le rapport Allaire – un « document médiocre », pense-t-il – il le dit à Bourassa qui acquiesce. Mais il ne se serait pas trop fait tirer l'oreille pour signer le rapport Bélanger-Campeau.

Lorsqu'il a répondu à l'appel de Mulroney, il a fait le tour de la situation avec le premier fonctionnaire de l'État, Paul Tellier. Ce dernier copilote, avec Clark, la nouvelle tentative de réforme du Canada. Roy s'est informé de l'ambition de cette initiative : « Je lui ai dit que cette fois-ci, je m'attendais qu'on ne jouerait plus sur des petites propositions mineures, parce que nous savions que ça ne donnerait aucun résultat et qu'il fallait vraiment aller au cœur de la question. »

« Et comment ! lui a répondu Tellier. Là, c'est la grande affaire ! »

ENFIN : TOUS LES POUVOIRS SUR LA LANGUE !

« Grande affaire » ? Michel Roy en voit une passer, en mai : la proposition de Spector sur la langue. La volonté de maîtriser les pouvoirs linguistiques est au cœur de la question du Québec depuis que Wolfe a eu la peau de Montcalm. On retrouve ce vœu, dit-il, « parmi les fameuses revendications traditionnelles du Québec ; c'est là en rouge, en vert, en bleu depuis 25 ans, 30 ans, 40 ans ». Pas besoin de remonter si loin. Robert Bourassa s'est toujours fait le champion de la « souveraineté culturelle ».

La langue, c'est un des pouvoirs revendiqués dans le rapport Allaire. Pas besoin même de fouiller dans les textes partisans. Le ministre québécois Claude Ryan a prononcé un discours très clair à ce sujet – il a même intégré cette revendication dans sa réponse confidentielle au brouillon du rapport Allaire, en janvier 1991.

Plus récemment encore, des signaux en ce sens ont été émis par Québec. Michel Roy prépare donc une note, marquée SECRET, à l'endroit des ministres québécois et de Joe Clark, pour les mettre au parfum. On y lit :

Les récents contacts (préliminaires et informels) entre repré-
sentants de cette province et hauts fonctionnaires fédéraux
démontrent surabondamment que celle-ci insiste toujours
pour assumer en priorité la responsabilité de la politique
linguistique sur son territoire. [...]

M. Claude Ryan, dans un discours prononcé à Kingston le
8 décembre 1989, discours préalablement discuté et approuvé
au Conseil des ministres, et qui reflète par conséquent le
point de vue officiel de son gouvernement, déclarait que « le
Québec tient à être le maître d'œuvre de la politique linguis-
tique sur son territoire ».

M. Ryan ajoutait que [...] *« Dans ce domaine surtout, le*
Québec voudra toujours que son autorité soit la plus large
possible ».

S'appuyant sur la proposition Spector, Roy va plus loin et
suggère de modifier la constitution et la charte des droits dans
presque tous ses articles touchant la langue, pour conférer au
Québec et aux autres provinces l'entière liberté en matière linguistique, y compris « la compétence linguistique dans le domaine des entreprises réglementées à l'échelon fédéral ».

Clark sait que cette proposition sera difficile à vendre aux
francophones hors Québec. Il n'est pas certain que Brian
Mulroney y sera très favorable. Le premier ministre canadien
a cru en peu de dogmes pendant sa carrière, mais rien ne lui
tient plus à cœur que la protection des droits linguistiques. Il
s'en est fait le défenseur depuis l'adolescence, dans un Parti
conservateur qui n'en était pas, à l'origine, très entiché. Mais
en plus de répondre à une revendication québécoise, la proposition pourrait être bien perçue dans l'Ouest, qui y verrait une
augmentation de ses pouvoirs en matière linguistique.

Pour Clark, la proposition Spector-Roy permettrait de lancer la nouvelle négociation constitutionnelle avec éclat. Clark
pourrait au moins montrer à Robert Bourassa qu'il considère

la chose avec ouverture d'esprit. Convaincu, Clark est donc « tout content » de s'amener à Québec avec une si jolie carotte.

Pauvre Clark! Le 3 juin, à Québec, ce n'est pas l'érection, c'est la débandade. Robert Bourassa raconte :

> *Quand j'ai rencontré M. Clark […] on a parlé de la langue. Je lui ai dit que je ne voulais pas la prendre. Un moment donné c'était dans l'air qu'on augmente les pouvoirs des provinces sur la langue. Pour plaire à l'Ouest. Moi, j'ai dit que nous, on avait la clause nonobstant [dans la charte des droits], puis on avait les francophones hors Québec, nous, on peut pas les laisser tomber complètement. […]*

> *J'ai opté pour le statu quo.*

> *Moi, je trouve qu'avec l'état actuel, la clause nonobstant et la loi 178, on a quand même suffisamment de pouvoir, la langue de travail, tout ça.*

La relation qu'en fait Clark, dans un mémo écrit à son retour, puis de vive voix à Roy, est conforme à celle de Bourassa, quoique plus sentie, dans le choix des mots. Roy raconte :

> *J'ai vu Clark qui m'a dit : « Bourassa n'en veut pas. » Et puis, le* bottom line *pour lui c'est « écoutez, j'ai trop de problèmes [c'est Bourassa qui parle à Clark] j'ai assez de problèmes avec la langue au Québec, je vais pas m'embarquer dans cette perspective-là, bon ». Donc, c'était pour des raisons immédiates de contexte politique.*

Le ministre fédéral des Affaires constitutionnelles revient de Québec « un peu étonné, légèrement déçu » de constater que « le premier demandeur historique refusait la balle », résume Roy. Que le chef du gouvernement québécois refuse de prendre en charge le pouvoir fédéral d'inspection des viandes bovines ou la gestion informatisée des stocks de morue au large de la Gaspésie, on veut bien. Mais la langue ? Si le premier ministre du Québec, chef du parti ayant adopté le rapport Allaire et signataire du rapport Bélanger-Campeau, ne veut pas plus de pouvoir sur la langue, fondement du caractère distinct du Québec et raison pour laquelle ni le gouvernement Lévesque ni le sien n'ont signé la constitution de 1982, alors qu'est-ce qui reste?

Lorsqu'on lui fait part de cette curieuse décision, Claude Ryan s'en dit très malheureux, mais suppose que si son chef lâche du lest là, c'est pour mieux tirer sur la corde ailleurs.

Le refus de Bourassa a un effet immédiat sur les discussions linguistiques au cabinet fédéral: «Après que Clark a vu Bourassa, raconte Roy qui participe à ces rencontres, ça s'est effondré, bien sûr. C'était un fait nouveau qui mettait fin au débat.» Bourassa ne dit pas autre chose: «Ça a donné un résultat; j'ai dit: voilà la position du Québec!»

Du Québec? Si Bourassa l'avait rendue publique ce jour-là, on pourrait le vérifier. Il aurait eu une belle révolte sur les bras. Mais il ne l'a pas fait.

Le Québec, personnifié par Bourassa, ajoute: «C'était le début du processus de négociation.»

La rencontre Clark-Bourassa est le premier contact officiel Ottawa-Québec dans la «ronde Canada» qui conduira, par étapes laborieuses, à un projet d'entente constitutionnelle. Elle donne le ton.

ENFIN, LA SOUVERAINETÉ CULTURELLE!

Au sein du cabinet fédéral, Marcel Masse, l'ancien ministre de la culture, désormais à la défense, se fait fort de mettre de la chair sur la future offre fédérale souhaitée par Québec.

Il sait qu'Ottawa dépense chaque année 250 millions de dollars au Québec en matière culturelle. En termes de culture de masse, ses interventions se font surtout à trois égards: Radio-Canada, le plus gros producteur d'émissions culturelles radio et télé au Québec; Téléfilm, principal organisme choisissant et subventionnant les films et productions télé québécoises; le CRTC (Conseil de la Radiodiffusion et des Télécommunications Canadiennes), qui attribue les licences d'exploitation des postes de radio et de télé, leur imposant des normes et des paramètres quant au format et au contenu.

Dans la mesure où un gouvernement a la capacité de modeler la culture populaire, ces trois organismes donnent à Ottawa le pouvoir de le faire, en orientant les décisions et les priorités des industries culturelles.

Masse, bien sûr, affirme que si aucun pouvoir n'est offert au Québec sur ces trois institutions canadiennes, la notion de société distincte est une coquille vide.

Mais jusqu'où doit-il aller dans sa tâche de ministre québécois à Ottawa? Rien de mieux que de prendre ses conseils directement de l'inventeur du concept de « souveraineté culturelle », Robert Bourassa lui-même.

À Québec, le midi du 3 juillet 1991, dans une salle du bunker, il expose ses idées à son ami Robert, qu'il connaît depuis le milieu des années 60, lorsqu'ils étaient tous les deux députés à l'Assemblée nationale:

Masse: *Écoute, nous on est ben prêts – parce qu'on est plus sensibles, c'est ben normal – à défendre les thèses du Québec, mais encore faudrait-il savoir quelles sont les fameuses thèses. Entre ce que* [les ministres] *Lawrence Cannon dit, ce que Liza Frulla dit, ce que le comité Allaire dit, ce que le rapport Bélanger-Campeau exprime... Je veux dire, nous, on voudrait t'être utiles, mais on sait pas où est-ce qu'on s'en va dans cette affaire-là.*

L'auteur: *Qu'est-ce qu'il répond?*

Masse: *Il répond pas, au fond. Je veux dire, il a jamais répondu. Moi, j'ai l'impression que Robert, il l'a jamais su, son objectif dans ce sens-là, tsé? Parce que c'est pas un idéologue* *qui est parti avec une feuille de papier pour dire: voici mon affaire. Il a toujours un peu flotté là-dedans. […] Moi, je veux bien respecter ce qu'il est, mais ça nous rend l'ouvrage pas mal plus difficile, pour se faire, entre guillemets, porte-parole. On n'est pas prisonniers de sa pensée non plus, mais on pourrait défendre un certain nombre de ses thèses. C'est difficile pour nous quand on les a pas, les maudites thèses.*

Masse a développé une autre approche pour rendre la chose plus facile à appuyer encore par Bourassa. Puisque, dans le fond, Bourassa ne s'intéresse pas aux affaires culturelles; puisque ses ministres sont divisés sur l'angle à adopter; et puisque, surtout, la culture est au cœur du concept de société distincte, pourquoi ne pas proposer que, dans tout et sur tout, Québec ait le bénéfice du doute? C'est-à-dire, pourquoi ne pas donner à l'Assemblée nationale la «prépondérance législative» en matière culturelle? En théorie, Québec aurait le droit de s'approprier tout le champ culturel s'il le désire, contenant et contenu. En pratique, il pourrait cependant décider de s'abstenir de toucher à Radio-Canada. Dans 10 ans, il pourrait changer d'avis.

Ce pouvoir serait à géométrie variable, mais c'est Québec qui définirait la géométrie. Toute? Toute! «On n'est pas distinct à temps partiel», dit Masse. Le basculement du pouvoir serait symboliquement très important – donc fort utile pour une «vente» de la réforme au Québec. On pourrait dire: «Culture? C'est aux Québécois de décider. Point final!» Dans la pratique, sous le règne de Bourassa en tout cas, la modification serait mineure.

Entre deux bouchées, ou entre deux enjambées sur le petit sentier artificiel aménagé sur le toit du bunker le 3 juillet – leur rencontre dure deux heures –, Masse expose cette théorie à Bourassa:

Masse: *C'est pas à nous autres à Ottawa, en fin de compte, de décider où est la zone grise en matière culturelle. Il appar-*

tient à l'*Assemblée nationale du Québec, élue démocrati- quement et représentant les intérêts profonds du Québec, de décider, à tort ou à raison, où la ligne se situe.* […]

L'auteur: *Vous lui avez suggéré de demander ça, donc?*

Masse: *Ouan.*

L'auteur: *Vous souvenez-vous d'être revenu un peu bre- douille?*

Masse: *Oui. Ben, comme tout le monde. Je vois pas pour- quoi je serais revenu différemment de tout le monde.*

Bourassa, comme il le fait toujours, lui a dit qu'il allait y penser, qu'il allait en parler, qu'il allait consulter. En fait, il n'allait en parler à personne, ni même à Rivest qui ne l'ap- prendra, de la bouche de Masse, qu'un an après. Plus tard, Masse dira de la position québécoise en matière de culture et de communications : « On l'a jamais su. On l'a jamais su. » Mais sur le coup, Masse est content de son effet et il annonce autour de lui, parlant de Bourassa : « Il manquait de couilles, je lui en ai donné ! »

ALORS, ON MET UN X LÀ-DESSUS

Parfois, dans les mois qui suivront, Marcel Masse et Michel Roy tenteront, chacun à leur manière, de ramener le sujet dans le débat. Si, dans une réforme du Canada, le Québec ne demande rien de clair sur la culture, refuse la langue, ne s'inté- resse pas aux communications, que reste-t-il ?

Sans promouvoir la notion de « prépondérance législative » sur la culture, Michel Roy continue en 1992 à fignoler des positions de compromis avec quelques mandarins. « On en a parlé trois ou quatre fois, dit-il, et finalement, les signaux venus du bureau de Bourassa ont été : " Bon, ben, ça nous intéresse pas, laissez faire ça ! " » Fermeture du dossier.

Un sujet d'actualité s'impose dans le débat sur la réforme : la santé. À Québec, le ministre de la santé, Marc-Yvan Côté, pense introduire un ticket modérateur, mais se heurte au cadre rigide de la loi canadienne sur la santé et au ministre fédéral Perrin Beatty qui menace Québec de pénalités financières s'il s'engage sur ce terrain.

Furieux, Gil Rémillard, réclame que le gouvernement fédéral « se retire de cette juridiction, en nous donnant bien sûr l'argent qui nous revient. On va arriver à ça [dans la réforme constitutionnelle], alors pourquoi le débat actuel, pourquoi avoir des pénalités, pourquoi développer ce genre de fédéralisme, pourquoi cet acharnement d'Ottawa à vouloir tout contrôler ? C'est ce genre de fédéralisme qui a créé les problèmes qu'on a présentement ! » Qu'Ottawa apprenne, dit-il encore, à « se mêler de ses affaires ».

Pendant l'été de 1991, le comité ministériel de Joe Clark se penche sur cette question. Les normes nationales de la santé constituent une vache sacrée fédérale, un symbole d'unité nationale. Au cabinet, on rechigne à accorder au Québec un accommodement qui pourrait être politiquement coûteux ailleurs au pays. Mais le pays est en danger. Le but du jeu est de préserver son unité. Donc, la « grande réforme » du Canada qu'on mijote dans les chaudrons fédéraux, et qui doit faire saliver les palais québécois, devra bien faire bouger quelques virgules dans la constitution, donc quelques fonctionnaires et ministres à Ottawa. Le domaine de la santé est un beau cas. Pour peu que Québec insiste.

Mais voilà, il n'insiste pas.

Roy : *À part Rémillard dans ses déclarations, personne n'a, de Québec, formulé une telle demande.*

L'auteur [l'entrevue se déroule à la fin de 1991] : *Rémillard, Côté et le rapport Allaire l'ont dit. Mais, pour vous, tant que Bourassa ne le dit pas, Québec ne l'a pas dit?*

Roy : *Évidemment. Évidemment. Qu'est-ce que tu veux? Quand Bourassa n'a pas entériné ou quand il te fait dire, même sans que tu en parles : « Surtout, messieurs, hein? pas de folies! » […] « Laissez faire la santé, il y a pas de problème au Québec avec cette affaire-là. » […] Alors, il aime mieux pas. Il a fait ses petits calculs. […]*

L'auteur : *Mais, la santé, ce n'est pas un champ symbolique important?* [Un de ceux qui, si Bourassa les obtenait, lui] *permettraient de faire baisser les intentions de vote souverainiste?*

Roy : *Exactement. T'as parfaitement raison. […] Alors, on met un X là-dessus. Bon, ben, je me dis, c'est parce que, dans l'espoir d'obtenir autre chose, peut-être ont-ils renoncé à ceci. Mais là, je cherchais le « autre chose » et je ne voyais toujours pas.*

Tout se passe comme si Bourassa gardait devant lui la liste de revendications du rapport Allaire et que chaque fois qu'un des pouvoirs réclamés lui est offert, il le refuse, pour pouvoir le rayer de la liste. Langue? Non. Santé? Non. Culture? Non. Communications? Non.

La langue, soupire Roy, « ça aurait dû, ça aurait pu marcher ».

TRAHIR LES FÉDÉRALISTES

Avec cette attitude, ce n'est plus le rêve souverainiste que Robert Bourassa torpille. C'est le rêve fédéraliste. Avec cette attitude, le premier ministre du Québec affirme à ses alliés d'Ottawa et, par ricochet, aux premiers ministres canadiens-anglais, qu'il n'est pas intéressé à une « réforme en profondeur » du fédéralisme. Il n'a pas d'appétit pour la langue ou la souveraineté culturelle.

Que veut-il, au fond ?

Il y a ce qu'il dit en public. Au début de juillet 1991, il donne une grande entrevue à Michel Vastel, du *Soleil*, dans laquelle il dévoile ses batteries. Bourassa parle, ici, pour publication. Il place la barre, en gros et en détail. En gros, d'abord, il explique que le Canada doit lui faire de bonnes offres pour lui permettre de s'extraire de son engagement légal de tenir un référendum sur la souveraineté.

Bourassa : *Le Canada anglais peut se dire : avec lui, si on lui donne quelque chose de raisonnable, qui satisfait fondamentalement les aspirations des Québécois, il va l'accepter et il va être capable de le faire accepter par les Québécois.*

Mais le corollaire de ça, c'est que s'ils ne nous offrent pas quelque chose d'important, de fondamental, comme une réforme en profondeur, je ne pourrai pas le faire accepter par le peuple québécois. Et là, c'est l'impasse.

Vastel : *Vous ne « pourrez » pas ou vous ne « voudrez » pas ?*

Bourassa : *Les deux. Vis-à-vis de l'histoire, je ne peux pas arriver et retourner avec des miettes.*

Voilà. Lui, Bourassa, peut être le vendeur d'une bonne marchandise canadienne. Mais eux, les Québécois, seront des acheteurs exigeants. On ne pourra leur balancer n'importe quelle camelote.

Comment définit-il la marchandise à livrer ? Il n'est bien sûr pas question de la liste d'Allaire qui est, dit-il, « une référence, en somme ». Mais « ça ne peut pas être marginal, ça ne peut pas être une réformette ». Puis il en donne une recette, en détail :

Ce que je demande, c'est la gestion de nos intérêts. Si on obtient la maîtrise d'œuvre totale dans le domaine social, le développement régional, le culturel, l'environnement. Bon, en acceptant des normes [canadiennes], *la main-d'œuvre. Ben là, on fait la souveraineté pourquoi?*

C'est la première fois que Bourassa est aussi précis. Voilà ce qu'il veut. Voilà une liste. Il pourra retrancher ici, ajouter là, mais il donne une idée de la masse critique qui l'intéresse. Il vaut donc la peine de noter ce critère, aussi net qu'il puisse l'être, et de l'ajouter à la liste des engagements que Robert Bourassa a pris publiquement depuis la mort de Meech:

Engagement n° 7:
La réforme doit être « fondamentale »,
« en profondeur », « pas une réformette ».

On note ce qu'il dit en public. Mais on sait aussi ce qu'il dit en privé, et qui est très différent.

En entrevue, le premier ministre ontarien Bob Rae résume l'état d'esprit de son ami Bourassa, dans la saison 1991-1992:

Il n'avait pas une très bonne idée de comment il en arriverait à une solution.

Parfois, il disait: « Pourquoi ne pourrions-nous pas tout simplement revenir à Meech? » Il disait ça quand on s'est mis à introduire de nouveaux sujets de discussion comme les autochtones et d'autres choses auxquelles on tenait [la charte sociale pour l'Ontario, le Sénat pour l'Ouest], *et qu'on croyait essentielles pour en arriver à une entente.*

Mais il revenait souvent avec ça en disant avec vraiment beaucoup de fermeté et aussi presque avec tristesse: « Pourquoi est-ce impossible de simplement revenir à Meech? »

La réponse à cette question était que Meech n'avait pas réussi et qu'on ne pouvait pas réécrire l'histoire.

Le dialogue est pathétique. Empêtré, dépassé par les événements, apeuré par l'échec qui se profile devant lui, Bourassa rêve de rebrousser chemin, pour revenir à un moment qui était déjà un échec. Si par miracle il était possible de signer à nouveau l'entente de Meech, l'opinion québécoise la rejetterait avec plus de force encore que l'opinion canadienne, pour des raisons diamétralement opposées.

Dans une des entrevues qu'il a accordées à l'auteur, Robert Bourassa est encore plus net, dans son propre récit de ces événements :

> *Je me suis rendu compte que les concessions ou les aménagements qu'on voulait obtenir, de l'ordre de Bélanger-Campeau, ça marchait pas dans l'Ouest. […] Finalement, on peut continuer à progresser dans le cadre* [canadien] *sans complètement restructurer le cadre.*

> *Donc le choix c'était, ou bien tomber dans l'inconnu avec un risque énorme d'isolement du Québec, ou bien aller chercher le maximum.*

> *Il fallait que les offres soient acceptables, donc il fallait qu'elles soient acceptables par les partenaires* [dans le ROC – Rest of Canada], *parce qu'autrement, ça donne quoi de les faire accepter au Québec si les partenaires disent non ?*

> *Donc, j'avais besoin d'un peu d'espace politique pour arriver à une solution qui soit acceptable à Vancouver et à Halifax.*

Bref, puisque le ROC refuse les demandes du Québec, il faut abaisser les demandes québécoises – en code : « l'espace » – à un niveau que les capitales anglophones trouveront acceptable. Voilà le nouveau critère : il faut se définir en fonction de ce que les voisins veulent. Le critère ne changera plus.

Le sabotage du dispositif que les fédéralistes québécois ont pensé confier à Robert Bourassa est complet. De Michel

Bélanger à Claude Ryan en passant par tous les ministres libéraux qui ont voté pour le rapport Allaire, les libéraux que
Bourassa envoie au Bloc québécois et les ministres québécois
de Brian Mulroney, tous ont approuvé la stratégie voulant que
le Québec mette le « couperet sur la gorge » du Canada. Autrement dit : qu'on fasse semblant de vouloir faire la souveraineté
si les offres ne sont pas suffisamment importantes. C'est la
stratégie Rivest.

On sait ce que Bourassa en a fait, dès le lendemain de
l'échec de Meech et du *Quoi qu'on dise...* Il a avisé tous les
destinataires potentiels de cette stratégie – le premier ministre
Mulroney et les premiers ministres des provinces – que c'était
un bluff. Il a donc pris sur lui d'anéantir l'efficacité du mécanisme.

Tout de même, les fédéralistes de bonne foi espèrent que
les négociations conduiront à des réformes importantes, au
premier chef sur les questions identitaires : langue, culture,
communications. Bourassa, dès l'ouverture des pourparlers,
canarde les bonnes volontés fédérales à ce sujet.

C'est tout le rêve de réforme de sa famille politique qu'il
enterre, sans prendre le soin d'en référer à qui que ce soit.

CEUX QUI RÊVENT : AVANT-DERNIÈRE STATION

Depuis 1967, Robert Bourassa rêve parfois d'un Québec présent dans le Canada « un peu comme la France dans la Communauté économique européenne ». Jamais il ne fera de ce rêve un programme. Jamais il ne se mettra à la tâche pour en faire une réalité. C'est une construction mentale, issue des débats qu'il avait, dans son sous-sol de la rue Britanny, à Ville Mont-Royal, avec son ami le député libéral René Lévesque. Avant la rupture.

C'est, en quelque sorte, un jumeau de Bourassa, que plusieurs rencontrent en privé et qui apparaît parfois, en public, pour de brèves et déroutantes performances. De loin en loin, Bourassa évoque ce rêve, l'appelant tantôt « superstructure », tantôt « union économique et politique ». Il entrevoit deux États, le Québec et le ROC, unis dans un Parlement commun.

Début février 1992, Bourassa est à Bruxelles. Les journalistes québécois qui sont du voyage attendent le clou de la visite : une confrontation entre Bourassa et des députés européens écologistes qui vont, pense-t-on, assaillir le premier ministre québécois de questions agressives sur le projet hydro-électrique de Grande-Baleine. Mais les députés européens se dégonflent et reçoivent Bourassa presque aussi gentiment que s'il s'agissait de Brigitte Bardot.

Les journalistes se rabattent donc sur leur sujet de prédilection, la constitution. Puisque Bourassa avait évoqué publiquement, avant Noël, la possibilité de poser deux questions au futur référendum, les journalistes tentent de lui faire préciser sa pensée.

« Ça a duré une demi-heure et finalement, se souvient Bourassa, j'ai dit : " J'en ai une, question ! " »

Un bijou bourassien :

Voulez-vous remplacer l'ordre constitutionnel existant par deux États souverains associés dans une union économique, laquelle union serait responsable à un Parlement élu au suffrage universel ?

La « question de Bruxelles » est née. La pose-t-il seulement pour dépanner les journalistes en mal de copie ? « C'était surtout que j'étais dans la capitale de la supranationalité », répond-il avec un sourire.

Mais puisqu'il en parle, il donne l'impression d'en parler sérieusement. « Juridiquement, il s'agit de voir si ce genre de question respecte la loi 150 », hasarde Bourassa. C'est une hypothèse parmi d'autres, dit-il encore aux journalistes. Évidemment, il ne s'agit pas de renier son « premier choix » : la réforme du fédéralisme. Mais en cas d'échec, dit-il, « on examinera le deuxième choix », qui pourrait être celui-là. Ou pas. Puis il a cette phrase : « C'est le peuple qui va décider. Vous connaissez ma fidélité à la souveraineté du peuple ? »

Bientôt, le téléphone sonne.

BRIAN, L'ANTI-BRUXELLES

« Robert… »

Brian Mulroney ne sait pas s'il faut prendre la dernière initiative de Bourassa au pied de la lettre. Il pense que c'est une stratégie qui vise les premiers ministres anglophones. Mais il ne prend pas de risque. « Je suppose que si le premier ministre du Canada avait dit au premier ministre du Québec : " Ça se discute ", il aurait continué dans ce sens, expliquera-t-il. C'est pour ça que je lui disais tout de suite : " *Forget it !* " [" Oublie ça ! "] »

«Ça fait pas sérieux, c'est inacceptable! Faut pas continuer dans une voie qui ne donne rien, lui dit-il. Je sais ce que tu veux dire, mais ça ne peut pas marcher, ça sera jamais accepté.»

Non seulement Mulroney ne prévoit pas que ça puisse fonctionner, mais il ne veut pas que ça fonctionne. Il se sent investi de la mission de «tirer la ligne immédiatement sur toute question qui pouvait miner la force de la fédération». Même lorsque Don Getty objecte qu'il ne faudrait pas «rejeter ça du revers de la main, M. Bourassa est un homme intelligent», Mulroney lui coupe l'oxygène: «*Don't waste your time!*» [«Ne perds pas ton temps!»]

L'Albertain se rendra d'ailleurs compte que Bourassa lui-même ne perd pas son temps avec ça, dans ses conversations téléphoniques ou ses rencontres avec ses homologues.

L'auteur: *A-t-il essayé de vous vendre cette option d'une façon ou d'une autre?*

Getty: *Non. Et ça n'a jamais été considéré comme une option sérieuse par un des gouvernements. Pas un instant.*

Même son de cloche chez Frank McKenna, du Nouveau-Brunswick: «Je me souviens de sa question [de Bruxelles], dit-il. Mais ce n'était qu'une autre de ses déclarations énigmatiques. Aucun d'entre nous ne savait ce que ça pouvait bien vouloir dire.»

Le ministre fédéral chargé de préparer des offres au Québec, Joe Clark, est de cette école. «Ce sont des choses qu'il a dites en passant», se contente-t-il de dire, sur l'air de: ne faites pas attention à ce que raconte ce trouble-fête. Il parle pour ne rien dire.

Clark a raison. À Bruxelles, les Québécois et les Canadiens sont en présence du jumeau de Britanny. L'homme est charmant et paraît audacieux, mais son existence est fugace, intermittente, sans prise sur la réalité.

« Je n'en ai pas parlé à mes collègues, je n'en ai pas parlé au parti », confie d'ailleurs Bourassa à l'auteur à propos de sa déclaration de Bruxelles. Ni à son chef de cabinet, le très fédéraliste John Parisella qui, n'étant pas du voyage bruxellois, est atterré par la nouvelle déclaration de son chef. Ni à ses homologues des autres provinces, précise encore Bourassa, qui dit n'avoir pas eu de conversation spécifique à ce sujet et avoir simplement constaté que « bon, c'est pas acceptable ». Sept jours après Bruxelles, le vrai Bourassa reprend d'ailleurs le dessus et pond à la sortie d'un caucus un autre bijou : « La meilleure voie pour atteindre la souveraineté, c'est le fédéralisme. »

LA SURDOSE

Lucien Bouchard et Bernard Landry sont attablés au restaurant le Saint-Malo, rue Saint-Denis à Montréal, le 6 février 1992, lorsqu'ils prennent connaissance de la « question de Bruxelles ». Bouchard et Landry font partie du club de ceux qui rêvent. Qui rêvent que Robert Bourassa « chemine vers la souveraineté ». Immédiatement, ils réagissent positivement à la nouvelle venue d'Europe. Immédiatement, ils conviennent de donner une même consigne à leurs bureaux respectifs : il faut traiter la déclaration de Bourassa comme un cadeau, pas comme un colis piégé.

C'est « l'effet Bruxelles ». L'effet ou, faudrait-il dire, « la dose » ?

Car Bouchard, Landry, les nationalistes au sein du Parti libéral du Québec et tous les membres du club de ceux qui rêvent sont en manque. Depuis plus d'un an et demi, ils se dopent, en toute bonne foi et malgré eux, avec une bien douce drogue : celle qui promet un voyage – sinueux, déroutant, semé d'embûches, certes –, mais un voyage qui conduit inexorablement, en octobre 1992, à un référendum sur la souveraineté, avec Robert Bourassa présidant le camp du Oui.

Lucien Bouchard résume cet état politique second :

On n'a jamais cru que Bourassa était devenu souverainiste dans les tripes. Mais on a cru qu'avec la bonne pression, puis l'occasion et l'herbe tendre et tout, que Bourassa pourrait faire à peu près n'importe quoi. C'est ça qu'on croyait.

Bouchard est particulièrement exposé au rêve. Le Bloc québécois étant une coalition formée de souverainistes péquistes, mais aussi de libéraux, les ponts sont ouverts entre ce groupe et le pouvoir québécois. Jean Lapierre, leader parlementaire bloquiste, est en contact direct avec le chef libéral. Mais après les revirements de Bourassa sur le rapport Allaire, puis sur le rapport Bélanger-Campeau, Lapierre hésite. Lui qui se sent « porteur du message libéral » au sein du Bloc, en face de députés « qui se faisaient flirter par le PQ », il a de plus en plus de mal à vendre sa salade. Les députés ont peine à suivre la trajectoire bourassienne. « T'as beau essayer de convaincre tes collègues que : "Écoutez, ça fait partie de la stratégie, on va s'enligner !", tout à coup, il me restait pas épais de glace, là ! »

Au printemps de 1991, il demande à rencontrer Bourassa. « Je veux savoir où on s'en va, dit-il. On sait plus si on avance ou on recule. »

« On va voir comment ça évolue », répond Bourassa, toujours sibyllin. « On attend les offres, il y a de l'espoir », Mulroney, Clark et compagnie nous les promettant bonnes.

Lapierre, ancien ministre libéral fédéral, croit rêver. Des offres ? Des bonnes ? « Ben voyons, rétorque-t-il, vous êtes fous ! Si vous les croyez, vous êtes malades ! Écoutez, espérez rien du tout. Sinon, vous allez vous ramasser avec rien. Vous allez être pognés ! »

Bourassa le calme : « Ben écoute, on attend, on verra. Mais la loi 150 est toujours là. »

Loi 150. Pour Lapierre, c'est la formule magique. Sans réforme, on part ! Dernier délai : octobre 1992. « C'était ça que je voulais entendre. Moi, mon scénario, c'était la loi 150. Mais, tsé, ça me donnait rien de le pousser plus que ça, c'est comme une anguille.»

Lapierre vient d'avoir sa dose. Il est bon pour presque un an. Il partage ce regain d'espoir avec son chef et ami Lucien Bouchard, qui a son propre pusher : Jean-Claude Rivest.

Lucien Bouchard : *On parlait à Rivest. Il sacrait après les fédéralistes : «Les baptêmes, ils nous prennent pour acquis, ils nous prennent pour des mous. Tu vas voir, ils vont en manger une maudite.» Il nous disait ça. «Pis Robert, ils vont comprendre que Robert va surprendre ben du monde!»*

Rivest campe toujours sur sa position : une réforme en profondeur comme premier choix, mais «s'il faut faire [la souveraineté], on va la faire», rapporte Bouchard. «Sans lier Bourassa, on sentait qu'il reflétait quelque chose de Bourassa dans ça.»

En entrevue avec l'auteur, à cette époque, Rivest tient exactement ce discours :

«Quand il va arriver ce paquet [de réformes] là, ça va probablement être ridicule et totalement inacceptable. Bourassa va dire : "Mautadit, catastrophe, j'suis pas capable!" J'suis pas inquiet qu'il va dire non. Si c'est pas acceptable il va dire non. Pis après, il se déterminera, il fera le référendum sur la souveraineté, à la façon dont il voudra, à sa manière…»

Mais bon, en décembre 1991, Bouchard a sa dose. Ce n'est qu'un échantillon. Le mois suivant, Bourassa reçoit, une nouvelle fois en privé, le leader parlementaire du Bloc québécois, Jean Lapierre.

Comme d'habitude, Lapierre veut savoir où s'en va le chef libéral.

«Jean, voici ma question», lui dit Bourassa, répétant par cœur une question inventée à l'Université Laval en 1979 : deux États souverains, union économique, Parlement commun élu au suffrage universel. Le premier ministre donne même la référence: «Tu veux le texte? Va voir le numéro de *L'actualité* de septembre 1990. Tu la veux ma question? La v'là. Jean, tu vas voir où je m'enligne.» C'est, mot pour mot, la future «question de Bruxelles».

Lapierre ne peut retenir sa joie: «Ah! ça, ce serait formidable!» De retour à Ottawa, il informe Bouchard: «Aye! Regarde, M. Bourassa s'enligne là-dessus. On est en business!» lui dit-il, «c'est la souveraineté-association», à quelques ajustements (majeurs) près. Lucien Bouchard opine: «Aye! Là, christie, ça se place!» Ce n'est encore qu'une information privée. Si seulement Bourassa pouvait l'annoncer publiquement...

Landry croise aussi Rivest, au hasard des tables rondes dans les émissions de télé ou de radio. «Jean-Claude nous consolidait aussi dans cette direction-là, rapporte Landry. Il nous disait: "Inquiétez-vous pas, ce que les Québécois veulent vraiment finit toujours par arriver et s'ils veulent la souveraineté, nous autres, ça nous empêche pas de dormir. Si c'est ça, on est des démocrates."»

Alors, conclut Landry, «il faisait rien pour nous détromper».

Maître du cynisme, Bourassa n'imagine probablement pas le succès de son opération de désinformation ni ne sait à quel point il fait «de la belle ouvrage». Ni à quelle profondeur il enfonce chaque fois des coins entre les deux leaders souverainistes, Bouchard et Parizeau, car ce dernier est complètement réfractaire aux sirènes bourassiennes.

Le succès de l'opération Intoxication du chef libéral repose entièrement sur la volonté qu'ont certains souverainistes de croire en lui. C'est un élément qu'il ne peut fabriquer, seulement alimenter. Il repose aussi sur un effet de désinformation en cascade. Jean-Claude Rivest, un croyant, déteint sur Jean Lapierre qui lui-même porte la bonne parole à Bouchard.

Semant le doute, Bourassa récolte le bénéfice du doute, précieuse denrée politique.

Avec la question de Bruxelles, il réussit magnifiquement sa moisson.

« Avec la question de Bruxelles, raconte Landry, Bourassa a tout à fait reconsolidé nos attentes. Il parlait de deux États souverains avec des structures [supranationales]. Mais, " des structures "… Cause toujours ! On était prêts à parler de structures tant qu'il voulait ! »

« Là, dit Lapierre, on était repartis. »

Pour trois mois seulement.

LES RENDEMENTS DÉCROISSANTS

Avec le printemps 1992, arrive cependant le dégel. Et Robert Bourassa commet l'erreur de dévoiler le fond de sa pensée à deux journalistes du quotidien *Le Monde* en avril.

> *Au moment où je vous parle, je crois qu'il y aura des offres du gouvernement d'Ottawa, proposant un renouvellement du fédéralisme canadien. Le référendum portera sur ces offres.*

Ah, voilà un peu de clarté : pas question donc de tenir de référendum sur la souveraineté, donc pas question d'appliquer le rapport de la Commission Bélanger-Campeau, qu'il a signé, et la loi 150, qu'il a voté. Il continue en précisant quel est le contenu souhaité de ces offres.

Il n'est plus question de Meech mais de « sa substance », ce qui peut vouloir dire n'importe quoi. Il n'est plus question de « réforme en profondeur », de recherche de « l'autonomie québécoise », de 22 pouvoirs exclusifs, ou de 14, ou 11, ou 5 ; il n'est question que de « fédéralisme plus efficace », terme vague à souhait. Pour le reste, les revendications des Canadiens anglais sont bienvenues, pour peu qu'elles n'imposent pas de recul au Québec.

Bref, aux journalistes du *Monde*, Bourassa dit ce qu'il répète en privé à l'Ontarien Bob Rae : « Pourquoi ne pourrions-nous pas tout simplement revenir à Meech?» À Meech, ou à «sa substance», c'est-à-dire un peu moins.

Pour Lapierre, c'est le signal. «Ça a été le moment où j'ai commencé à poser des questions. C'est là que c'est devenu très évident qu'il était pas question qu'il aille avec un référendum sur la souveraineté.» Il appelle Bibeau et Rivest, qui lui donnent finalement l'heure juste: «Les signaux que j'ai eus, c'était: "Oublie ça, il n'en est pas question!"»

Au téléphone, il dit à Bourassa être déçu de sa nouvelle trajectoire. Il quitte le Bloc québécois, fait son entrée dans l'industrie du commentariat. En entrevue, il dira du premier ministre: «Il nous a tous fourrés quand même. Il nous a tous menés en bateau!»

LA RÉÉDUCATION POLITIQUE DE JEAN-CLAUDE RIVEST

Lorsqu'il réfléchit sur la période libérale de 1991-1992, le chef de cabinet de Bourassa, John Parisella, parle d'une «certaine adolescence quasi souverainiste», due à un «faux calcul» effectué par les nationalistes: «Fondamentalement, ils considéraient le nationalisme québécois comme la valeur principale de leur engagement au Parti libéral. C'est ça leur erreur de fond.»

Ces égarés auraient dû comprendre, explique-t-il, que le nationalisme est certes «une valeur importante». Mais c'est parce qu'elle permet au PLQ de se «distinguer du Parti libéral du Canada», trudeauiste, de Jean Chrétien. Voilà tout. Une décoration, en somme. Un emballage. Mais ce n'est surtout pas une «valeur fondamentale». «Notre nationalisme peut refléter la fierté québécoise, peut porter un petit préjugé contre les Anglais, mais fondamentalement, c'est toujours secondaire.» L'essence du Parti libéral, selon lui, c'est «le libéralisme et le fédéralisme».

En fait, le caractère foncièrement non revendicateur de Parisella l'a parfois opposé à Jean-Claude Rivest qui, longtemps, a placé la barre plus haut. En entrevue, Rivest parle d'ailleurs des «bon-ententistes» qui ont «nuit» à la cause du Québec. Parisella renvoie la balle en suggérant que Rivest en a mené lui-même un peu trop large: «Jean-Claude, contrairement à ce que vous pensez dans les médias, c'est pas automatiquement Robert Bourassa. Sauf que moi, quand je parle, je dis que [Bourassa et moi], ce n'est pas toujours la même chose. Je fais cette nuance. Il y en a d'autres qui la font moins.»

Dans le grand travail de duperie des ministres, députés, militants, adversaires et électeurs de 1991-1992, le rôle de Parisella ne fut pas central. Celui de Rivest, par contre, fut plus important. Justement parce que ses interlocuteurs, comme Lucien Bouchard, Jean Lapierre, Bernard Landry, croyaient que Rivest reflétait la pensée de Bourassa, ils se sont laissé embarquer. Sans Rivest, pas de compromis à Bélanger-Campeau. Sans Rivest, pas de prolongement du rêve jusqu'au printemps 1992.

La force de conviction de Rivest a tenu au fait qu'il était lui-même, non seulement un rêveur, mais un des coauteurs du Pacte: «Une réforme en profondeur, sinon on part!» C'est au début du printemps de 1992 qu'il s'est rendu compte que son chef n'adhérait pas à ce principe. Qu'il n'allait pas respecter le Pacte.

Anctil rapporte qu'aux réunions régulières des conseillers, à compter de mars 1992, Rivest broie du noir. «Il est toujours ben négatif, ben pessimiste, note-t-il. D'une fois à l'autre, on dirait que ça va de mal en pis.» Voyant qu'aucune réforme en profondeur n'est possible, et constatant que son chef ne va pas donner le signal du départ, Rivest applique une maxime qu'il résumera ainsi: «Quand le processus est fait, moi, je ferme mes lumières, si brillantes soient-elles».

Dans une entrevue accordée à l'auteur le 8 juin 1992, après l'entrevue de Bourassa au journal *Le Monde*, Rivest affecte de croire que le Pacte existe toujours, malgré l'attitude de son chef. La conversation, normalement civile et souvent ironique entre l'auteur et le conseiller, se transforme alors en un dialogue proche du débat, où on sent l'inconfort de l'ex-rêveur face à la nouvelle réalité:

> **L'auteur:** *Votre message, votre premier choix, vous l'avez toujours dit, c'est que vous avez le droit d'amender la loi 150 pour faire un référendum sur les offres, si les offres sont acceptables. Vous n'avez pas de problème avec ça. Vous êtes très clair. Mais à la fin, vous disiez: «Sinon, on va se fâcher!»*

> **Rivest:** *C'est ça.*

> **L'auteur:** *C'est ça.*

> **Rivest:** *On peut toujours se fâcher. Qu'est-ce qui nous empêche de nous fâcher, là?*

> **L'auteur:** *Puisque c'est votre dispositif principal, qu'est-ce que ça donne, six mois avant, quatre mois avant, trois mois avant, de dire* [dans *Le Monde*, où Bourassa déclare que le référendum portera sur les offres]: *«Savez-vous, on l'a pas encore la réforme, mais je vous le dis, c'est certain que je me fâcherai pas.» Qu'est-ce que ça donne?*

> **Rivest:** *Ça dit au ROC: «Vous avez réalisé un certain progrès, même s'il est timide. […] Mais si vous réussissez pas, évidemment on va devoir conclure autrement.» Pis au moment où on se parle, on n'est pas dans une situation différente.*

> **L'auteur:** *Mais si! Bourassa leur a dit: «Si vous réussissez pas, si vous le faites pas, je vous jure que je me fâcherai pas!»*

> **Rivest:** *Ben non, la loi 150 est encore là, on l'a pas amendée.*

> **L'auteur:** *Ben oui, mais écoute, la parole du premier ministre, c'est quand même quelque chose.*

Rivest : *On n'a pas amendé notre résolution du congrès* [de 1991, le rapport Allaire], *il y a rien de changé !*

L'auteur : *Le premier ministre parle.*

Rivest : *Le premier ministre, c'est pas le peuple. C'est pas le Parti libéral.*

On comprend la grande difficulté qu'éprouve personnelle- ment Jean-Claude Rivest devant le virage de son chef, qui est aussi un ami proche depuis 30 ans. Contrairement à Bourassa, Rivest voit la différence entre « le premier ministre » et « le peuple ». Il pense que le second est plus important que le pre- mier. Et plus tard, au cours de la même entrevue, Rivest laisse tomber que si la stratégie du couperet sur la gorge n'est plus employée, c'est parce que pour l'utiliser correctement, « en- core fallait-il être disposé à la faire, la souveraineté » ! Ce qui, il le sait maintenant, n'est pas le cas. Il résiste encore, du moins pour la forme, devant le scribe, pendant cette entrevue. Mais il « ferme les lumières » car il n'est pas le seul responsable.

LUCIEN BOUCHARD DÉBARQUE

Bouchard prend encore quelques semaines, après la démis- sion de Lapierre, avant d'entamer sa cure de désintoxication. Depuis la question de Bruxelles le 6 février et jusqu'en mai, Bouchard a subi le supplice de la goutte d'eau. Il faudra encore que le vase déborde. Ce qui survient le 20 mai.

Bouchard vient de prononcer un discours à Anjou, dans l'est de Montréal. Dans la voiture, il écoute le bulletin de nouvelles de Radio-Canada. Il y est question d'une déclara- tion faite ce jour-là par Bourassa à l'Assemblée nationale. En réponse à des questions de Parizeau, le chef libéral vante le merveilleux climat des négociations qui se déroulent entre Ottawa et les provinces anglophones. En fait, dit-il, « il y a une convergence ou des chances très, très bonnes d'avoir une convergence. Il reste la question du Sénat qui, pour l'instant, paraît la pierre d'achoppement à une entente rapide. »

Bouchard sursaute. Comment, le Sénat ? Le ministre fédéral Benoît Bouchard, qui participe à ces pourparlers, disait encore il y a quelques jours que le Québec n'avait encore presque rien obtenu sur les pouvoirs !

« Là, j'ai compris que c'était fini. C'était très clair. Là, je me dis : "Écoute, si les pouvoirs sont pas importants… y'a plus rien d'important !" » Par la suite, Bouchard entend d'autres sons de cloche provenant de relations qu'il entretient dans le petit réseau de Québec inc. « Aussitôt après, mes amis qui le rencontraient [Bourassa] ou qui avaient des échos disaient : "Non, il a cassé. Il est à quatre pattes. Il va signer n'importe quoi." »

Quant à Landry, qui fut un des derniers péquistes, au printemps de 1990, à se laisser convaincre que le PLQ pourrait faire un virage souverainiste, il sera aussi parmi les derniers, en 1992, à émerger du rêve. Comme si, très éloigné du noyau libéral, insensible aux hauts et aux bas du marché de la drogue douce, il n'avait besoin que d'une toute petite dose pour faire tout le voyage. Il pense que Bourassa va aller jusqu'au bout de son « premier choix », jusqu'au bout des négociations et, nez au mur, n'aura d'autre choix que de faire demi-tour. Landry ne le sait pas, mais il est en fort bonne compagnie. Cette analyse, cet espoir, nourrit tout le débat interne chez les nationalistes du Parti libéral.

LA CARTE DANS LA MANCHE

Jean Allaire et Mario Dumont broient du noir. Ils sont pessimistes. Mais ils ne voient pas comment Bourassa va se sortir de l'impasse. La machine fédérale n'arrive pas, c'est l'évidence, à produire quelque offre que ce soit qui puisse satisfaire les Québécois. Si les électeurs sont convoqués à un référendum où ils doivent – non voter pour la souveraineté, c'est désormais exclu – mais voter sur les offres, ils diront Non, c'est certain.

D'autant que les sondages continuent de donner de fortes majorités au projet souverainiste.

Or le premier ministre a plusieurs fois indiqué qu'il ne voulait pas tenir un référendum qu'il perdrait. En mars, il se fait très clair :

Je ne serais pas responsable, vis-à-vis l'histoire si je m'orientais vers un référendum qui affaiblirait le Québec. Si ce référendum est perdu, c'est un recul pour le Québec.

Assez clair pour qu'on en prenne bonne note :

Engagement n° 8 :
Ne pas organiser de référendum
sans être sûr de le gagner.

Puisque Bourassa ne peut gagner de référendum sur des offres minables, il ne pourra que se résoudre à en tenir un sur la souveraineté, ou sur la question de Bruxelles, se disent les libéraux nationalistes. En plus de cette construction logique, les Dumont, Allaire et autres nationalistes ont accès à leur propre distributeur de came : le directeur général du parti, Pierre Anctil.

Car il y a fort à parier que, sans Anctil, il n'y aurait pas de crise latente au parti. Il y aurait une crise ouverte. « Quand les gens cherchent une explication au fait que le parti se soit pas cassé en deux comme une brique, explique Michel Lalonde, alors directeur des communications du Parti libéral, je te dirais que la première raison, c'est le fait que le pivot nationaliste, dans le *day to day*, il s'est rallié au chef. »

Parce qu'il fut, en ses vertes années, un président trouble-fête de la Commission jeunesse ; parce qu'il fut la force souverainiste motrice au comité Allaire ; parce qu'il n'a pas renié tout son cathéchisme nationaliste ; parce qu'il en connaît le vocabulaire, Pierre Anctil garde un capital de crédibilité. Il peut faire le pont, amortir les chocs entre Bourassa et les allairistes. « On se redisait entre nous, des fois, qu'Anctil sur le fond est plutôt de notre bord », raconte Mario Dumont.

Fin mars, Anctil aborde son chef et l'informe des remous, voire des menaces de démission, qui commencent à percoler dans l'aile nationaliste du parti. Il lui dit combien les jeunes sont attachés, au moins, à la question de Bruxelles.

Bourassa : *La question de Bruxelles, ça va rien régler, quand on y pense. Le lendemain, qu'est-ce qu'on fait ?*

Anctil : *Ben, ça dépend comment vous la positionnez. Si vous dites : « On veut deux États souverains avec union écono-mique pis un Parlement commun, mais si nos partenaires disent non, on reste au statu quo », évidemment, ça règle rien. Mais si vous dites : « Écoutez, nous autres on va faire la sou-veraineté, pis on va proposer aussi une union économique et un Parlement commun, et s'ils la veulent pas, tant pis, on va être souverains », donc le référendum est exécutoire, là vous pouvez pas dire que ça règle rien. Ça règle quelque chose, définitivement.*

Bourassa : *Oui mais, le lendemain, avec qui on négocie ? Le gouvernement du Canada va tomber, on n'aura pas d'inter-locuteur.*

Anctil : *C'est un faux problème. La nature craint le vide. Le Canada peut pas se permettre d'arrêter d'exister, même au niveau international, il leur faut un interlocuteur.*

Cette conversation, Bourassa et Anctil vont la poursuivre pendant plusieurs mois. Tantôt, c'est le vrai Robert Bourassa qui donne la réplique. Tantôt, le jumeau de Britanny refait surface.

Jean-Claude Rivest, qui assiste à certains de ces échanges, est plus lucide. Certain, au printemps, que son patron a abandonné toute velléité souverainisante ou même européanisante, il le décrypte comme suit : Bourassa « en parlait sans doute de nouveau parce qu'il y avait des gens dans le parti qui étaient très, très favorables à ça ». Autrement dit, c'est de la poudre aux yeux.

La discussion stratégique feutrée tenue entre Bourassa et Anctil, contredisant les gestes et propos publics du chef libéral, a pourtant un très réel impact. Elle contribue à entretenir l'espoir chez Anctil, qui peut donc mieux gérer les mauvaises humeurs des nationalistes. Ici encore, on assiste à une désinformation en cascade.

11.

LE BAFOUILLEUR

Alors que j'exposais mon programme,
alors que tout le monde était d'accord avec mes idées,
je me suis aperçu qu'à côté de moi,
il y avait un monsieur qui ne disait rien.
Vous savez que c'est redoutable,
un monsieur qui ne dit rien.
Quand tout le monde parle et que quelqu'un
ne dit rien, on n'entend plus que lui!
Je n'en continuais pas moins mon exposé, mais je
commençais à faire attention à ce que je disais.
De temps en temps, je me tournais vers celui qui
ne disait rien, pour voir ce qu'il en pensait.
Mais allez savoir ce que pense celui qui ne dit rien!
Et qui, en plus, écoute. Parce qu'en plus, il écoutait!
Je me dis: «Mais il est en train de me saper ma réunion!»

RAYMOND DEVOS,
MINORITÉS AGISSANTES

On n'a jamais vu le ministre fédéral Joe Clark d'aussi joyeuse humeur. Il est 22 h 30, le 7 juillet 1992. Clark s'adresse aux journalistes, dans le hall d'un hôtel de Toronto. «C'est une journée historique. Je ne peux me rappeler d'un autre moment, vraiment, depuis la Confédération, où il y a eu un tel accord sur un aussi grand nombre de sujets.»

Il vient de sortir d'une ronde de négociations avec plusieurs premiers ministres des provinces et les leaders autochtones. Ils attendent, tout près, pour venir pavoiser à leur tour devant les micros.

« Nous avons répondu aujourd'hui à la question posée il y a deux ans par Robert Bourassa à l'Assemblée nationale : *What does Canada want ?* Et la réponse est très claire. Le Canada veut des changements en profondeur sur plusieurs questions qui affectent notre vie. »

Un journaliste lui pose la question :

« Pensez-vous que M. Bourassa va accepter ? »

La question est bonne, car l'entente intervenue prévoit un « Sénat égal », où chaque province détiendra le même nombre de membres. Conséquence : réduction du poids du Québec de 24 % à 9 % dans cette chambre désormais élue, aux pouvoirs considérablement augmentés. Bref, un déclassement net du pouvoir institutionnel québécois dans la fédération. En plus, l'entente prévoit une version eunuque de la clause de la société distincte et n'intègre aucune des revendications avancées, du moins officiellement, par le gouvernement québécois. On y trouve bien le droit pour le Québec d'opposer son veto à tout nouveau changement – mais toutes les provinces ont ce veto, ce qui signifie que cette entente sera scellée, aurait dit Trudeau « pour mille ans ». Sans oublier que l'accord prévoit la constitution d'un nouveau palier de gouvernement, pour les nations autochtones, jouissant d'une reconnaissance et d'une autonomie immensément plus grande que le Québec.

Clark répond à la question du journaliste :

Nous n'avons rien fait à l'aveuglette dans ces négociations. Le Québec était absent, mais nous avons pris des précautions extraordinaires, comme vous pouvez l'imaginer, pour nous assurer que nous nous dirigions vers quelque chose que les Québécois pensaient être acceptable. Y compris sur le Sénat.

En effet, au cours des derniers jours, Robert Bourassa a joué les fantômes, apparaissant et disparaissant dans les discussions au gré des coups de téléphone donnés par les premiers ministres provinciaux, les hauts fonctionnaires, Joe Clark lui-même. Son plan : espérer de tout cœur l'échec de ces pourparlers, pour que son ami Brian Mulroney puisse reprendre le dossier et produire ses propres offres. Son sous-plan : ne pas être responsable de cet échec, donc ne pas dire franchement non lorsqu'on lui demande s'il pourrait approuver ceci, vendre cela, plier sur cette autre chose. Ses interlocuteurs canadiens ont pris ses faux-semblants pour des feux verts.

À côté de Clark, le premier ministre de la Saskatchewan, Roy Romanow, chuchote à l'oreille de Bob Rae :

« Comment penses-tu que ça va réagir, à Québec ? »

Rae lui répond : on vient de parler à Robert. « Ils ne sont pas aussi choqués qu'on aurait pu le penser. »

Le lendemain, à Québec, quand ses conseillers lui demandent ce qui s'est produit – Parisella et Rivest affirment avoir été « complètement surpris » qu'une entente soit survenue –, Robert Bourassa leur répond :

« Je ne peux pas toujours dire non. »

REGARDER SÉCHER LA PEINTURE

Entre autres avantages sociaux, le premier ministre du Canada a droit à une grande maison de campagne, au bord d'un lac de la vallée de la Gatineau, à une heure de route de la colline parlementaire. Il va souvent s'y reposer des combats politiques incessants qui sapent son moral et sa santé. Il y invite parfois des amis, pour se remémorer les batailles passées ; ou des adversaires, pour engager les batailles à venir.

En ce jour de juillet 1992, Brian Mulroney est assis, seul, dans le petit salon du second étage de son coquet chalet. Sur le mur, il a fait accrocher des tableaux de peintres québécois.

Aujourd'hui, il ne les regarde pas. Aujourd'hui, il fixe longuement le mur, comme s'il se concentrait sur la couleur utilisée
par le peintre en bâtiment, les traces encore visibles du coup de
pinceau, les craquelures, peut-être, qui commencent à en miner le travail. «Parfois, on lit ça dans un livre», racontera
Mulroney. «On lit que M. Untel a regardé le mur et ne savait
pas quoi faire. Tu te dis: "C'est juste dans les livres…" Ben, c'est
vrai. Je le faisais. Je savais pas comment j'allais m'en sortir.»

Il est à Munich quand, le matin du 8 juillet, l'annonce de
l'«entente historique» lui parvient. Les téléspectateurs ont pu
le voir, réagissant comme un zombi et affirmant ne pas croire
«aux miracles». Il a dit «miracle», il voulait dire «désastre».
Car pour lui, le Sénat égal, élu et efficace (d'où son nom: le
Triple E) est une bombe qui peut faire éclater son caucus, son
parti, peut-être même le pays. Impossible, pense-t-il de «vendre» ce concept en campagne référendaire, non seulement au
Québec, mais aussi en Ontario et en Colombie-Britannique,
quoi qu'en disent leurs premiers ministres. Selon une version,
lorsqu'il téléphone à Joe Clark, c'est pour lui dire ce qui suit:

«Are you out of your f…ing mind?»

Est-ce que Bourassa est au courant? demande-t-il aussi,
question devenue rituelle. «Oui, répond Clark, et il [Bourassa]
n'a pas dit non.» Bob Rae raconte aussi à Mulroney, le 9 juillet,
les conversations qu'il a lui-même eues avec le premier ministre
québécois. Et si Mulroney prend Clark et Rae pour des adversaires, il ne les prend pas pour des menteurs.

Mais ça ne change rien à l'affaire, car Mulroney est formel:
jamais il n'avait donné à Clark, au nom du gouvernement fédéral, le mandat de faire pareille concession. Le 2 juillet, lors
d'une rencontre secrète tenue au 24 Sussex, le plan avait été
clairement établi: Joe devait «fermer le maudit dossier», Tellier
devait compléter la rédaction de l'offre unilatérale que Mulroney
présenterait à la Chambre des communes quelques jours plus
tard, soit le 15 juillet.

«Nous avions une stratégie, peste-t-il encore. Elle était peut-être mauvaise, mais nous en avions une. Nous nous étions ménagé la possibilité de faire une offre unilatérale. Mais comment pouvons-nous maintenant en faire une sans y mettre le Triple E? – *Joe already gave that!* [Joe a déjà concédé ça.]» Rien à faire, Joe «s'est désolidarisé, sans consulter. Alors, le caucus, le cabinet, la stratégie, tout est gâté.»

Ses ministres, d'ouest en est, sont mécontents du résultat, redoutant le pouvoir de la future Chambre haute, qui pourra contrecarrer tous leurs plans. Ses députés québécois sont tous catastrophés.

Le premier ministre appelle McKenna, Getty. Mais ils lui disent: «*Joe gave us the triple-E.*» Getty ajoute: «*Why don't you go sell it to Quebec?*» [«Pourquoi n'allez-vous pas le vendre au Québec?»]

Mais il a bien vu, comme tous, l'assourdissant tollé que l'entente a produit dans le monde politique québécois. Des fédéralistes bon teint, comme Claude Castonguay, ont tiré à boulet rouge. «Ce qu'il fallait craindre s'est produit, clame-t-il. On a régressé!» L'opinion publique au grand complet – y compris les éditorialistes de *La Presse*, c'est dire! –, recrachent l'entente comme un poison historique.

Mulroney pense que la dynamique politique déclenchée le 7 juillet conduit à un «aboutissement inéluctable: l'isolement du Québec». Or, dit-il autour de lui, «c'est arrivé une fois dans l'histoire et c'est une fois de trop». Il rêvait de corriger l'erreur de Trudeau, pas de la répéter.

Car il en est personnellement convaincu: rendre le Québec égal à l'Île-du-Prince-Édouard est une monstruosité politique. Consentir un tel cadeau à l'Ouest, «sans contrepartie» pour le Québec, c'est creuser sa tombe. «Moi, dira-t-il, en tant que Québécois, j'aurais jamais voté pour ça. Jamais!»

Au retour de Mulroney en terre canadienne, un curieux scénario se déroule. Le Québécois qui dirige le Canada va forcer le Québécois qui dirige le Québec à être plus ambitieux pour son peuple.

Alors Mulroney prend les choses en mains. Une nouvelle ronde de négociations doit être convoquée, pour réparer les pots cassés. Et, cette fois, Bourassa doit en être. Il n'a plus le choix. « Ne plus jamais négocier à 11, seulement à 2 ? » Il faudra rompre ce premier engagement et se rendre négocier… à 14 ! Car depuis Meech, les représentants des territoires (Yukon, Territoires du Nord-Ouest) se sont ajoutés, comme ceux des nations autochtones et des métis.

L'ÉDUCATION POLITIQUE DE GIL RÉMILLARD

Forcé par Brian Mulroney de négocier, Bourassa et sa délégation plus déterminée qu'il ne l'est jamais lui-même, font le maximum pour limer les angles les plus arides de la proposition qui était née le 7 juillet. Avec l'appui de Mulroney, ils ne réussissent pas à éviter la perte de pouvoir du Québec au Sénat, mais inscrivent qu'à la Chambre des communes, le poids des députés québécois ne sera jamais moins de 25 %, quoi qu'il arrive. C'est un gros effort, qui coûte aux premiers ministres de l'Ouest, qui y acquiescent en songeant qu'ils viennent, eux, de faire leur grand compromis. Leur dernière concession au Québec.

La discussion est encore plus difficile sur la question autochtone, car pour l'instant l'excellent négociateur des Premières nations, Ovide Mercredi, refuse de s'engager à ce que les futures enclaves autochtones autonomes soient forcées d'y appliquer les lois provinciales – seulement les fédérales.

Pendant une suspension des discussions formelles entre premiers ministres, c'est l'Ontarien Bob Rae qui tient le fort autochtone. Il s'en est fait leur avocat, leur défenseur. Avisant un ordinateur Macintosh, il se met à écrire lui-même une proposition de texte, se référant parfois à Bourassa pour vérifier un terme, une formulation.

Le récit qui suit sera formellement démenti par Robert Bourassa en entrevue, un mois plus tard. « C'est totalement faux, totalement faux », dira-t-il. « J'ai pris la décision d'accepter le volet autochtone quand mes conseillers m'ont dit que c'était sécuritaire, qu'ils avaient obtenu les amendements dont nous avions besoin. »

Mais trois participants, non-membres de la délégation québécoise, dans des entrevues séparées, racontent une tout autre histoire.

Le soleil commence à se coucher sur Ottawa. Des négociations progressent pour que les autochtones acceptent le principe qu'aucune de leurs lois ne contrevienne aux législations fédérales visant « la paix, l'ordre et le bon gouvernement ».

Le ministre fédéral Benoît Bouchard devise avec Robert Bourassa dans un petit local lorsque le ministre Gil Rémillard fait irruption. Il est très inquiet du fait que les lois provinciales ne sont pas incluses dans la définition de la « paix, l'ordre et le bon gouvernement ». Il faut y ajouter « et provinciales ». Autrement, les futurs gouvernements autochtones pourront passer outre aux lois québécoises quelles qu'elles soient.

Benoît Bouchard tonne : « Toi, c'est toujours la même crisse d'affaire avec toi, t'en finis jamais. T'as pas exactement ce que tu veux ? Ben personne a exactement ce qu'il veut ! ». Bourassa, dans son calme habituel, répond : « Gil, on va avoir une commission parlementaire à Québec. Si véritablement le texte ne convient pas, on le fera valoir à ce moment-là. On tiendra compte des décisions de la commission. »

On ne sait pas comment Rémillard réagit à un argument aussi spécieux. C'est maintenant que la négociation se fait. C'est maintenant que les gains doivent être encaissés. Chaque mot peut signifier des milliards de dollars, des millions de kilomètres carrés de territoire, des années de litige jusqu'à la Cour suprême, qui interprétera strictement l'entente, pas les commentaires d'une commission parlementaire provinciale.

Manquent encore aux objectifs québécois: l'application des lois provinciales; la garantie que les pouvoirs des gouvernements autochtones ne seront pas définis par les tribunaux; la certitude que le «droit inhérent» qui leur est reconnu n'accroîtra pas les droits territoriaux; la protection des droits démocratiques des citoyens blancs vivant dans les futures enclaves, etc.

Tenace, Rémillard vient porter de nouveaux projets d'amendements directement à Bob Rae. Benoît Bouchard livre le contexte nécessaire à la compréhension de la suite: «Mulroney considère Rémillard comme une quantité négligeable.» En fait, Mulroney a développé une aversion presque épidermique pour le ministre québécois. Rae fournit les détails:

> **Rae:** *J'étais au Macintosh, on écrivait le libellé, et je pense qu'on était en route vers un compromis qui serait acceptable pour tout le monde. Le premier ministre* [de Terre-Neuve Clyde] *Wells fignolait les détails et les mots à utiliser. Un peu plus loin dans le corridor, dans la salle de la délégation du Québec, il y avait Rémillard et* [le conseiller André] *Tremblay – je pense, mais je n'en suis pas sûr – qui avaient produit un autre bout de papier, et ils sont venus me le montrer.*
>
> *Le premier ministre* [Mulroney] *et moi étions en train de discuter et je lui ai dit: «Écoutez, on a un texte en cours, on a presque fini, et voilà que nous arrive un bout de papier qui semble venu d'une lointaine planète* [from outer space] *par Rémillard. Il faut que vous arrêtiez ça* [you're gonna have to shoot it down]. » *C'est ce que le premier ministre a fait.*

La scène se déroule pour moitié dans un bureau, pour moitié dans le corridor. Brian va voir Robert et lui explique que le temps des finasseries légales est terminé, qu'il faut en finir. Rémillard apparaît dans le cadre de la porte avec sa feuille et tente une fois de plus de convaincre Bourassa que des obstacles majeurs méritent encore d'être aplanis.

Le premier ministre du Canada se tourne alors vers le ministre québécois de la Justice et des Affaires intergouvernementales. Dans un mouvement agile et coordonné, il lui arrache sa feuille des mains et physiquement, comme au hockey, le plaque à l'extérieur du cadre de la porte. Il y a aussi un élément sonore. Brian Mulroney lance : « *Go fuck yourself.* »

Les témoignages divergent, non sur la verdeur du langage, mais sur la langue utilisée par le premier ministre. Il a peut-être exprimé son imprécation dans la langue de Molière (de Sade ?), mais on sait qu'il lui arrive de passer à l'anglais dans des moments intenses. Une certitude, selon un témoin : « Il lui a dit d'accomplir un acte physiologiquement impossible. »

Mulroney tend ensuite à Bourassa la feuille dérobée à Rémillard et lui dit : « C'est toi le premier ministre, c'est à toi de décider. » Rae rapporte qu'il n'a plus entendu parler de la proposition « extraterrestre ».

« LA LANGUE ? NON, MERCI ! »

Photo : *La Presse Canadienne* / Bill Grimshaw

Robert Bourassa en compagnie de Joe Clark et de Paul Tellier. Le ministre fédéral offre au Québec de satisfaire sa plus ancienne revendication : beaucoup plus de pouvoirs en matière linguistique. « On a parlé de la langue. Je lui ai dit que je ne voulais pas la prendre », raconte Bourassa, avant d'ajouter : « C'est le début du processus de négociation. » En effet.

Photo : *La Presse Canadienne* / Clément Allard

Puisque les offres fédérales sont nulles, Dumont propose de tenir le référendum sur la souveraineté dès juin 1992, comme prévu dans la loi 150. Bourassa ne se souvenait pas que c'était dans la loi.

CELUI QUI CROIT SAVOIR : ROBERT BOURASSA

Mario Dumont, Pierre Anctil, bon nombre d'analystes politiques pensent raisonner en bons logiciens lorsqu'ils réfléchissent à la situation politique dans laquelle s'est engoncée Robert Bourassa. Et les échos qu'ils reçoivent de la négociation tenue à Ottawa les renforcent dans leurs démonstrations.

Si Bourassa organise un référendum sur les offres, il le perdra, car les offres seront trop maigres pour les appétits québécois. Or il a annoncé qu'il ne veut pas déclencher un référendum qu'il n'est pas certain de gagner. À la fin, il va être coincé. À la fin, il devra se ranger et faire le seul référendum «gagnable», donc sur la souveraineté, probablement à la sauce bruxelloise.

Lorsqu'on a tout dit et tout analysé, voilà ce qui reste. C'est le sol politique québécois de juillet 1992. Mais il manque une variable essentielle à cette analyse.

Le raisonnement suppose que Bourassa va déclencher un référendum. Or, voici la donnée alors la plus secrète du jeu : malgré ce qu'il a encore répété à un Conseil général du PLQ en mars 1992, au *Monde* en avril 1992, à Jean-Luc Mongrain en juin 1992, et à tous les autres, et en dépit de sa promesse de consulter le peuple, a-t-il dit, «à moins d'un tremblement de terre ou d'une guerre mondiale», Robert Bourassa veut purement et simplement annuler la consultation.

Il envisage cette éventualité depuis la mort de Meech. Il en parle en privé à des hommes d'affaires en novembre 1991. En mars 1992, il est presque totalement convaincu que c'est la solution. C'est pourquoi il contemple de plus en plus sereinement l'évolution par ailleurs chaotique de la situation.

«Y'en aura pas, de référendum», confie-t-il à son ami Mario Bertrand, ainsi qu'aux premiers ministres Bob Rae et Frank McKenna.

C'est l'information qui manque à tous les rêveurs qui restent. Ils pensent que le sol existe. L'histoire finira par leur donner raison. Mais pour l'heure, Bourassa a décidé que le sol n'existait pas. Tous avaient compris qu'il y avait un mensonge derrière son vote du rapport de la Commission Bélanger-Campeau et derrière son vote de la loi 150. Ces documents prévoyaient la tenue d'un référendum, un seul, sur la souveraineté, avant la fin d'octobre 1992.

Mais peu nombreux savent qu'il y a, comme le gaz naturel dans les immeubles français, un mensonge à tous les étages. Il ne veut pas remplacer le référendum sur la souveraineté par celui sur les offres. Il veut annuler toute consultation populaire, point à la ligne.

Face aux journalistes, il commence son mouvement de repli en ne répétant plus de phrases définitives sur la question. Il assaisonne son propos de phrases molles : le référendum sur les offres ? «Ça dépend», «C'est la position du parti», « C'est la loi 150 ». Il introduit des conditionnels, tente de se distancier, personnellement, de la chose. Dans son entrevue avec Jean-Luc Mongrain à TVA au début de juin, il dit que «le Québécois est prudent»; plus tard il dira aussi qu'au Québec, «la prudence est dans nos gènes ». Toute sa stratégie depuis la mort de Meech répond à cet impératif de prudence plutôt personnelle que nationale : 1) attendre le retour du pendule, attendre que s'estompe la vague nationaliste qui, malheureusement, ne s'estompe pas suffisamment; 2) être extraordinairement modeste dans ses demandes, pour assurer le succès de la négociation fédérale, même si cela signifie accepter les « réformes en profondeur » que d'autres demandent (Sénat, autogouvernement autochtone) ; 3) ne pas tenir de référendum sur le document issu de cette négociation, car le scrutin serait à coup sûr un échec.

Il dit aussi ceci à Mongrain : « Ce qu'il y a de certain, avec la plus grande sincérité possible, c'est que je n'ai pas l'intention comme chef politique des Québécois, à cette période cruciale de notre histoire, de jouer à l'apprenti sorcier ou au kamikaze. »

Il n'en a pas l'intention. Mais il y est poussé. Tous ses beaux et prudents projets sont en péril. À cause d'un « kamikaze » qui le hante et le harcèle. D'un apprenti sorcier qui déjoue toutes ses stratégies. Il ne s'agit ni de Mario Dumont, ni de Jean Allaire, ni de Lucien Bouchard ou de Jacques Parizeau. Il s'agit de Brian.

LE KAMIKAZE DE CHARLEVOIX

« Robert, tu nous vois, toi pis moi, sur la même tribune, en train de gagner un autre référendum ? » Brian a sorti son charme irlandais et son goût pour l'hyperbole. Depuis avril 1992, il travaille Robert au corps. Son idée : tenir un référendum pancanadien sur les nouvelles offres constitutionnelles. Dans sa tête de premier ministre fédéral, le scénario se termine en beauté par un grand vote où les Canadiens français et anglais, solidaires et heureux, dans l'honneur et l'enthousiasme, consacrent la victoire du grand réconciliateur : Brian Mulroney.

Il a plusieurs raisons de vouloir ce référendum, même s'il n'est, en fait, pas certain de le gagner. Une en particulier. Écarter une fois pour toutes le scénario catastrophe : un référendum spécifiquement québécois qui « renvoie la balle ». « Ce qu'on redoutait le plus, dit Paul Tellier, le premier fonctionnaire du pays, c'était un référendum québécois avec une question confuse portant plus ou moins, soit sur un mandat de négocier plus [de gains pour le Québec], soit un nouveau fédéralisme mal défini. » Bourassa n'envisage évidemment jamais ce scénario.

Mais Robert ne se voit surtout pas en duettiste avec Brian à la tribune. Il ne voit pas Mulroney, dont l'impopularité est toujours au sous-sol de l'histoire des sondages, mener le troupeau canadien vers l'unanimité constitutionnelle. Après cette conversation d'avril 1992 où il a, une fois de plus, résisté au flirt de son copain, Bourassa confie à un conseiller : « J'ai pas osé, mais j'ai failli lui dire que la seule chance qu'il a de gagner son référendum, ce serait de promettre de démissionner si les gens votent Oui. »

Lorsque Brian s'avise, deux mois plus tard, que Robert résiste toujours à sa volonté de tenir ce référendum, il met ses amis à contribution pour le convaincre. Un des proches conseillers de Bourassa, que l'auteur ne peut malheureusement pas nommer, est ainsi « invité » à passer un week-end dans la résidence cossue d'une famille richissime et influente, que l'auteur pleure de ne pas pouvoir nommer. Pendant toute la fin de semaine, les hommes de la maison font un lobbying intense. Ils ont juré de convaincre ce conseiller de persuader à son tour Bourassa d'embarquer dans le référendum pancanadien de Brian. Ce conseiller raconte :

> Souvent je suis invité comme ça pour un souper et souvent j'ai l'impression que je paye mon lunch, hein ? Tsé, j'aimerais autant payer mon repas pis aller manger tranquille. Ben là, ils me l'ont fait payer mon lunch, tsé ?

> Là j'ai réalisé... Non, mais, toute la fin de semaine, j'ai été martelé par les fils et le père, sur la stratégie de Brian Mulroney. Ah ! si c'était bon ! Ah ! si ça allait marcher ! Tout ce qu'il nous demandait, c'était une job de vente [de l'entente], puis il fallait qu'on la vende.

> Pis moi je disais : « Oui, mais les gens en veulent pas. » Là, un membre de la famille que j'identifierai pas, par charité chrétienne, m'a dit : oui mais « we don't give a shit about

people » (« *on se contrefout du peuple* »), pis « *il faut que tu parles à Robert* » [...]

Je me disais, je suis piégé ! Ça a pas de crisse de bon sens d'être tombé dans le panneau ! Pourtant c'était pas la première fois qu'ils m'invitaient. Mais cette fois-là c'était vraiment pour un working session. *C'était pas des vacances.*

Puis là, là, on m'a enfoncé des clous dans la tête.

Malgré ces pressions et les nombreux appels de Brian, Robert tient bon. Il tient bon longtemps. Le référendum est peut-être une planche de salut politique pour Brian, mais c'est un cauchemar pour Bourassa. Une défaite presque assurée. Un ticket pour l'humiliation politique.

Mais Brian, dans cette affaire, tient le plus gros marteau. Et il décide de se charger personnellement de la tâche ingrate d'« enfoncer des clous dans la tête » de Robert. Paul Tellier confirme, en termes diplomatiques, le bref récit qui va suivre : « Ce n'était pas inconcevable pour le PM [Mulroney] d'en faire un [référendum pancanadien] coûte que coûte, même si le PM du Québec s'était objecté. Parce qu'il considérait que l'intérêt supérieur exigeait que tous, tous les Canadiens incluant les Québécois, puissent se prononcer. » Bourassa en fut-il informé ? « Je le pense, répond Tellier, mais ça ne s'est jamais fait sous forme de menaces. »

Non ? Qu'on en juge.

Un dimanche soir de juin 1992, Brian Mulroney se présente, incognito, dans les locaux montréalais de Robert à Hydro-Québec. Robert explique une fois de plus que « s'il obtenait un règlement qu'il jugeait acceptable, il pouvait le faire entériner par l'Assemblée nationale, puis, peut-être, obtenir le consentement populaire par voie d'élection » générale, où les enjeux seraient plus flous.

Mulroney lui donne une amicale leçon de choses :

« Robert, penses-tu pour un instant que comme premier ministre du Canada, représentant une circonscription québécoise [Charlevoix] formée à 99,9 % de francophones, où j'ai eu 82 % du vote, que je n'ai pas le droit de consulter les Québécois ? Je ne dis pas que le premier ministre fédéral a le droit d'imposer une modification constitutionnelle. Mais si la question est : "Le premier ministre fédéral a-t-il le droit de consulter les Québécois ?", bien sûr que je l'ai ! »

« Oui, mais, répond Bourassa, ma préférence c'est qu'on prenne les offres… »

« C'est ta préférence, coupe Mulroney. Mais moi j'ai l'autorité légale, morale et constitutionnelle, et je vais le faire. »

Ce choc des volontés, cette épreuve de force va trouver son aboutissement sur le balcon de l'édifice Pearson, un jour où tout ira mal pour le Québec et son premier ministre.

12.
LE PAYEUR

Question : « *Pourquoi ne pas dire simplement :*
"Nous voulons une redéfinition de la place
du Québec dans le Canada.
Mais sinon, on est Canadiens et on veut
le rester, donc on s'accommodera"? »
Réponse : « *Si vous abordez la question de cette*
façon-là, vous perdez tout pouvoir de négociation.
Si on dit : "On essaie d'avoir ça mais si ça marche pas,
on continue", on n'obtiendra rien. »

ROBERT BOURASSA,
EXPLIQUANT À L'AUTEUR LES RUDIMENTS DE LA NÉGOCIATION
ET DU RAPPORT DE FORCE, LE 12 AVRIL 1991

Il y a des jours où l'histoire se fâche. Il y a des jours où il faut payer. « Ça, ça a été la journée la plus difficile », confie Robert Bourassa. « Là, j'étais assez isolé. » « Ce vendredi, raconte Brian Mulroney, c'était une journée difficile et pénible. C'était pas une journée joyeuse. »

Les pères de la reconfédération canadienne ont maintenant escaladé, de concert, les falaises du Sénat et de l'autogouvernement autochtone, jugées imprenables il y a trois jours à peine. Au Québec, ces exploits sont observés avec un mélange d'attentisme et de scepticisme.

Le double sentiment est exprimé à Bourassa au téléphone le jeudi soir par Pierre Anctil. «Oui, c'est bon, là, c'est bon, c'est bien. Mais rappelez-vous: tout ce temps-là, c'est pas l'agenda du Québec. L'agenda du Québec, c'est sur les pouvoirs.»

Dans la délégation québécoise à Pearson, on trouve deux façons d'aborder les choses. Pessimiste, telle que la décrit l'un de ses membres: «On avait l'impression d'avoir déjà le bras dans l'engrenage, d'être dans un hachoir à viande.» Ou combative, se souvient un autre: «[Le jeudi soir], on se disait tous: "O.K., *fine*, on les a faits, nos compromis, mais tsé *just wait tomorrow*, ça va être notre tour", tsé. Le vendredi, c'était la journée du Québec. C'est ça que tout le monde se disait.»

Clair aussi pour un des deux chefs de la délégation, comme le constate au petit matin la directrice du *Devoir*, Lise Bissonnette, qui reçoit chez elle l'appel d'un ancien professeur de droit, et à ce titre ancien collaborateur de son journal: Gil Rémillard. Bissonnette ne pense pas, contrairement à Bourassa, que les aménagements au Sénat et au volet autochtone sont des «gains» québécois. Le ministre la rassure. «Tu vas voir, sur le partage des pouvoirs, on ne se laissera pas faire», annonce-t-il. «Il promettait que le feu d'artifice s'en venait», raconte Bissonnette.

WHAT DOES QUEBEC WANT?

Rémillard est confiant, car la mèche a été allumée la veille. Elle a brûlé toute la nuit et a emprunté quelques curieux détours le matin, pour porter la flamme à bon port au début de la séance plénière, à 11 h.

Il s'agit d'un document d'une page, de format légal et à simple interligne, sans aucune inscription officielle. Jean-Claude Rivest explique que le texte fut préparé «par les voies normales». Bourassa et Gil Rémillard doivent s'appuyer sur ce document pour faire leur présentation devant les premiers ministres et leurs conseillers le vendredi matin. C'est la liste des pouvoirs que le Québec veut obtenir.

En voici la conclusion :

En somme, la solution au problème du partage des pouvoirs passe, aux yeux du Québec, par trois points indissociables :

1) l'affirmation de certains pouvoirs que la constitution ou la jurisprudence reconnaît déjà être de compétence provinciale ([…] loisirs, tourisme, affaires urbaines, logement, forêts et mines);

2) la reconnaissance de quelques pouvoirs additionnels essentiels, dans le cas du Québec, à l'affirmation des éléments de sa société distincte (culture, communications, main-d'œuvre, mariage, divorce et famille);

3) le contrôle du pouvoir fédéral de dépenser.

En soi, c'est la position la plus défendable que le Québec puisse prendre. Premièrement, il s'agit de faire respecter la seule constitution que le Québec ait jamais signée – celle de 1867 – et de faire respecter par Ottawa les pouvoirs alors attribués au Québec. Jamais, dans l'intervalle, le Québec n'a signé de document acceptant le principe qu'Ottawa puisse intervenir dans ces secteurs.

Deuxièmement, il s'agit de tracer une nouvelle ligne de partage dans des champs de compétence qui n'étaient pas prévus dans la constitution de 1867 (environnement, développement régional, culture, main-d'œuvre) ou qui forment un continuum avec la société distincte (mariage et divorce avec le Code civil; culture et communications avec la culture francophone).

Plusieurs des pouvoirs dont parle le rapport Allaire sont absents (sécurité publique, industrie, recherche et développement, etc.). La revendication favorite de Claude Ryan, la responsabilité linguistique, est oubliée, ce qui est majeur. Mais parce que l'évolution du fédéralisme de 1867 à 1992 a immensément élargi la place du pouvoir central dans la vie québécoise, la seule remise des pendules à leur position de départ provoquerait une « réforme en profondeur ». Elle dégagerait une zone d'autonomie québécoise considérable, modifierait pour longtemps les règles du jeu, permettrait l'abolition de la plupart des dédoublements et assouvirait notablement l'appétit nationaliste québécois. Elle le ferait sans rien changer au pacte canadien d'origine, sans « sortir du cadre », sans superstructure ou modèle européen. Bref, une solution fédéraliste à la crise du fédéralisme.

Depuis trois jours, l'élite politique canadienne est convenue de modifier la constitution de 1867 pour transformer de bout en bout l'institution du Sénat et pour faire une large place à « un troisième ordre de gouvernement », celui des autochtones. Le quatrième jour, le Québec demande plus simplement qu'on respecte la constitution de 1867 en matière de partage des pouvoirs.

Dès le jeudi soir, les premiers lecteurs, fédéraux et albertains, de ce document réagissent vivement. « Personne, dans la délégation fédérale, ne pouvait être d'accord avec ça », explique le chef de cabinet de Mulroney, Hugh Segal. Brian, rapidement informé du contenu, dit devant Benoît Bouchard qu'il s'agit « encore des demandes à Rémillard ». Il juge la chose incompatible avec le maintien du fédéralisme et craint qu'elle ait pour effet de « réduire à néant les chances de vendre l'accord » au Canada anglais. « *It's not on!* » (« Ce n'est pas recevable ! »), tranche-t-il en ajoutant : « Il faut que je vide ça dans la première heure » de la séance plénière du lendemain.

Brian Mulroney appelle l'assistance à l'ordre, en frappant quelques coups de son marteau de président de séance. Dans un climat que plusieurs témoins qualifient de «bizarre», Robert Bourassa a maintenant la parole.

ROBERT BOURASSA À «L'ÉCOLE PRIMAIRE DU FÉDÉRALISME»

Pendant une quinzaine de minutes, le premier ministre du Québec présente les revendications québécoises. Il parle de la nécessité de livrer la marchandise à son parti, aux Québécois. Il parle de la nécessité de réforme réelle du pays et, suivant d'assez près les arguments énumérés dans le document distribué la veille, évoque l'esprit de la Constitution de 1867, l'intrusion fédérale dans les champs provinciaux, les dédoublements qui en découlent.

Il plaide en faveur d'une meilleure division des tâches entre les deux ordres de gouvernement, de l'élimination des chevauchements provoqués par le pouvoir fédéral de dépenser. Son argumentation n'est pas fondée seulement sur une volonté d'autonomie nationale des Québécois, mais sur un objectif d'efficacité du fédéralisme. «C'est une proposition très modeste», dit-il.

Tous les témoignages concordent. Sur le principe, Bourassa réclame effectivement le droit pour le Québec de repousser toutes et chacune des intrusions fédérales, passées, présentes et à venir. Mais il dore considérablement la pilule en expliquant que s'il revendique ce droit, il n'a pas l'intention de s'en prévaloir partout et toujours. Dans les domaines de la santé, de l'éducation et des programmes cofinancés, par exemple, la réforme proposée ne provoquerait pas de changements radicaux, assure-t-il. Mais chacun comprend que si le Parti québécois venait à former le gouvernement, il userait de ce pouvoir comme d'une tronçonneuse. (Un gouvernement dirigé par Maurice Duplessis, Jean Lesage ou Daniel Johnson père l'aurait certainement fait.)

L'auditoire perçoit diversement cette présentation. «Il a offert une superbe performance, juge Frank McKenna, du Nouveau-Brunswick. Il a combiné la logique avec l'émotion d'une façon que je ne lui avais jamais vue auparavant.» Certains, comme le ministre de la Justice de la Saskatchewan Bob Mitchell, semblent découvrir pour la première fois la revendication québécoise, pourtant presque centenaire. «Nous étions étonnés qu'il utilise cet argument, mais c'était vraiment brillant de sa part. Ça aurait permis au Québec d'obtenir une marge d'autonomie considérable pour sa protection et son développement, et ça évitait de négocier pouvoir par pouvoir.» Mais, dit-il, le vent, dans la salle, souffle dans le sens contraire.

D'autres sont frappés par la dichotomie entre le radicalisme du document et le ton apaisant de la présentation. Le premier ministre de la Nouvelle-Écosse, Don Cameron, pense que Bourassa ne croit pas un mot de ce qu'il avance: «Il a mis sur la table la position de la frange la plus radicale de son parti, afin d'en venir à un compromis plus raisonnable à la fin. [...] Je le vois encore dire des choses, sachant qu'elles allaient être rejetées, pour permettre justement à ses collègues de dire non à ce qu'il demandait, et les convaincre ainsi qu'ils l'avaient forcé à reculer.» Cameron trouve cette stratégie paradoxale «très, très habile, digne d'un véritable homme d'État».

«C'était comme s'il faisait un effort un peu mécanique, parce qu'il devait le faire», rapporte un négociateur ontarien. L'Albertain Don Getty abonde en ce sens: «Je pense que c'était un négociateur et un politicien assez avisé pour savoir qu'à cette étape, il demandait l'impossible.»

Gil Rémillard fait aussi un exposé technique, après que Bourassa a établi les grands paramètres. «Il était assez agressif, commente Don Cameron. Il y avait un réel contraste entre la façon dont Bourassa se comportait et celle de Rémillard.»

Lorsque les Québécois ont fini de parler, la réaction est vive. L'Ontarien Bob Rae et le Manitobain Gary Filmon lancent les premières salves. « Bob Rae était véhément, se souvient Don Getty. Il disait : " Écoute, j'ai été un de tes plus grands supporteurs, je me suis tué à la tâche pour toi, pour faire avancer telle et telle revendication. Et maintenant, à cette étape, tu nous arrives avec ça ! Des choses que mon caucus ne pourrait jamais envisager… *Forget it !* Qu'est-ce qu'on fout ici ! Je n'en reviens pas ! " Il trouvait que ça allait déchirer le tissu du pays. »

Le souvenir qu'en a Rae est à peine moins enlevé. « Ça allait trop loin. Je lui ai dit que c'était une sorte de reconstruction cartésienne du monde. Qu'on nous ramenait à une sorte d'école primaire du fédéralisme, que ça ne pouvait pas marcher et qu'il y allait vraiment trop fort et que ça ne nous aidait pas à en venir à une entente. »

Le premier ministre du Manitoba, Gary Filmon, enchaîne et se fait le grand défenseur du pouvoir fédéral de dépenser dans les petites provinces comme la sienne. Il annonce que le Manitoba ne restera pas muet devant une tentative d'émasculation du gouvernement fédéral. Voyant que le document québécois réclame un partage fédéral-provincial du pouvoir sur l'environnement, il proteste. « Gary était particulièrement dur sur l'environnement, se souvient son voisin », Roy Romanow.

ACIDE ET ÉMOTIF

Tout le monde entre ensuite dans le débat. « Chacun son tour, tous les premiers ministres ont présenté leurs arguments, et ces arguments étaient très simples, se souvient McKenna : que le partage des pouvoirs réclamé par le Québec équivaudrait à la destruction de l'autorité centrale du Canada et nous était donc inacceptable. »

Le premier ministre du Nouveau-Brunswick partage ces objections, mais déplore l'agressivité du débat. « Je trouvais

que les interventions revêtaient presque le ton de la confrontation. Ce n'était pas le style de logique et de raison qui avait
été utilisé depuis le début de la négociation. C'était acide et
émotif. »

Son collègue de la Nouvelle-Écosse, Don Cameron, note
que les participants « ne semblaient pas avoir l'esprit très
ouvert pour discuter des demandes du Québec ».

Assez tôt pendant la discussion, Brian Mulroney – jusque-là
toujours perçu comme l'allié indéfectible du Québec – met son
poids dans la balance.

Je dois vous dire ouvertement que cette position [du Québec]
est complètement inacceptable. C'est ni plus ni moins que la
position de souveraineté-association envisagée par Allaire.
C'est complètement aux antipodes de ce qu'il faut faire.

Dans la tête de Mulroney, le mot « Allaire » semble ouvrir
une vanne de fiel. « Il était toujours assez méprisant à l'égard
du rapport Allaire », note McKenna.

Faisant comme si c'était Allaire, et non Bourassa, qui était
assis à ses côtés – un peu comme le boulanger de Giono im-
mortalisé par Pagnol, qui fait à sa chatte un sermon destiné à sa
femme volage – Mulroney s'emporte :

Pour qui parle-t-il [Allaire]? C'est rien qu'un fonctionnaire
municipal de troisième ordre, et il va détruire la capacité
qu'a le gouvernement du Canada d'agir en fonction des in-
térêts de tous les Canadiens?

Parfois, dit Rivest, Mulroney parle du « notaire » Allaire.
« Ça ne vaut même pas la peine d'en discuter, ajoute-t-il,
Allaire ne laisserait à Ottawa que la dette et la reine. » Et puisque, un peu plus tôt, Bourassa a parlé des « problèmes » qu'il
a chez lui, Mulroney lui répond qu'il se trompe : Allaire « n'a
absolument pas le pouvoir que tu dis qu'il a ».

« On ne peut pas dire que Mulroney était gentil », rapporte McKenna.

Quand le flot de paroles se tarit, Robert Bourassa souligne que le rapport Allaire n'est pas une élucubration d'un notaire ou d'un fonctionnaire municipal, mais le programme du Parti libéral du Québec. Toutefois, précise-t-il pour qu'il n'y ait pas d'équivoque, « c'était un rapport de conjoncture ». Une conjoncture périmée depuis longtemps.

Il y a une éclaircie dans le bombardement canadien que Robert Bourassa subit ce matin-là. Il se trouve un premier ministre provincial pour venir à sa rescousse. Un premier ministre féru de droit constitutionnel, qui en connaît l'histoire et l'évolution.

Le débat, qui dure environ une heure, s'enlise. Don Getty décrète que « toute cette affaire est une perte de temps ». « Plusieurs premiers ministres avaient tracé leur ligne sur le sable », expliquera McKenna. Ils n'allaient plus bouger.

Joe Clark, très silencieux depuis le début de la semaine, demande la parole. C'est pour invoquer, commente Jean-Claude Rivest, « un argument complètement à côté de la question, qui n'avait pas d'allure ». Il est question des conséquences pratiques, dans des situations d'urgence, du droit de retrait réclamé par le Québec. « C'était ridicule », dit Rivest.

Ce n'est pas exactement ainsi que Robert Bourassa présente les choses :

Joe Clark est arrivé et il a dit : « Il peut y avoir des situations d'urgence. Des tornades, des épidémies, des tremblements de terre. Ce sont des choses qui touchent soit la santé, soit l'ordre public. » Et il a dit : « On ne peut pas commencer à négocier avec les provinces [dans ces cas], *il va falloir agir vite. » Donc, ça me paraissait être des arguments de sens commun.*

Suffisants, semble-t-il, pour écarter ce que Bourassa appelle «la revendication historique du Québec sur le pouvoir de dépenser[*]».

Dans la salle de la plénière, Mulroney a l'air exaspéré. Il voit que rien de productif ne peut maintenant se produire.

Gil Rémillard est en train de donner une explication. Il est à mi-phrase, en plein élan, quand Mulroney frappe de son maillet de président sur la table, déclare la séance levée.

Les participants se dispersent. Plusieurs partent à la chasse aux journalistes, qui font le pied de grue dans le hall d'entrée. Un délégué de la Colombie-Britannique résume la chose avec ironie: la position du Québec? «On l'a reçue avec respect et générosité.» Un autre négociateur accuse le Québec de «vouloir agir comme si rien ne s'était passé en 125 ans d'histoire». Aucun ne résume le débat du matin de façon aussi crue qu'un premier ministre anglophone, *off the record*, devant le journaliste Terry McKenna, de la CBC:

«On avait l'impression qu'il y avait du sang sur le sol.»

---

[*] Dans une autre entrevue, Bourassa a offert une fort intéressante synthèse des événements du matin: «La discussion la plus difficile fut sur le partage des pouvoirs. Et le premier ministre [Mulroney] avait l'esprit assez ouvert à ce sujet, comme plusieurs autres premiers ministres. Mais des hauts fonctionnaires sont intervenus pour dire: "Si nous acceptons ce texte, qu'arrivera-t-il lors de situations d'urgence? Comment le gouvernement fédéral pourra-t-il agir, en pratique, pour y faire face?" Alors, il n'y avait pas de mauvaise foi ou d'opiniâtreté. Ce n'était que le bon sens. Car, sur le texte lui-même, le PM [Mulroney] a dit: "Je suis d'accord", et il y avait aussi d'autres premiers ministres qui étaient d'accord. Mais on a vérifié avec les hauts fonctionnaires, qui sont habitués à ce genre de choses, et ils nous ont dit: "Il y a de gros problèmes avec ça." Alors il fallait trouver autre chose.»

WHAT DOES ROBERT WANT ?

Le blocage est total. Cette discussion n'est pas une «étape», qui «laisse l'avenir ouvert», comme le dira Bourassa. C'est la démonstration que l'histoire canadienne est en marche, qu'il n'y en a qu'une, et que ceux qui veulent changer de direction ou rebrousser chemin n'ont d'autre choix que de quitter le train. Rester, c'est acquiescer.

« On était dans un état un peu catastrophé », se souvient un des Québécois. Le conseiller constitutionnel de Brian Mulroney, Michel Roy, va à la rencontre de la délégation. Il la trouve en effet dans un piteux état. « La délégation était atterrée. Gil Rémillard disait : « Ça n'a aucun bon sens. Messieurs, je ne peux pas continuer à vivre comme ça, le pays ne pourra plus… » »

Mulroney, fort préoccupé du déroulement des opérations, décide d'intervenir personnellement auprès de la délégation québécoise. Il leur fait un discours sur tout ce qu'ils ont gagné depuis le début de la conférence : sur le Sénat, sur les autochtones. Il parle même directement à Rémillard, dont il admet soudain l'existence. C'est un cadeau. Il lui explique combien le Québec a fait de progrès. « Écoute Gil, le paquet contient vos gains sur les autochtones, sur le Sénat, le 25 % à la Chambre, et si vous avez 5, 6, 7, 8 pouvoirs de plus, tout Meech, ne penses-tu pas que ce sont des gains historiques ? » Rémillard répond que l'opinion publique ne le verra pas de cet œil, s'il n'y a rien sur les pouvoirs. L'échange est cordial. Personne n'est plaqué sur la bande.

Il y en a qui se retiennent. « Quand Mulroney arrive, ça met fin à l'excitation, raconte Rivest. C'est le premier ministre et on ne l'obstine pas. Quand Brian dit que telle clause est magnifique, et moi, je sais que sur le plan technique elle vaut pas de la merde, je suis pas pour aller l'obstiner. »

RÉMILLARD DÉBARQUANT DU CHAR

Gil Rémillard pense-t-il à démissionner? C'est la rumeur qui circule dans toutes les délégations. Y pense-t-il? Peut-être. Le fait-il? Non.

En privé, il affirmera avoir suggéré que la délégation québécoise prenne plus de temps, prolonge la négociation, suspende les travaux et retourne au moins temporairement à Québec, au besoin. Bourassa affirme que « c'est possible, mais sans insistance et sans que ça crée de consensus ».

Ni Rivest ni Parisella ne se souviennent d'avoir entendu cette suggestion, et un troisième larron est plus dur. « Jamais », dit-il, le ministre n'a fait preuve d'une telle sagesse. Pourquoi? « Gil vient à toutes fins pratiques de jeter la serviette. Il comprend que c'est ça. Qu'on vient de se faire flouer. Il se met au neutre. Il vient de débarquer. Il est pus dans le char. »

Aucun autre n'évoque la possibilité d'un départ ou d'un prolongement d'un jour ou deux. Un participant explique cette mollesse par le sentiment que le débat était « perdu d'avance », car plusieurs membres de la délégation québécoise se souvenaient du vain combat qu'ils avaient mené contre le retour à la table après le 7 juillet. « Écoute, on voulait même pas y retourner. On était là à notre corps défendant. »

Le ROC a peut-être été mis en présence, ce matin, des demandes minimales du Québec. De celles de la majorité des membres de la délégation québécoise. Mais pas de celles de Robert Bourassa. Et pendant qu'au sein de la délégation québécoise, c'est à qui broiera le plus de noir, on peut observer un Bourassa remarquablement serein, assis à la terrasse avec son attachée de presse, compulsant son dossier, ponctuant la conversation de sourires.

Pourquoi? Parce qu'en effet, le petit numéro du matin n'est qu'une mise en forme, un conditionnement de l'auditoire, pour son réel objectif. Quel est-il?

Rivest : *Bourassa, il pensait que d'avoir retrouvé la substance de Meech était une bonne chose. Il avait le droit de veto. Les autochtones, c'était dans de meilleures conditions qu'avant. Le deal du Sénat était un peu cahoteux, mais néanmoins le 25 % était d'intérêt d'avenir pour le Québec. Enfin, il donnait une sécurité.* [...]

Ce dont le PM avait besoin pour le référendum, ce dont le Québec avait besoin, c'est d'un transfert de responsabilité en matière de formation professionnelle et de main-d'œuvre. C'est ça qui était l'objectif de la journée, dans la tête du premier ministre.

Certes, Bourassa aurait aimé qu'on puisse redresser les perversions du fédéralisme, mais il n'était pas prêt à se choquer pour si peu, explique Rivest.

Mais dans la séance de négociation de l'après midi, où Mulroney a imposé un huis-clos, Bourassa n'arrive pas à convaincre ses collègues de lui céder même la main-d'œuvre. Une dernière fois, il vient voir ses conseillers et leur dit : « J'ai ben essayé d'obtenir plus, mais c'est bloqué et il n'y a personne qui m'appuie. »

Que faire ?

Bourassa : *J'aurais pu dire : « On retourne au Conseil des ministres pour avoir son avis. »*

L'auteur : *Pourquoi ne pas l'avoir fait ?*

Bourassa : *J'avais eu le temps de mesurer l'élastique. Si, dans le climat qui existait à ce moment-là, je demandais un ajournement, avec le congrès du parti qui était déjà fixé au 29 août et avec le référendum qui par la loi était déjà fixé au 26 octobre, c'était l'échec.*

Si je retournais à Québec, avec le climat, on aurait dit qu'il fallait tenir un référendum sur la souveraineté. On partait pour God knows where.

Il prend Jean-Claude Rivest à part et prend sa décision. Rivest rapporte ces propos de Bourassa :

Est-ce que je dois laisser passer ça ou non ? Et est-ce que je peux me battre pour ça ? C'est pas le rapport Allaire, c'est pas Bélanger-Campeau, pis c'est pas les revendications tradi- tionnelles du Québec. Mais au moment où on est, surtout compte tenu des conditions économiques et financières du gouvernement, qu'est-ce qu'on ferait si ça marchait pas ?

Le pas est franchi. La décision est presque prise. Reste une dernière discussion, avec l'ami Brian.

LE TRICHEUR PRIS À SON PROPRE PIÈGE

Le soleil commence à décliner vers l'horizon. Sur la grande terrasse du neuvième étage, plusieurs premiers ministres, dé- sœuvrés, prennent le frais. Des agents de la GRC les abordent souvent, pour leur recommander de parler à voix basse, car des caméras et des micros à longue portée sont pointés vers l'étage où ils se promènent.

Malgré ces admonestations, on aperçoit, faisant les cent pas plus loin sur la passerelle, Mulroney et Bourassa en grande conversation.

Robert n'est pas impressionné des progrès de la journée. Il n'a même pas obtenu son *bottom line* : les ressources hu- maines, la main-d'œuvre. Son grand numéro du matin n'a rien donné. Il n'a récolté que de l'hostilité.

« Je lui disais [à Mulroney] qu'il n'y en avait pas beaucoup, je lui disais que ce serait très très difficile à vendre. Je lui faisais rapport », résume Bourassa qui, pour le reste, récuse absolument le résumé qui suit, que l'auteur tient cependant d'une source de premier ordre.

« On était où le 7 juillet ? réplique Brian. Le Sénat, les autochtones, tout le reste ? Est-ce qu'on avait conservé Meech ? »

« Je subis des pressions énormes de ma délégation », proteste Robert.

« C'est pour ça qu'on est premier ministre, pour décider », rétorque Brian.

Pendant un moment, le duo examine les considérations politiques. « Si ça marche, est-ce vendable au Canada anglais ? Au Québec, quels arguments Parizeau va-t-il utiliser ? »

Bourassa tergiverse, soupèse, hésite.

Mulroney craint un peu que Bourassa ne dise oui aujourd'hui, puis non une fois retourné à Québec. Ça s'est vu. Mais il se sait en terrain sûr. Il sait que Bourassa le sait. « Bourassa savait qu'en venant à Ottawa, il se plaçait de plus en plus dans mes mains », expliquera-t-il à un confident. Pourquoi ? Parce qu'ayant fait aménager le Sénat et le volet autochtone à son gré, Bourassa a donné son aval au moins partiel à l'entente canadienne. « Plus il avançait, plus il était mouillé », dira encore Mulroney.

« Si ça marche pas, Robert, inquiète-toi pas ! Je sais quoi faire, lui dit-il ce jour-là, mettant un point sur chaque *i*. Moi, je m'en vais à la Chambre des communes, et il y aura un référendum sur le paquet, et le référendum sera pancanadien. »

Il y a bien une solution : prendre de vitesse le référendum unilatéral de Mulroney et en organiser un, prévu par une loi de l'Assemblée nationale, sur la souveraineté, le ou avant le 26 octobre 1992. Avec l'échec de la conférence de Pearson comme tremplin, le succès du Oui serait assuré. Les Québécois ont dit de cent façons, depuis deux ans, qu'à moins d'une « réforme en profondeur », Bourassa doit les mener à la souveraineté. Il s'y est lui-même engagé.

Mais voilà, Mulroney sait que Bourassa n'empruntera jamais cette voie. Il le sait allergique à la souveraineté. Il le sait partisan du Canada à tout prix. Il le sait piégé. Robert ne répond pas à la menace de Brian. Il n'y a rien à dire. Il a joué, il a perdu. Il est coincé. Il n'obtient même pas sa demande minimale. Et il est prisonnier de son propre fédéralisme.

Mais qui donc a construit cette prison ? Dans les explications qu'il donne plus tard en privé pour expliquer sa dureté, Mulroney fait deux constats. Le premier, sur le calendrier : « C'est pas moi qui a patenté ça, la tenue d'un référendum le 26 octobre ! » Il s'est en effet opposé pied à pied à chacun des jalons posés depuis deux ans par Bourassa pour délimiter cet enclos politique.

Maintenant que Mulroney y a été enfermé, et tout le Canada avec lui, il vit avec. Second constat de Mulroney : « Il voulait pas le tenir, son référendum sur la souveraineté ! » Bourassa ayant construit l'enclos et refusant d'en utiliser la sortie, il est en effet coincé à l'intérieur, avec les autres Canadiens. Là, et seulement là, Mulroney a du pouvoir. Puisque Bourassa reste, décide-t-il, il doit rester sage. Mulroney lui dicte donc sa conduite, sans ménagement.

Bourassa, au tapis, renonce. L'Albertain Getty, pour lui remonter le moral, lui dit qu'il a fait « *a wonderful job* ».

CEUX QUI SAVENT, CEUX QUI RÊVENT

Photo : Jacques Nadeau

L'Ontarien David Peterson, venu rencontrer Bourassa 11 jours après la mort de Meech, apprend que «jamais» son voisin n'envisagera de faire sortir le Québec du Canada. «Au pied du mur, s'il avait à choisir son camp, il choisirait le Canada. C'est le cœur du personnage.»

Photo : Jacques Nadeau

Photo : La Presse Canadienne / Ron Poling

Élu en septembre 1990, le nouveau premier ministre ontarien Bob Rae entend la même rengaine.

Lucien Bouchard avec Jean Lapierre : « On parlait à Jean-Claude Rivest. Il sacrait après les fédéralistes : "Les baptêmes, ils nous prennent pour des mous. Tu vas voir, ils vont en manger une maudite ! Robert va surprendre ben du monde."»

«*Just watch me.*» Robert Bourassa connaît ses classiques. Lorsqu'il prononce cette phrase, au sortir de l'édifice Pearson, ce samedi en début d'après-midi, il cite, sans le nommer, son vieux rival Pierre Trudeau.

Prononcée un jour d'octobre 1970, quelques kilomètres plus loin, sur les marches du parlement, la phrase signifiait que l'État fédéral ne reculerait devant rien pour traquer les terroristes d'octobre : suspension des libertés civiles, fouilles sans mandat, emprisonnement sans motif.

L'histoire du Québec, alors, était à un tournant. La carrière de Robert Bourassa, aussi, allait changer de cap. Le premier ministre québécois comprend-il, à 22 ans de distance, que les choix qu'il assume maintenant sont d'un semblable calibre ? Qu'il joue, comme en 1970, avec la vie d'un peuple ? Qu'il décide, seul, comme en 1970, de créer un climat, de choisir un itinéraire ?

«*Just watch me*», c'est ce qu'il répond lorsqu'on lui demande comment il s'y prendra pour faire accepter l'entente par les Québécois. Ce ne sera pas facile. Ce sera une course à obstacles. Il n'est nullement certain de réussir cet exploit. Mais il doit, d'abord et à tout prix, vendre cette entente à ses ministres, à ses députés, à ses militants, à son parti. S'il échoue là – ou si sa victoire n'est acquise qu'au prix d'une sérieuse hémorragie –, rien ne sera plus possible.

En fait, il est immensément plus important de triompher dans le parti que de triompher dans la population. Car puisque le référendum, dont les modalités restent à définir, portera sur l'entente, un vote négatif n'aura aucun impact direct sur l'avenir immédiat du gouvernement ou du pays. Défaite politique, certes, pour Bourassa. Et après ? La sagesse politique répond par cette phrase de Daniel Latouche : « L'empereur est nu, mais il est toujours empereur. » Robert Bourassa use d'une métaphore biblique : « Y'a pas d'apocalypse si ça marche pas. » Mais pour rester empereur, pour éviter l'apocalypse, il faut maintenir son emprise sur la garde prétorienne, sur l'appareil. En démocratie, sur le parti.

UNE PLANCHE DE SALUT

Il faut presser le temps. Lundi, ce sera la grande journée. Il s'agit de précipiter un maximum de gens dans des positions pro-entente dont ils ne pourront, ensuite, se dégager. Il faut réunir pour cela les meilleures conditions : la confusion, la bousculade, la loyauté, l'effet de troupeau.

L'itinéraire est connu : pour faire passer une position fédéralisante dans les instances du PLQ, il faut l'amener d'abord au Conseil des ministres, où le bloc fédéraliste est le plus fort, puis au caucus des députés, moins docile mais ainsi fortement incité à suivre la marche, puis à l'exécutif du parti, où les fortes têtes nationalistes sont alors mises devant le fait accompli. Cette vente en cascade est prévue pour lundi, à Québec.

D'ici là, il faut circonscrire les foyers potentiels d'incendie. À l'exécutif, Mario Dumont et Jean Allaire sont, à l'évidence, les deux cas les plus difficiles. Au caucus, Jean-Guy Lemieux a fait de la réforme en profondeur son cheval de bataille.

Dès le samedi après-midi, Bourassa se pend donc au téléphone. Il parle d'abord à Pierre Anctil et lui vante les mérites de l'entente. « La main-d'œuvre, on a ça », lui dit-il, mentant, « il y a un gain, qu'il s'agit de mesurer ». Bourassa a beau jeu : le texte de l'entente n'est pas disponible, la conférence des premiers ministres n'a même pas accouché d'un communiqué de presse. C'est sa planche de salut. Seule sa parole compte. Si le texte devait apparaître, ce serait la catastrophe.

Pour ce qui est du partage des pouvoirs, que tout le monde voudrait lire, les amendements au texte du 7 juillet adoptés à Pearson tiennent en moins de 50 mots. La délégation québécoise, qui a en main tous les nouveaux libellés, pourrait produire en moins de 20 minutes un texte révisé et le distribuer aux responsables du parti, aux ministres, aux députés. Ça ne sera pas demandé. Ça ne sera pas fait. Pourquoi? Parce qu'à la brévissime rubrique «partage des pouvoirs», à cinq des six alinéas, il faut écrire: «selon l'entente du 7 juillet». «Selon», dans le sens de «conformément à». Ce texte serait un acte de reddition. Ne pas en faire la distribution, convient Rivest, «c'était peut-être une précaution de style».

Anctil doit se fier aux comptes rendus que font les journaux, alimentés eux-mêmes à partir d'entrevues, et non de textes écrits. Quand il objecte: «J'ai lu ça dans tel journal», Bourassa répond: «Non, c'est pas bon. Lis dans tel autre journal pour telle affaire.» Anctil rétorque: «O.K., mais dans tel autre, ils disent ça!»

«Ça fait que, là, résume Anctil, il y a eu des journées de flottement, tsé, où le compte rendu qu'on en avait, c'était des ombres chinoises.»

Le dimanche, Bourassa parle à Allaire, qui se montre plus réticent encore qu'Anctil. Allaire insiste pour voir les textes; Bourassa promet que Jean-Claude Rivest va les lui envoyer le lendemain.

Allaire est un os. Il y en a un autre: les jeunes. Dans sept jours, au congrès extraordinaire des membres convoqué pour ratifier l'entente, un délégué sur trois peut provenir de l'aile jeunesse. Or les jeunes sont pompés. Le vendredi soir, Dumont et plusieurs de ses adjoints, réunis au quartier général du parti, ont écouté Bourassa faire son point de presse à Pearson, tentant de plaquer un sourire sur le désastre. Ils ont entendu, ensuite, les comptes rendus journalistiques expliquant combien le point d'arrivée était loin du point de départ.

Parlant de sa petite bande de responsables de la CJ, Mario Dumont raconte : « Là, on n'en revenait pas. Vraiment, on était atterrés, désespérés. Le téléphone arrêtait pas de sonner au parti, c'était écœurant. Moi et les autres, on prenait les appels des citoyens. Pendant une heure les lignes ont pas dérougi. « Vous direz à Bourassa que c'est une crisse de putain ! » « C'est la même p'tite crisse de putain qu'on a toujours connue ! » C'était rien que ça. Tout le temps, tout le temps. Des femmes, des hommes, des jeunes, des vieux. Pis nous autres, c'était comme un cauchemar, là. »

Tôt le dimanche matin, Dumont reçoit l'appel de Bourassa. Il est invité à Maplewood, pour un échange cordial entre libéraux. Dumont trouve un premier ministre « ben en forme », qui s'évertue à le convaincre en jouant sur plusieurs fronts à la fois.

– *La qualité de l'entente.* Bourassa en vante les mérites. Main-d'œuvre ? On l'a. Développement régional ? C'est réglé. Communications ? On a un gain. « On avait toute ! résume Dumont. Avec le pouvoir de dépenser, surtout, il disait : "Tu vas chercher la moitié d'Allaire." Pourtant, ça m'avait pas l'air si clair. » Dumont est surpris de ce qu'il entend. « Moi, j'avais pas de texte, j'avais rien, dit-il. C'est pas facile d'argumenter. » Il demande à les voir, ces textes. Bourassa lui dit qu'ils ne sont pas encore prêts.

– *Le moment historique.* Bien sûr, on n'a pas absolument tout, admet le chef, mais quels sont nos autres choix ? « Il essayait de faire son gars qui avait une grande vision de l'histoire, dit Dumont. Avec le contexte économique actuel, c'était pas le moment pour faire la souveraineté, ce serait trop risqué, les gens sont pas prêts pour ça. » Et « les gens », bien sûr, veulent « garder cette carte dans leur manche[*] ». C'est donc, à la fois, les protéger et leur rendre service que de ne pas foncer, tête baissée, dans l'aventure souverainiste – bonne en soi, mais pas en ce moment. « C'était les mêmes rengaines, résume Dumont, mais avec plus d'énergie, parce qu'il sentait que ça allait mal. »

- *La menace autochtone.* « On peut pas refuser ça, dit aussi le premier ministre, à cause des autochtones. » Déjà, le climat est tendu avec eux, explique-t-il, ce n'est pas facile. Mais dans l'entente, ils obtiennent « des gains historiques ». « Imagine qu'on leur enlève ça, ce serait la faute au Québec », dit-il. « Il pourrait y avoir des kamikazes là-dedans, ils font sauter un barrage, ils font sauter un pont ! Je te dis, Mario, pour la stabilité, on peut pas faire de meilleur choix que d'accepter cette entente-là ! »

Dumont n'est pas convaincu. Il tire sa révérence.

DES MINISTRES EN CONSEIL

Le lundi après-midi, la trentaine de ministres du gouvernement de Robert Bourassa se rassemblent pour entendre le chef expliquer de quoi il retourne. Ils savent que le moment est historique. Ils savent que cette réunion est une des plus importantes auxquelles il leur sera donné de participer.

Très souvent, les politiciens ambitieux sont des gens têtus, qui ont des opinions sur tout, qui y tiennent et qui se battent. Engoncés dans le système des partis, qui impose la solidarité sans laquelle l'action gouvernementale manquerait de cohésion, ils ne peuvent clamer publiquement leurs désaccords. Deux espaces sont aménagés pour ces débats, ces défoule-

---

[*] Cinq jours plus tôt, un sondage Léger et Léger a montré que 76 % des Québécois voulaient un « référendum sur la souveraineté à l'automne » – 4 % d'indécis seulement – et que 57 % seraient disposés à voter Oui.

ments : les réunions du Conseil des ministres, celles du caucus. Au-dehors, on ne doit former qu'un bloc. Au-dedans, on peut laisser parler sa conscience.

Le premier ministre, c'est sûr, a le pouvoir que l'on sait : «immense», avait écrit Bourassa, découvrant au premier jour de son mandat un pouvoir présidentiel à la française. « Si les ministres ne sont pas d'accord, ils peuvent toujours démissionner», ajoutait-il. C'est leur arme ultime.

Mais le Conseil des ministres peut aussi servir de frein majeur. Confronté à une révolte de 5, 10 ou 15 ministres sur un point important de son programme, le premier ministre, si puissant qu'il soit, doit recalculer sa trajectoire. C'est d'autant plus vrai lorsque le projet qu'il propose prête flanc à la critique. Lorsque le projet qu'il propose est plein de trous.

Ce lundi 24 août, les ministres du gouvernement Bourassa doivent discuter à chaud d'une entente dont ils n'ont pas reçu le texte. Ils ont tout au plus quelques pages, trois ou quatre, selon trois d'entre eux, où ont été inscrits des points, comme des têtes de chapitre. Bourassa et Rémillard partent de ces points pour expliquer le contenu de l'entente. Il faut les croire sur parole.

Pendant une bonne heure, Bourassa et Rémillard répondent aux questions. Claude Ryan se demande s'il est bien prudent de donner son aval à un changement constitutionnel de cette ampleur sans pouvoir consulter les textes de l'entente. («M. Ryan s'exprimait au nom du groupe. En disant ça, il reflétait l'opinion générale», se souvient Marc-Yvan Côté, étonné de cette pénurie de réelle information. «C'est toujours dans les détails qu'on est questionneux, dit un autre ministre, et là on sait pas trop comment ça va se rattacher.») Cela dit, personne ne pousse l'audace jusqu'à suggérer que le Conseil des ministres réserve sa décision jusqu'à ce que des textes lui soient soumis.

Qui sont ces ministres québécois placés, ce lundi 24 août 1992, devant la plus grande réforme constitutionnelle proposée aux Canadiens depuis 1867 ? Presque tous ont voté la loi 150. Deux d'entre eux – Claude Ryan, Gil Rémillard – ont signé le rapport Bélanger-Campeau. Une grande majorité, y compris Lise Bacon et André Bourbeau, ont voté, et appuyé publiquement, le rapport Allaire. Il y a un an, entre le quart et le tiers d'entre eux se disaient, en privé, prêts pour la souveraineté.

Une fois terminé le tour d'horizon technique sur les éléments principaux de l'entente, une fois bien imparfaitement mesurés les avances et les reculs, la question de principe reste posée : accepter ou rejeter le « paquet ».

Le cas Ryan, comme toujours, est le plus intéressant. L'entente rapportée d'Ottawa par Bourassa et Rémillard n'est conforme à aucun des critères établis par Ryan au cours des 22 dernières années. Lorsqu'il était chef du Parti libéral, en 1980, il avait, on l'a dit, publié son Livre beige, une ode à la dualité canadienne, en tous points l'antithèse de l'entente ramenée d'Ottawa, ode à l'égalité des 10 provinces.

Au début de 1991, Ryan avait défini une position plus ferme : on pose des conditions minimales, sinon, on part ! Dans le document confidentiel qu'il a remis en janvier 1991 aux allairiens, puis dans ses propres modifications proposées au rapport Allaire, il réclamait pour le Québec « un pouvoir de législation prépondérant en matière linguistique ». L'entente n'est pas complètement muette à cet égard. Ryan en conviendra à l'Assemblée nationale, elle ouvre la porte à de nouvelles contestations de la législation linguistique. À de nouveaux reculs dans son document de janvier 1991, Ryan réclamait aussi une « révision en profondeur » du « partage des pouvoirs ». Et si le congrès libéral de mars 1991 avait adopté l'intégralité des amendements que Ryan proposait d'apporter au rapport Allaire, le parti aurait toujours réclamé le retrait total du fédéral de 11 champs de compétence et la dévolution au Québec de 4 pouvoirs exclusifs supplémentaires. L'entente est à des années-lumière de ces exigences.

Que proposait Ryan, en cas d'échec des négociations? Dans son document, il écrivait: «... à défaut de quoi le Parti libéral du Québec recommandera que la population du Québec soit invitée par voie de référendum à se prononcer en faveur de la souveraineté politique.»

Si on devait s'attendre à ce que quelqu'un, dans cette enceinte, fasse preuve de cohérence intellectuelle, de conscience politique, de rectitude, il fallait se tourner vers Claude Ryan. Si on voulait identifier, autour de cette table, un personnage indépendant d'esprit, ne devant rien à personne, n'attendant aucune faveur, car en fin de carrière, il fallait nommer Claude Ryan. Exprime-t-il une hésitation? Soulève-t-il seulement la nécessité d'ouvrir un débat? Claude Ryan ne fait rien de tel. Claude Ryan ne fait rien.

« J'ai pas le souvenir que ça ait été un Conseil des ministres difficile», résume Bourassa.

Voilà. Le plus grand obstacle potentiel est franchi. Tout le monde s'aligne derrière le chef. Celui qui a promis, «une réforme en profondeur ou la souveraineté» ne livre ni l'une ni l'autre et conserve 30 ministres sur 30. Pas étonnant qu'il se félicite ensuite de la « solidarité extraordinaire» de son conseil.

LE SILENCE DES AGNEAUX

Château Frontenac, salle Frontenac. En début de soirée, ce même lundi 24 août, c'est le rendez-vous du caucus des députés libéraux. Avant de s'y rendre, plusieurs, dont Georges Farrah et Jean-Guy Saint-Roch, font un arrêt au bar Champlain. Depuis plusieurs mois, les députés s'attendent à la tenue, au moment crucial, d'un caucus décisif. Ils jouent à qui parlera le premier, et le dernier. À l'entrée de la salle Frontenac, ils voient que les journalistes ont harponné Jean-Guy Lemieux. Il est en verve. «On passe d'un fédéralisme dominateur à un fédéralisme rigide», dit-il, précisant qu'il est «le serviteur du PLQ, mais pas son esclave». Il brisera la glace, il ouvrira la brèche, pensent ses collègues.

Les ministres et le premier ministre sont arrivés, les portes sont closes, on peut commencer. Le président du caucus est Marcel Parent, un ancien membre du comité Allaire, un de ceux qui ont voté oui à la souveraineté à la réunion de l'Alpine Inn. Ce soir, il accueille Bourassa comme «celui qui a négocié l'entente du siècle» et appelle ses collègues à lui rendre hommage, dans une ovation debout.

Henri-François Gautrin, pilier fédéraliste du caucus, se souvient que «l'ensemble des députés du caucus se sont levés et ont applaudi très fortement pendant au moins 5 à 10 minutes et puis… – ça crée une tendance [ici, Gautrin s'interrompt pour rire un peu]. Quand un caucus commence par une *standing ovation* de plus de 10 minutes, même si quelqu'un avait des réserves, c'était un peu difficile pour lui de les exprimer.»

C'est sûrement un gag. La conviction d'hommes et de femmes politiques ne peut se plier à ce genre de conditionnement.

«Tu peux pas rester assis dans ces cas-là, raconte Jean-Guy Saint-Roch. Tu te lèves avec hésitation, moi inclus. Mais t'es moins vigoureux dans tes applaudissements.»

Tous les députés nationalistes participent à cette ovation préventive. Mario Dumont, à qui certains d'entre eux décriront la scène le lendemain, la résume ainsi: «Ils se sentent obligés de commencer à applaudir comme des marionnettes, pis à un moment donné ils ont tellement applaudi qu'ils osent plus poser de questions.»

Bourassa et Rémillard présentent l'entente pendant quelques minutes chacun. Une feuille, peut-être, est distribuée aux députés, mais rien de plus. Henri-François Gautrin s'en souvient.

Bien sûr, j'étais frappé de ne rien avoir d'écrit devant moi, se souvient Gautrin. Mais le geste politique important était le fait qu'il y avait une entente et c'est ça qui comptait pour moi. Beaucoup plus que le contenu de l'entente. Faisant confiance à M. Bourassa, je me disais que s'il y avait une entente dont il était partie, le contenu de l'entente était acceptable. Et je pense que ça a été la position très fortement majoritaire de mes collègues.

Nous sommes en présence de législateurs. De gens dont la fonction est de discuter, d'amender, d'adopter des textes de lois. Il est question maintenant de la loi fondamentale du pays. Logiquement, ils vont vouloir lire avant de signer…

La période de questions est maintenant ouverte. On attend la charge de Jean-Guy Lemieux. Elle ne vient pas. Il reste muet. Pourquoi? Il l'explique à un conseiller de Bourassa : « Quand je vais à la guerre, c'est pour la gagner, c'est pas pour la perdre. Tout est déjà organisé, tout est déjà fait. Le peuple vous donnera votre verdict. »

Jean-Claude Rivest est un peu étonné, aussi, du mutisme du plus trublion des députés nationalistes. « L'affaire que j'ai pas saisie, dit-il, c'est Jean-Guy Lemieux. Ça a été très facile. Je sais pas pourquoi. Ça m'a surpris. »

Trois autres députés identifiés à l'aile nationaliste interviennent, mais pour encenser l'entente. On n'avait pas assisté à un tel dégonflement depuis la cérémonie de clôture du Festival de montgolfières de Saint-Jean-sur-Richelieu.

Reste à Bourassa la dernière étape : l'exécutif du parti. C'est là qu'on trouve deux irréductibles : Jean Allaire et Mario Dumont.

L'HOMME QUI PARLE

Jean Allaire n'a pas l'intention de débattre longuement. Il a préparé un texte, une déclaration.

> *Vous savez tous que je suis opposé aux offres présentées par le reste du Canada. Il serait plus facile pour moi de me joindre à l'actuel concert d'apparente unanimité. Rien ne me surprend de cette manifestation d'apparente unité. J'ai investi 36 ans de ma vie dans le PLQ, je connais toutes les règles de la vie partisane et aussi, tous ses artifices y compris les manifestations de fausse unité.* [...]

> *Ce qui était vrai pour le Parti libéral du Québec il y a à peine 17 mois* [mars 1991] *ne peut soudainement devenir secondaire ou erroné. Est-ce que soudainement, par magie, tout ce qui s'est passé à la Commission Bélanger-Campeau et au PLQ depuis plus de deux ans est disparu et n'a jamais existé? Des compromis raisonnables auraient pu être faits, mais ne l'ont pas été. Que faire d'autre, sinon appliquer la solution alternative du programme adopté l'an dernier, sous peine de marcher à genoux et nous couvrir de ridicule?*

Bourassa pense pouvoir le convaincre. Prenant des notes, il relève 14 arguments et, très habilement, les réfute un à un. Évidemment, il faut le croire sur parole.

Mais Allaire résiste, alors Bourassa a un argument:

Avant de dire non à cette entente-là, attends de voir les textes, Jean.

Allaire a sa réponse:

« Monsieur Bourassa, vous m'avez dit hier que vous me les enverriez, les textes, pis je les ai pas reçus. »

Bourassa tourne la chose à la blague et laisse entendre que c'est la faute de Rivest: « Jean-Claude? Jean-Claude? Qu'est-ce que t'as fait encore? »

La tension est forte, dans la salle. Mais Allaire n'est pas complètement isolé. Mario Dumont est avec lui, ainsi qu'un autre allairien, Philippe Garceau.

Allaire ressort de l'immeuble et confirme aux journalistes qui l'attendent : Bourassa ne l'a pas convaincu. Il est contre cette entente, et il entend le dire. Mario Dumont aussi.

C'est le terminus, pour les rêveurs. Il est presque temps de donner la parole aux électeurs. Mais reste encore une station pour le tricheur. La pire.

13

LE DÉCROCHEUR

On s'est écrasés, c'est tout.
LE CONSEILLER ANDRÉ TREMBLAY
À LA CONSEILLÈRE DIANE WILHELMY,
28 AOÛT 1992

Allaire, Dumont, les députés, les ministres, seraient curieux de lire un document rédigé le mercredi 26 août par les experts constitutionnels du gouvernement pour préparer la délégation québécoise à la toute dernière rencontre de Robert Bourassa avec ses homologues, à Charlottetown. Dans cet extrait comme dans le reste du texte, on croirait y lire les questions que posent Dumont et Allaire :

Partage des pouvoirs

En ce qui concerne le partage des pouvoirs, l'entente du 21 août reconduit essentiellement celle du 7 juillet, sauf en matière de culture et de communications.

– *De quelle nature sera l'engagement pris par le fédéral de conclure des ententes en matière de culture ?* [Considérant que le seul engagement est de… négocier]

– *N'y aurait-il pas lieu de préciser davantage, ne serait-ce que dans un accord politique, la nature des engagements du fédéral en matière de communications ?* [idem]

> – *Doit-on comprendre que l'obligation de retrait et de compensation en matière de main-d'œuvre ne touche que la formation? Et que le seul engagement du fédéral en matière de perfectionnement de la main-d'œuvre est de conclure des ententes?*

Le ton des écrits des conseillers de Bourassa a changé. Avant l'entente de Pearson, on sentait dans la tournure des phrases un élan d'indignation et de revendication. Après l'entente, les inquiétudes sont tapies dans la révérence et un certain fatalisme. La forme interrogative et le mode conditionnel font leur apparition. Les questions des experts n'en tranchent pas moins avec les certitudes affichées par Bourassa et Rémillard sur la qualité des gains québécois. C'est vrai aussi d'une future conférence sur le pouvoir de dépenser, promise à Pearson, et que les conseillers proposent de muscler de différentes façons car ils ne la trouvent vraiment «pas satisfaisante». Une idée parmi d'autres: «Ne serait-il pas opportun de suggérer que, d'ici à ce que les PM terminent leurs discussions sur ce sujet, un moratoire soit établi qui oblige le fédéral à obtenir l'accord du Québec avant d'utiliser son pouvoir? Ne serait-il pas opportun de prévoir un délai d'un an et une obligation de résultat sur ces discussions?» Rien de tout cela ne sera fait.

Et pour cause: quand Robert Bourassa se présente à Charlottetown, petite capitale de l'Île-du-Prince-Édouard et lieu de signature de l'entente de 1867 ayant fondé le Canada, ses collègues ont apporté leurs propres listes d'épicerie, qui visent à amincir, plutôt qu'à engraisser, le volet québécois.

Reste qu'ils sont aimables. Et ils sont contents pour lui. Dans son laïus d'introduction à la conférence, Brian Mulroney, rayonnant, souligne que l'avant-veille, Bourassa a obtenu l'appui unanime de son cabinet et de son caucus. Les applaudissements très nourris, autour de la table, expriment un grand soupir politique de soulagement. «Ça a été vu comme une victoire pour Bourassa, raconte Benoît Bouchard, présent dans le huis clos. C'est ce que les autres voulaient voir. C'est ce qu'ils ont vu. Ils ne se préoccupaient pas du reste.»

BOURASSA DANS LES DEUX LANGUES OFFICIELLES

L'Albertain Don Getty et le Manitobain Gary Filmon mènent l'offensive. Eux aussi viennent de se retremper dans leur vie politique locale. Eux aussi ont affronté leurs Allaire et Dumont locaux. L'influent universitaire de Calgary, Roger Gibbins, par exemple, écrit que «la nouvelle entente sur la réforme du Sénat renforcera en fait la domination du centre du pays, et plus spécifiquement la domination du Québec sur le processus politique national». Et il utilise, pour résumer l'entente, le mot «humiliation».

Les négociateurs des provinces de l'Ouest, explique le chef de cabinet de Mulroney, Hugh Segal, veulent rediscuter de la garantie de 25 % de sièges québécois aux Communes: «Ils disaient que ça rendrait l'entente trop difficile à vendre.» Ils insistent aussi pour que Bourassa se fonde complètement dans le moule du Sénat égal, et fasse élire ses sénateurs directement par la population, plutôt que les faire désigner par l'Assemblée nationale comme l'a réclamé la délégation québécoise.

Un des arguments invoqués concerne, toujours, le scénario de l'élection d'un gouvernement péquiste. Les sénateurs «délégués» seraient indépendantistes. *Shocking!* (Personne ne peut imaginer, en août 1992, que les Québécois puissent élire directement des indépendantistes au Parlement fédéral.)

«On ne réalise pas à quel point on a failli perdre l'accord au complet à Charlottetown, résume Segal. Il y a eu des nuits où, à la délégation fédérale, nous pensions que tout était foutu.»

L'ambiance est pire encore dans la délégation québécoise. Les fonctionnaires du SAIC (Secrétariat aux Affaires intergouvernementales canadiennes) tentent de convaincre Bourassa d'imposer ses points de vue à ses homologues. «Avec lui on faisait des briefings, des caucus, dit un négociateur québécois, on était comme des entraîneurs du coin du ring. "Vas-y Robert!"» Robert y allait. Quand il revenait, rien n'avait encore été fait. Encore. Encore. Encore. Toujours rien. Pourquoi? Comment?

Dans la délégation, on s'impatiente. Si on ne veut arracher qu'une chose, c'est la foutue clause où les lois provinciales s'appliqueront dans les futures zones autonomes autochtones. Benoît Morin, secrétaire général du gouvernement, premier fonctionnaire de l'État québécois, vieux compagnon de Bourassa, a sa dose. «Ça faisait 15 ou 20 fois qu'on demandait le changement, pis on l'avait pas, raconte un participant. Benoît est un gars colérique. Il en avait assez. Il était survolté. C'est le seul qui a vraiment perdu patience parce que les messages ne se rendaient pas.»

Morin dit: «Crisse, moi, j'y vas!» et part en flèche vers la salle de réunion réservée aux premiers ministres. Un agent de sécurité garde l'entrée du conclave. Il s'interpose. Morin le repousse et lance, en français: «Moi, j'passe!» Une fois à l'intérieur, il insiste à nouveau auprès de son premier ministre. Ne voyant toujours rien venir, il y retournera encore une ou deux fois, pour recharger les batteries de Bourassa.

André Tremblay, de même, vient voir à l'intérieur de la salle ce qui s'y passe, et demander à Bourassa des instructions sur un aspect du volet autochtone. Selon Benoît Bouchard, qui assiste à la scène, Bourassa répond à son conseiller: «Là-dessus, j'ai délégué mes pouvoirs à Clyde Wells. Wells parle en mon nom.»

«À Charlottetown, dit un des Québécois, il fallait qu'on se substitue à l'absence de leadership et qu'on pose des gestes qui ne relevaient pas de nous. Le gouvernement n'était pas là.»

Alors que les discussions, le jeudi, durent près de 21 heures, des membres de la délégation québécoise veulent savoir ce qui

se passe dans le conclave – lorsqu'ils n'y font pas personnellement irruption. « Est-ce que Bourassa fait les messages ? »
demande l'un d'eux à un des hauts fonctionnaires fédéraux
admis dans le huis clos. La réponse est non.

> *Bourassa se rendait à l'intérieur, il disait rien, sauf d'aller
> voir Jocelyne* [Bourgon] *et Suzanne* [Hurtubise, son assis-
> tante, préposée à la rédaction des libellés agréés]. *Donc, il
> allait intervenir auprès des officiers rédacteurs pour obtenir
> ses modifications ! Comprends-tu ? Au lieu de négocier ses
> affaires, il essayait de convaincre Jocelyne de les mettre
> dans le texte par en arrière. C'est inacceptable. Comprends-
> tu ? C'était systématique. Ça a pas de bon sens négocier
> comme ça, on n'a jamais vu ça. Jocelyne était outrée de cette
> façon de procéder.*

La personne qui raconte cette anecdote – ou plutôt cette
déchéance – a la voix chargée de chagrin. On y entend la trace
d'une indignation qui a vieilli, depuis la première fois qu'elle
l'a ressentie, ce jour-là à Charlottetown, et qui s'est mêlée, depuis, d'un peu d'amertume et de beaucoup de lassitude. Cette
description saisissante du comportement de Robert Bourassa,
le témoin l'a faite à l'auteur à l'issue de 14 heures d'entrevue,
comme le morceau final, le secret trop pesant qu'il avait besoin
de lâcher, celui qui le réveille la nuit, celui qui a brisé à jamais
la confiance qu'il avait investie dans « son » premier ministre.

> *C'est à Charlottetown que j'ai découvert le pot aux roses.
> Tu ne veux pas voir ton premier ministre comme un être
> impuissant. Tu te refuses à voir l'évidence.*

> *Dans toute la délégation, quand on s'est rendu compte de
> ça, c'était une atmosphère d'enterrement. À la fin, c'était
> pas de la révolte, c'était de la peine.*

LES GAVROCHES DE LA CONSTITUTION

Le conseiller André Tremblay devient visiblement amer. Lui qui a très peu parlé à la presse pendant les négociations, se vide le cœur, le jeudi après-midi, devant Michel Vastel, du *Soleil*. « Pour lui, c'était un échec, se souvient le journaliste. Tu sentais qu'il avait la gueule sure. Tout allait mal. Rien n'avait marché comme il le voulait. Tu sentais le fonctionnaire déçu. » Car bien peu des recommandations presque désespérées du dernier document du SAIC ont été prises en compte à Charlottetown.

Tremblay est à ce point déprimé que lorsque Rémillard lui demande de participer à une réunion d'experts destinée à fignoler un nouveau compromis, qui, lui, le met en rogne, il a (comme il le racontera dans une conversation téléphonique qui sera bientôt fameuse) « désobéi au ministre ». Il s'est « rebellé ». Rémillard a insisté. « J'ai dit : "Non, j'y vas pas." […] J'ai dit : "Mes genoux sont usés." On marche sur les genoux, comme tu sais, hein ? Je pense qu'ils sont troués ! Je ne suis pas allé et je l'ai envoyé promener ! »

Il n'est pas le seul, dans l'équipe québécoise, à se sentir abandonné par Bourassa. Plusieurs se plaignent que le chef des Québécois n'est pas présent, le matin, pour donner des instructions à ses troupes, comme c'est le cas dans les autres délégations. « On n'en avait pas, de crisses d'instructions, dit un membre du groupe. C'est nous autres qui lui en donnait. C'est pas aux employés de surveiller le boss, quand même ! »

Même Jean-Claude Rivest trouve la coupe trop pleine. Devant Michelle Tisseyre, conseillère d'Ovide Mercredi, il lâche : « Vous, au moins, vous savez où vous vous en allez. Nous, on sait jamais ce qu'il va faire. » Le jeudi soir, résume un participant, « l'atmosphère au sein de la délégation était d'ordre funéraire ».

Mais il faut faire quelque chose. Une fois Bourassa parti écouter les informations à la télé et se coucher, Benoît Morin et André Tremblay devisent sur le désastre en train d'émerger. Ils jugent que l'entente ne pourra jamais passer la rampe de l'électorat québécois. Ils décident de se substituer à l'inexistant leadership politique québécois et d'organiser, eux-mêmes, de leur propre initiative, un ultime effort pour arracher des concessions. Sans en informer Bourassa ou encore moins Rémillard – alors extrêmement loin du char – mais en en avisant Rivest, Morin et Tremblay se rendent plaider la cause québécoise, le vendredi matin, à la réunion de stratégie des Ontariens, tenue dans une salle à manger fermée au public.

« Ils prenaient un air très important, comme pour une mission lourde de sens, se souvient le négociateur ontarien David Cameron. Nous étions un peu déconcertés par la démarche, qui semblait improvisée et désespérée. »

Morin et Tremblay demandent à voir le premier ministre ontarien et son principal conseiller, Jeff Rose, à l'écart. Une fois le quarteron isolé du reste du groupe, les deux Québécois font une démonstration globale : sans pouvoirs supplémentaires, pas de majorité québécoise. Sans majorité québécoise, pas d'entente constitutionnelle. Tremblay tient en main son *checklist*. Lui et Morin formulent trois demandes : que Rae aide le Québec à obtenir la maîtrise d'œuvre en matière culturelle, gain indispensable pour «la vente» ; que Rae aide le Québec à repousser l'offensive de Clyde Wells qui limiterait le droit du Québec à désigner les trois juges québécois de la Cour suprême ; que Rae aide le Québec à protéger totalement, dans la constitution, son plancher de 25 % de députés à la Chambre.

Rae écoute, prend note. Il ne fera rien. Il n'aidera en rien. Ce qui poussera Tremblay, dans une conversation avec une collègue, à parler des «Ontariens, là, [qui sont] les plus enfants de chienne que tu puisses imaginer ; plus que ça, c'est terrible». (Les deux francs-tireurs québécois obtiendront par une autre voie, ce jour-là, leur demande de protection du 25 %, mais échoueront sur les autres fronts.) L'inutile conciliabule une fois terminé, Bob Rae revient voir sa délégation. Du rapport qu'il fait de cette étrange mission, le conseiller Cameron retient « que c'était une initiative stupide », survenue « bien trop tard pour pouvoir réussir ». Sur la culture, ajoute-t-il, « les trois quarts des délégations provinciales qui s'étaient exprimées pendant la multilatérale étaient déjà intervenues avec force pour défendre la présence fédérale dans ce domaine ». En plus, lors d'une rencontre à Toronto, des artistes anglophones favorisant le pancanadianisme culturel avaient fait un piquetage remarqué. « Ce qui fait que plusieurs délégations se sentaient poussées à tenir la ligne. »

Morin, Tremblay, Rivest ont un souci supplémentaire : une rébellion larvée du reste du personnel d'experts québécois à Charlottetown. En plus des hauts fonctionnaires et des conseillers, la suite de Bourassa comprend un groupe de membres du SAIC dont la tâche est d'assurer le soutien technique, de produire des textes, des évaluations, de retrouver les références, les précédents, d'établir les traductions. Ce ne sont pas des idiots. Ils savent lire, dans la paperasse qui leur passe entre les mains, la déconfiture québécoise.

À Pearson, déjà, ils rechignaient. À Charlottetown, ils sont les gavroches de la constitution. Logé de l'autre côté de la rue de l'immeuble où se tiennent les réunions, un d'entre eux refuse, le jeudi et le vendredi, de se joindre aux travaux lorsqu'on lui en fait la demande. Comme s'il ne voulait pas être partie à la reddition. « On n'a pas d'affaire là. On devrait retourner chez nous. » Les experts regardent même d'un œil torve les Tremblay, et Morin qui acceptent, eux, de s'acoquiner avec Bourassa et Rémillard. Un peu plus, ils feraient du piquetage.

Les membres de l'entourage du premier ministre québécois ne sont pas les seuls « déçus de Bourassa ». Bien que son jugement soit sujet à caution et que son rôle ait été on ne peut

plus ambivalent dans cette histoire, Benoît Bouchard, lieutenant québécois du gouvernement fédéral, présent à Pearson
et à Charlottetown, fait de l'action du Québec un bilan qui
ne manque pas d'intérêt:

> *Moi, je pouvais pas parler au nom du Québec. Mais si moi
> j'avais été Robert Bourassa, si j'avais parlé au nom du
> Québec, c'est ben évident que je trouvais que c'était pas
> suffisant. C'est ben évident. Sur la question des pouvoirs
> entre autres. Mais on revient toujours au point de départ:
> si Bourassa le considère acceptable, comment nous, les
> Québécois à Ottawa, peut-on s'en dissocier?*

> *On pouvait dire qu'on avait retrouvé Meech. Mais il fallait
> torturer pas mal les choses. Alors que si, au niveau des
> pouvoirs, on était revenu véritablement avec quelque
> chose... [...]*

> *Veux-tu, je vais être honnête avec toi? Le Québec ne s'est
> jamais battu dans le sens de mettre les poings sur la table.
> Ou dans le sens où le Québec aurait dit: « C'est ben malheu-
> reux, mais nous autres on s'en va vers la souveraineté. »
> Tsé, pousser les enchères jusqu'au bout. Est-ce que ça aurait
> donné quelque chose? Je le sais pas. Je le sais pus. [...]*

> *Mais Robert ne tente pas le diable. Mulroney joue quitte
> ou double. Mulroney est un* gambler. *Bourassa est pas un*
> gambler. *Est-ce que, si Bourassa avait encore eu deux gains
> de moins, il aurait quand même accepté? Je pense que oui.
> Parce que Robert allait pas là pour se battre.*

FRIENDS FOREVER !

Les Québécois ne quittent pas Charlottetown sans empocher
deux prix de consolation. D'abord, ils réussissent à recouvrer
ce que Bourassa avait perdu la semaine précédente, dans le

domaine du perfectionnement de la main-d'œuvre. Ottawa devra se retirer, là comme en ce qui concerne la formation, dans les bien fragiles paramètres de l'entente du 7 juillet. Ensuite, il y a «les lois provinciales» (enfin, pas dans le texte de l'accord mais dans les futurs «textes juridiques» encore à négocier). C'est le Terre-Neuvien Clyde Wells qui a mené la charge.

Les rapports entre Bourassa et le chef autochtone Ovide Mercredi sont au beau fixe. Le premier ministre québécois prend le grand chef par l'épaule et lui dit: «*Friends forever, Ovide. Friends forever.*» («Nous serons toujours amis, Ovide, toujours amis.»)

Une fois réglé le problème autochtone, le groupe en a terminé de ses délibérations. Brian Mulroney, après un petit couplet de congratulations générales, annonce que le bateau est à bon port. Que chacun doit maintenant se préparer pour le référendum à venir. Frank McKenna, au sortir de la salle – mais loin des journalistes – tombe, genoux à terre, les bras au ciel, et crie: «Enfin, enfin, c'est fini!»

Quelques heures plus tard, alors que Bourassa a pris son envol pour Québec, Ovide Mercredi lui fait transmettre un message: «Dites à Robert que, demain matin, je vais faire brûler un peu de foin d'odeur et que je vais prier pour lui.»

André Tremblay, de son côté, retourne à son hôtel de Québec, le Hilton. Il est encore plus en rogne qu'au départ de Charlottetown car Rémillard, puis Bourassa, l'obligent à venir, le lendemain, parader sur l'estrade du congrès libéral, y faire semblant d'aimer «l'entente de Charlottetown». Il a d'abord refusé. Mais Bourassa lui a imposé ce «devoir d'État».

Fatigué, démoralisé, révolté, au bord de la démission, il décide d'appeler sa vieille complice Diane Wilhelmy, toujours en convalescence. Pour une raison qu'il ne s'expliquera jamais complètement ni ne se pardonnera tout à fait, plutôt que d'utiliser le téléphone de sa chambre d'hôtel, il utilise son cellulaire. Il est 22 h 24.

Il compose le numéro, joint Wilhelmy à Sainte-Foy.

Diane, laisse-moi te raconter...

Quelque part, à Québec, pendant 27 minutes, un magnétophone tourne.

14

LE LOUSEUR

Or c'est icy le nœud de l'affaire,
où il nous faut considérer qu'outre que les voyes de la
perfidie sont méchantes, pénibles et honteuses,
elles trainent toujours avec soy la confusion, le malheur
et la ruine de celuy qui les embrasse.

PÈRE NICOLAS CAUSSIN,
CONFESSEUR DE LOUIS XIII,
LA COUR SAINTE, 1624

Étrange. Les premiers coups de sonde sont positifs, au Québec. Las d'un débat interminable, les Québécois sont-ils prêts à tirer le trait, à passer à autre chose? Plusieurs le pensent, dans le camp souverainiste. Seul Lucien Bouchard fronde: «Non. On va les planter!»

Il a tort. Ni lui, ni Parizeau, ni Allaire ou Dumont, qui ont claqué la porte du Congrès libéral pour former leur «Réseau des Libéraux pour le Non» ne vont «planter» Robert Bourassa. Le chef des libéraux québécois va chuter à cause de l'écart qu'il a lui-même creusé entre la promesse de 1991 et la réalité de 1992.

La foudre va s'abattre sur l'argument de Bourassa voulant que la réforme est digne de porter ce nom, qu'elle a même quelque parenté avec la réforme «en profondeur» dont il parlait, en 1991, pour faire patienter son parti, et tous les Québécois.

Bourassa, qui ne peut gouverner que grâce à l'oubli, va être la victime du souvenir. La campagne sera une suite ininterrompue de *flashbacks*, où le Bourassa d'avant-hier et d'hier viendront hanter le Bourassa d'aujourd'hui. Robert Bourassa va «planter» Robert Bourassa.

« *A FUCKING ATOMIC BOMB !* »

« *We're dead!* » («On est morts!»). C'est Mulroney qui parle ainsi à son épouse Mila, ce matin du 16 septembre. Il est en train de lire le *Globe and Mail*, qui reproduit une conversation téléphonique tenue entre deux conseillers constitutionnels de Bourassa: André Tremblay et Diane Wilhelmy.

Mulroney est intarissable: «C'était pas Parizeau qui disait que l'entente était pas bonne, c'étaient les deux conseillers principaux du premier ministre québécois!» Pour le public, leur message a une «crédibilité totale». Le texte de la transcription est lisible, coloré, dépourvu des indéchiffrables considérations juridiques dont la documentation référendaire est habituellement farcie. «Je n'ai jamais vu un document politiquement aussi dévastateur de ma vie», s'exclame Mulroney. « *Politically, it was a fucking atomic bomb!* »

Tremblay, on le sait, était le fonctionnaire en charge du groupe de fonctionnaires entourant Robert Bourassa pendant la négociation. Il assure l'intérim de Wilhelmy, souffrante. Il lui fait rapport, sur son cellulaire, des derniers épisodes du désastre. Quelque part, en banlieue de Québec, quelqu'un balaie les ondes et capte cette conversation, puis la rend disponible à une radio de Québec. La lecture est en effet explosive. Extraits:

Wilhelmy: *On se demandait pendant des mois c'était quoi le* bottom line *de notre premier ministre. Aye! Ayeayeaye.* [...] *ça m'a pris trois jours avant d'accepter le fait qu'on avait réglé bas comme ça.* [...] *Comme humiliation, en arriver là.*

Tremblay: *Les demandes traditionnelles du Québec? Il ne les a pas défendues avec vigueur, là. […] Pis il parle pas. Tu comprends? Il veut régler ça en bilatérale, en refilant les questions aux avocats, en pensant que ceux-ci vont faire le travail de nettoyage pour que, lui, puisse se la fermer.*

Wilhelmy: *Ah! Seigneur! […] C'est pas compliqué, l'entente, quand tu la regardes, là. Je viens de la recevoir tantôt, il y a à peu près trois heures. Mais [que ce soit] la version finale ou celle de la semaine passée, il y a à peu près pas une ligne sur laquelle on n'a pas écrit depuis un an que ça avait pas de bon sens. Il existe des centaines de papiers dans les classeurs, là – les archives vont parler dans 25 ans. […] Autochtones, pis partage des pouvoirs, pis clause de sauvegarde pour le* spending *[pouvoir de dépenser], pis la charte sociale, pis tout: on a tout écrit ça, des centaines de fois, qu'il fallait pas accepter ça. Des fois on peut dire, tsé, il y a 10 % de ce qu'on a écrit qui est pas accepté. Mais là, c'est quasiment 100 %. […]*

Tremblay: *Il en voulait pas, il en voulait pas, de référendum sur la souveraineté. En tout cas, on s'est écrasés, c'est tout.*

L'affaire est déjà, politiquement, toxique. Elle le devient encore davantage parce que Wilhelmy obtient une injonction qui interdit la diffusion du contenu du texte. Nous sommes en 1992, Internet n'est pas encore un vecteur d'information. Alors des photocopies circulent, sont distribuées dans les rues, vendues par des libraires. Profitant de leur immunité parlementaire, des députés péquistes en lisent des extraits, qui sont repris par les radios et les télés.

«Ils nous avaient donné le fruit défendu» commente Louise Beaudoin, engagée dans la campagne du Non (car pour une fois les souverainistes appelaient à voter Non – Non à l'entente de Charlottetown).

Puis il y a le procès : les audiences tenues à Québec où un consortium de médias réclament la levée de l'injonction, ce qui maintient le suspense. Du coup, la télévision montre presque chaque soir les visages silencieux de Diane Wilhelmy et d'André Tremblay.

« À cause du crisse de procès, fulmine Mulroney, ça repartait et ça repartait ! »

DES GAINS DÉCHIRANTS

Il faut faire quelque chose, trouver une autre formule, changer le sujet de la discussion référendaire, pense Mulroney. Ne plus parler de la faiblesse du négociateur, mais de la qualité de l'entente. Il a une idée : faire la liste des « gains » du Québec, puis en faire état dans des entrevues, dans des discours. « Toute cette idée d'en dresser la liste et de se trimballer avec, commente le sondeur et stratège conservateur Allan Gregg, c'est du Mulroney tout craché. »

Résultat : une liste où sont répertoriés « 31 gains » québécois. Elle comprend les six sœurs, la culture, le 25 % à la Chambre des communes, etc. Mais, bizarrement, « la formation » et « le perfectionnement » de la main-d'œuvre ont droit à deux numéros séparés. Comme « la culture » d'une part et « l'entente protégée sur la culture » d'autre part. Sans compter le « mécanisme pour la protection constitutionnelle des ententes ». Le droit de veto sur les institutions, unique dans Meech, a fait des petits : la liste compte un veto sur chaque institution, donc cinq au total – calcul que Bourassa utilise lui-même déjà dans ses discours, et arrondit parfois à « une demi-douzaine ». Encore plus fort, et inédit : le volet autochtone est comptabilisé comme un « gain » québécois.

« J'ai sans doute révisé la liste avec beaucoup de soin », expliquera Mulroney.

Même Robert Bourassa, qui n'est pas le dernier venu dans l'art de l'exagération, trouve que ça fait un peu beaucoup : « Ils avaient fait vérifier ça au Conseil privé [à Ottawa]. Ils disaient que c'était sérieux. » Le premier ministre québécois n'est pas complètement convaincu. « Moi, je me disais : "O.K., mettons qu'il y en a 25 ! " » ça suffirait.

Au Comité du Oui, où il coordonne les opérations, Pierre Anctil ne tombe pas en pâmoison non plus devant cette munition fédérale qui se présente comme une invitation au ridicule. « Quand on a vu ça ! Tsé, les autochtones étaient un des 31 gains ! » Mais il n'a pas le choix. Le premier ministre canadien fait de la liste son instrument de campagne favori. « On pouvait pas revenir avec 14 ou 22. Si on se mettait à se chicaner là-dessus, ça aurait juste empiré la situation. Qu'est-ce que tu veux faire ? Ils l'ont sortie. Il faut travailler avec. »

Mulroney lance son tract le dimanche 19 septembre, dans une longue entrevue accordée au journaliste Bernard Derome, de Radio-Canada, sur la pelouse du 24, Sussex. Mulroney montre la feuille, la cite, puis passe à autre chose. Derome part avec sa copie mais juge, très justement, qu'il n'y a pas là « matière à nouvelle ». Personne n'en fait état dans les journaux du lendemain, ni du surlendemain. La bombe est tombée dans un trou noir.

Le mardi, Robert appelle Brian. « Nos 31 gains, ça passe pas. Tu l'as donnée à Bernard Derome, mais ça traverse pas, ça lève pas. Si on pouvait penser à quelque chose pour que ça passe ? » Brian répond : « Laisse-moi ça ! »

Six jours plus tard, le plan de campagne du premier ministre le conduit à Sherbrooke, pour sa première sortie québécoise en solo, c'est-à-dire hors de la présence de Bourassa. Sherbrooke, c'est la circonscription d'un de ses ministres préférés, le jeune et bouclé Jean Charest. Mais, dans les jours précédant la visite, les cheveux du ministre semblent dressés sur sa tête. Il joint son patron au 24, Sussex, et lui brosse un noir portrait de la situation : « À Sherbrooke, on parle pus du tout de Charlottetown, on parle pus des gains du Québec, on parle que de Diane Wilhelmy et d'André Tremblay. Si vous faites rien pour essayer au moins de démontrer aux Québécois qu'il y a des gains, moi je vous dis que la campagne référendaire est finie, au moins dans la région de Sherbrooke. »

Le lundi matin, 28 septembre, Mulroney et Charest commencent leur tournée sherbrookoise. Un de leurs premiers arrêts : une visite à l'équipe éditoriale du quotidien régional *La Tribune*. À la sortie, Mulroney résume pour son poulain l'effet de leur effort de persuasion : « *It fell flat as piss on a plate* » (« C'est comme si on avait pissé dans un violon »). Charest opine : « Vous voyez, personne nous écoute. »

Il n'y a guère plus charmeur, en campagne électorale, que Brian Mulroney. Il ne fait pas que serrer des mains : il établit le contact, semble captivé par son interlocuteur de l'instant, le captive à son tour, avec un mélange d'humour et de détermination. D'habitude, ça marche. Sauf que : « Les gens me disaient : "Oui mais, monsieur le premier ministre, l'avez-vous écoutée, la bobine ?" »

Mulroney marmonne : « Là, on était cuits, cuits, cuits. »

Il a préparé, pour son grand discours de début de soirée un texte musclé à souhait. « Il est évident qu'un Non serait interprété comme l'avant-dernière étape avant la séparation et que cette option nous plongerait dans l'inconnu, l'instabilité politique et l'insécurité économique », dit-il.

Par contraste, et avec autant de verve, il vante la liste de ses 31 gains qui, dans l'enthousiasme du moment, deviennent « les 33 gains ». Il décrit « le pays merveilleux que sera le Canada de l'an 2000, si nous votons Oui le 26 octobre ». Si c'est Non, reprend-il, on rejette cet espoir. Si c'est Non, c'est la fin des négociations constitutionnelles.

« Si c'est Non… »

… dit-il enfin dans un élan théâtral qui lui est venu, dira-t-il, spontanément…

«… on déchire des gains historiques… »

Il déchire sa liste des 31 gains droit devant les caméras; les flashs des photographes éblouissent l'assistance, puis Mulroney jette par terre, réduits en lambeaux, les gains québécois.

«… et moi je veux les conserver pour le Québec et pour le Canada. »

Le lendemain, c'est Mulroney qui appelle Charest: «Pour la première fois, le Téléjournal a pas commencé avec une autre bribe de la conversation Wilhelmy-Tremblay! pavoise-t-il. Et on a fait la première page de tous les journaux, en couleurs à part ça! Tu vas être heureux, on m'a donné les *overnight* [sondages effectués chaque soir], pis on a fait des gains intéressants. »

Un gain en forme de boomerang. Car le geste théâtral de Mulroney à Sherbrooke a un effet imprévu: la méfiance à l'égard du premier ministre est si exacerbée, au Canada anglais, que son geste y est immédiatement interprété comme une insulte au caractère sacré de la constitution.

«Tout à coup, note le sondeur Allan Gregg, les gens pensaient que Mulroney venait de déchirer la constitution. C'était pas vrai. Mais je suppose que son geste prêtait au ridicule. »

Même Bourassa, le lendemain, prend ses distances en disant aux journalistes: «Ne me demandez pas de commenter le style » de l'intervention de Mulroney.

EXIGEZ LE PROGRAMME !

Le Comité québécois du Non joue sur du velours. Où est l'entente, demandent-ils? Qui l'a lue? Pourquoi ne peut-on pas l'avoir? Qu'est-ce qu'on nous cache?

Dans ce qui sera une des plus audacieuses – et des plus efficaces – opérations de relations publiques de l'histoire politique récente, le Comité du Non va utiliser la confusion ambiante sur le texte de l'entente et la retourner en sa faveur. Pour une fois, le clair-obscur – éclairage favori de Robert Bourassa – va servir les souverainistes.

D'abord, le texte de l'entente du 29 août 1992 (puisque les premiers ministres se sont revus à Charlottetown, pour régler les derniers détails, le texte est désormais appelé «Entente de Charlottetown») est devenu document public le 3 septembre. Il a été publié, *in extenso*, le 4 septembre dans plusieurs journaux. Les citoyens qui en font la demande peuvent en obtenir un exemplaire du gouvernement fédéral. Dans les circonscriptions, les comités du Oui en ont des photocopies.

Une entêtante odeur de secret plane néanmoins. Le texte n'est pas distribué dans les foyers, comme il se doit pour un référendum. Aux informations, on parle de plus en plus des obscurs «textes juridiques» toujours en voie de négociations, dont on ne sait pas s'ils seront prêts avant la date du scrutin. Puis il y a l'injonction empêchant la diffusion de la conversation Wilhelmy-Tremblay et de sa transcription; les épisodes quotidiens du procès; les récriminations des médias contre «le secret». Il y a aussi les mystérieux 31 gains, dont on n'a pas la liste.

Bref, le fait est qu'à la fin de septembre, à un mois du scrutin, le camp du Oui souffre d'un problème majeur de crédibilité.

Anctil : *On a l'air de dire : «Lisez pas l'entente, mais si vous votez contre, des mauvaises choses vont se produire.»* […]

Depuis le début et à chaque fois qu'on rencontrait des conservateurs pour des discussions de stratégie, on revenait là-dessus : «Toutes vos belles affaires-là, les belles publicités, ça sera jamais aussi efficace que si vous nous donnez le texte de l'Accord.» On n'a aucune crédibilité si on n'a pas le texte de l'Accord, pis ensuite les textes juridiques. […]

Le fédéral nous disait: « Écoutez, il va y en avoir des copies pour tous les Canadiens, ça s'en vient par la poste. Ça s'en vient. » Mais à chaque jour c'était pour dans trois jours.

Une situation que Brian Mulroney n'améliore pas en déclarant, au sujet de ceux qui réclament les textes juridiques : Bien sûr, les Canadiens « veulent lire toutes les clauses nonobstant, le samedi soir, après le hockey ». Parlant de l'indéchiffrable sabir des constitutionnalistes, il ajoute : « Si on veut garder l'Accord secret, le meilleur moyen serait de publier les textes juridiques tout de suite. »

Au Comité du Non, c'est le président, Jacques Parizeau, qui avance à la fin de septembre l'idée de profiter de cette bévue. Il suggère que le Comité du Non imprime et distribue aux Québécois, à ses frais, l'intégrale de l'entente de Charlottetown. En marge, sur chaque page, les experts du Non ajouteraient leurs commentaires, critiques, bien sûr, et éminemment lisibles.

Bouchard, qui était « partisan de ça à mort », appuie Parizeau dans le débat, et ils l'emportent. Pendant la réunion, quelqu'un suggère d'en imprimer 10 000 copies. Quelqu'un d'autre, 15 000. En public, peu après, Bouchard annonce le chiffre de 50 000 copies.

Cinquante mille ? Trois jours plus tard, Parizeau multiplie par 40 : deux millions de copies seront distribuées. « Nous sommes forcés de remplacer le gouvernement, qui veut cacher cette entente », déclare le chef du PQ. Ce qui est un gros mensonge... et un gros contrat.

Le document est imprimé sur un papier de mauvaise qualité, ce qui renforce le côté un peu clandestin, frondeur, de sa publication par le Comité du Non. Le texte lui-même étant couché en termes juridiques, et courant sur 28 pages, il tombe sous la définition de Winston Churchill : « Par sa seule longueur, ce document se défend de tout risque d'être lu. »

Mais le PQ a fait ajouter, comme prévu, en marge et en caractères manuscrits d'un bleu qui accroche l'œil, des commentaires souvent pertinents (exemple : « sur 60 points de l'entente, plus de 28 sont à négocier »), parfois oiseux (exemple, au chapitre du partage des pouvoirs : « Aucun nouveau pouvoir pour améliorer l'avenir des 800 000 Québécois sans emploi, surtout les jeunes. ») Le document est ainsi fait qu'il est impossible de ne pas lire les commentaires, écrits en coups de poing, et qu'il faut au contraire se forcer pour lire le texte de l'entente, écrit en jargon du juriste.

Au sein du Comité parapluie du Non, devant le succès de l'opération lancée par Parizeau, les critiques s'inclinent. Au sein du Comité parapluie du Oui, on ne dit pas autre chose. « Moi, se souvient Anctil, je disais : "Le PQ distribue l'entente, pas nous. On a l'air de cacher l'entente. Les gens font : 2 + 2 = 4, c'est clair." »

LE FRUIT RÉPANDU

Robert Bourassa l'apprend au téléphone, dans sa voiture, de la bouche de son attachée de presse qui vient elle-même de l'entendre… sur les ondes de Radio-Canada. Une entente est intervenue au procès Wilhelmy-Tremblay. La bande sonore de la conversation ne sera pas diffusée, mais son contenu pourra être cité.

« Je me rendais parler à Lévis et je l'ai appris dans l'auto », juste avant de prendre la parole devant la petite foule qui l'attend. « Alors j'ai eu cinq minutes pour préparer mes répliques. »

« Le jugement de l'histoire ne portera pas sur une conversation, [tenue] en fin de soirée, dans un contexte qu'on peut imaginer, dit le premier ministre, une fois qu'il est revenu de son étonnement. L'histoire va porter un jugement sur la réalité. »

Jusqu'à ce jour, grâce aux télécopies et aux transcriptions, une toute petite partie de la population – mais beaucoup de décideurs –savait de quoi il retournait vraiment. Le lendemain, jeudi 1er octobre, le bon peuple se jette sur les journaux avec une rare avidité – il y a rupture de stock dans plusieurs kiosques à journaux dès 8 h le matin – car *La Presse*, *Le Soleil* et *Le Devoir* en font leurs premières pages et publient, enfin, de très longs extraits.

À la télé de Radio-Canada, le journaliste Jean Bédard en lit de longues répliques (il joue les deux rôles, mais est nettement plus crédible dans celui de Tremblay). De sa chambre d'hôtel, Mulroney assiste à la détonation, à retardement, de la «bombe atomique». À quelqu'un qui l'accompagne, il dit: «*We're dead as a doornail!*» («On est faits comme un rat mort.»)

«Dans un cours de relations publiques, si je voulais enseigner comment fucker une affaire, je dirais de faire exactement ça, explique le conseiller en communications du Réseau des Libéraux pour le Non, Michel Fréchette: d'abord une injonction pour attirer l'attention sur un secret, puis, quand ça s'essouffle, diffuser au maximum.»

Bourassa commence à souffrir de l'effet de répétition. Ses compromis de la dernière année ne le hantent pas, ils le harcèlent. D'abord Allaire et Dumont, la saga judiciaire Wilhelmy-Tremblay, maintenant la transcription la plus lue de l'histoire politique du Québec. Heureusement que les coups ne viennent pas, aussi, de l'extérieur.

Mulroney en est bien content, qui demande: «Pensez-vous qu'avec 10 premiers ministres, 4 chefs autochtones et 2 leaders des territoires, que quelqu'un aurait pu s'effoirer, faire preuve de faiblesse devant les autres, sans que ça sorte?»

Le mardi 6 octobre, dans un village du nord de la Colombie-Britannique, devant un petit groupe d'électeurs et, suprême maladresse, devant une caméra vidéo, «ça sort». Moe Sihota, le ministre responsable de la constitution pour la Colombie-Britannique, confie que Bourassa « a perdu. Neuf gouvernements l'ont regardé dans les yeux et ont dit non. »

Le vidéo de Sihota est diffusé aux informations télévisées du 7 octobre. La qualité visuelle est imparfaite et Sihota ne regarde pas l'objectif, ce qui donne à l'ensemble une couleur de secret révélé, de caméra pirate.

Le premier ministre de Terre-Neuve, Clyde Wells, déclare le même jour à Calgary que le Québec s'est contenté de moins que Meech, et que les objections terre-neuviennes à l'entente de Meech ont été « substantiellement » prises en compte. Il dit qu'une « clôture » a été placée autour de la notion de société distincte. Par contre, la réforme du Sénat a une « portée réelle », pense-t-il : elle fait en sorte que « l'intérêt de la nation ait toujours priorité sur celui d'une province » et que « le centre du Canada [l'Ontario et le Québec] n'a fait aucun gain aux dépens du reste du pays ».

Wilhelmy, Tremblay, Sihota, Wells, aucune embellie ne semble se présenter à l'horizon.

« C'est un combat, commente Bourassa, le lendemain, sur le ton du philosophe. À chaque matin, je me lève, je lis les journaux et je me dis : " Bon, qui a parlé aujourd'hui ? " »

LE FRUIT REVENU

« Allez-vous parler aussi de l'affaire Lisée ? »

Robert Bourassa est assis bien confortablement dans son petit salon, rue Maplewood, pour une entrevue qu'il accorde à l'auteur, début 1994. Il arbore le sourire espiègle qui a désarmé tant de visiteurs.

Oui, monsieur Bourassa. On va parler, aussi, de l'affaire Lisée.

Pour ce dernier*, elle commence le 17 septembre. « Ça vous intéresserait, une seconde affaire Wilhelmy-Tremblay ? » Quoi ? Parce qu'il pourrait y en avoir une autre ? Lors d'une rencontre avec ce qu'on désignera ici comme « la source » (qui peut être une ou plusieurs personnes, de l'un ou l'autre sexe), celle-ci remet à Lisée des centaines de documents confidentiels. Ils viennent des conseillers de Bourassa, pour l'essentiel. Du gouvernement fédéral aussi, et de quelques ministères québécois. Ils montrent comment, à chaque étape de la longue et futile saga constitutionnelle de l'après-Meech, l'administration publique a signalé les erreurs, les embûches, les pièges. Comment le premier ministre a choisi d'ignorer, comme l'a dit Wilhelmy, « presque 100 % » des avis que lui ont fournis les hauts fonctionnaires. C'était son droit, bien évidemment. Ça ne rend pas la chose moins intéressante.

La force de frappe de ces documents tient dans leur froide comptabilité. Comme toutes les autres tuiles tombées sur Robert Bourassa pendant la campagne, ils donnent la mesure du gouffre creusé entre la promesse de « réforme radicale » de l'après-Meech et la pauvreté du « paquet » livré deux ans plus tard. Ils mettent aussi en évidence la contradiction entre la prétention de victoires majeures affichée par le premier ministre sur le sentier de la campagne – 31 gains, 6 vetos, une souris verte – et la piètre qualité des textes qu'il a effectivement négociés.

Les documents sont résumés par Lisée dans un encadré du magazine *L'actualité*, encadré qui sera repris, presque mot à

---

* Il n'y a pas de bonne façon de parler de soi dans le livre qu'on écrit. Une règle a été utilisée dans cet ouvrage : lorsque j'interviens en tant qu'auteur du livre, je dis « l'auteur » ; lorsque j'apparais comme protagoniste, je dis « Lisée ». J'espère que ce procédé créera la distance nécessaire pour que « Lisée » ne profite pas trop de la complicité établie entre « l'auteur » et le lecteur.

mot, au Téléjournal, aux Nouvelles TVA, sous la signature de Normand Girard dans *Le Journal de Montréal* et, dans des discours amusés, par un Jacques Parizeau qui tonne: « Ça, ça vaut son pesant d'encadré. »

Ce qu'ils ont dit à Bourassa

Les principales conclusions des experts du premier ministre sur l'entente constitutionnelle

POUVOIRS: L'entente « ne constitue d'aucune manière une réforme du partage des pouvoirs » et s'apparente au « fédéralisme dominateur ».

RAPATRIEMENT DE COMPÉTENCES: Une « négociation perpétuelle dont les résultats n'ont pas de sécurité juridique », et dont le cadre « risque de réduire, voire d'annuler, les chances du Québec de faire des gains substantiels ».

SÉNAT: « Répudie de manière concrète la théorie voulant que le Canada soit un État fondé par deux peuples. »

VETO SUR LES INSTITUTIONS: Vidé de « beaucoup de son effet utile ».

SOCIÉTÉ DISTINCTE: Victime de « banalisation », la clause ne « semble » pas menacer la loi 101.

AUTOCHTONES: « Grands gagnants », ils ont « obtenu des gains qu'eux-mêmes estimaient inespérés il y a quelques mois à peine ». « L'intégrité du territoire du Québec pourrait malgré tout être menacée » et « on peut prétendre que bien peu de lois provinciales » s'appliqueront obligatoirement dans les zones autochtones. Ovide Mercredi a empoché un veto d'une ampleur que « le Québec n'a jamais pu obtenir ».

AVENIR: Les pourparlers sur les gouvernements autochtones « monopoliseront pour les années à venir l'attention des gouvernements et réduiront les occasions pour le Québec d'obtenir d'autres modifications à la Constitution». Il est douteux que le Québec puisse convaincre les autres provinces d'encadrer, comme promis, les actuelles interventions fédérales dans les compétences provinciales.

Michel Hamelin, responsable de l'équipe de fonctionnaires responsables de ces textes expliquera à un universitaire peu après sa publication que l'article offre au public «la substantifique moelle» des travaux de son service.

«Avec Wilhelmy-Tremblay, on avait le film; avec *L'actualité*, on a le livre», résume un Bernard Landry rayonnant sur les ondes télévisuelles.

Cette nouvelle bombe éclate le 16 octobre, à 10 jours du vote. Dans un ultime effort d'obfuscation, Robert Bourassa affirmera que les documents «sont des faux» – alors que Jean-Claude Rivest en avait malencontreusement confirmé la véracité en entrevue radio un peu avant.

CE N'EST PAS MOI QUI SUIS LE SEUL RESPONSABLE

Ce n'est qu'un baroud d'honneur. L'échec est assuré. Tous les sondages le montrent. Au Québec, l'entente de Charlottetown sera battue, ne reste qu'à connaître l'ampleur de la défaite. Au Canada anglais, une tonitruante sortie de Pierre Trudeau contre l'entente a dopée l'opposition et soufflé sur les braises anti-Québec.

Robert Bourassa a voulu, a pensé, a parié que les Québécois seraient aussi craintifs que lui, aussi modestes que lui, aussi inertes que lui. Il a voulu, il a pensé, il a parié que les Québécois auraient un appétit d'oiseau et une mémoire tout aussi minuscule.

Le dimanche soir 25 octobre, veille du référendum, il a intégré la notion de la défaite. Il rationalise, il exorcise, il ironise.

C'est une tradition, presque un rite : la veille d'un scrutin, le chef du parti mange avec les journalistes qui l'ont suivi pendant la campagne.

Le chroniqueur Michel David est assis à côté du chef libéral, au restaurant Cintra, rue Stanley à Montréal, un des casse-croûte favoris de la classe libérale, où on peut lire le nom des habitués sur de petites plaques vissées près des tables. On y mange bien, c'est italien, et même le ministre de la Justice Gil Rémillard s'y est déjà fait offrir, sans complexe, des cigarettes de contrebande. Ce dimanche, le restaurateur a allumé ses fourneaux exprès pour M. Bourassa et sa bande de joyeux scribes.

« Il était très serein, la page était tournée », raconte David. En arriver là après deux ans d'efforts, « ça n'avait pas l'air de le déranger ». Bourassa se réjouit surtout que, malgré la défaite référendaire, la cote des libéraux n'ait pas été annihilée, comme en font foi des sondages récents.

Pouvoir enfin remiser le casse-tête constitutionnel « levait l'espèce d'hypothèque politique qui le fatiguait. Il avait toujours le fil constitutionnel à la patte et ça [le référendum] allait quand même nettoyer l'atmosphère pour un petit bout de temps », résume David.

Une vingtaine de journalistes participent au repas. Bourassa taquine l'un, chatouille l'autre. Mario Proulx, de Radio-Canada, est parmi les taquinés car son frère, Daniel, est un constitutionnaliste dont les avis ont plutôt favorisé le Non.

Proulx trouve Bourassa en grande forme. Pendant la discussion, tout le monde se plaint qu'il est difficile, vers la fin d'une campagne, de trouver de nouvelles choses à dire. Tous les thèmes sont usés, les arguments, les contre-arguments.

Bourassa est d'accord, mais il s'avoue très fier de sa trouvaille des derniers jours : « Dans un référendum, c'est le peuple qui décide. Il n'y a pas de perdant. » Surtout pas lui.

Michel David tente d'insister : quand même, c'est votre « proposition qui est battue », non ?

«Il n'y a pas de perdant», répète Bourassa, toujours têtu, même quand il est guilleret.

«Il riait de son bon coup, se souvient Proulx. Il riait, il la trouvait très bonne. Il y avait beaucoup de cynisme.»

Il n'y a pas de perdant. Bourassa l'aime bien, celle-là. Il l'aime beaucoup. Au groupe de journalistes qui le fréquente depuis des années, il tient à dire qu'il assigne à cette perle une place de choix dans sa collection de faux-fuyants.

«C'est une de mes meilleures.»

CEUX QUI DÉCIDENT : LES QUÉBÉCOIS

Le paradoxe démocratique tient en deux propositions concurrentes : 1) l'«électorat» rend son verdict, lui-même traduit dans un chiffre froid qui clôt la discussion – le peuple a parlé, on l'écoute. C'est le geste le plus public, le plus direct, le plus transparent qui soit, celui autour duquel toute l'activité politique s'organise ; 2) le scrutin est secret. Les millions d'électeurs n'ont ni à motiver ni à expliquer leurs choix. Ils donnent chacun leur avis, aboutissement de raisonnements complexes ou naïfs, intelligents ou oiseux, nobles ou empreints de préjugés, expression d'une démarche farouchement individuelle ou d'un esprit de troupeau. Seul le résultat global du vote est immédiatement compréhensible. Les voies qui y ont mené forment un enchevêtrement qui défie les analystes.

Ils sont pourtant nombreux à relever ce défi, et ils se repèrent chaque fois un peu mieux. De scrutin en scrutin, ils raffinent leurs outils, balisent les sentiers, précisent la cartographie. En 1992, les deux millions et demi de dollars dépensés en sondages par le gouvernement Mulroney, ajoutés à l'acharnement de nombreux politologues canadiens de l'Ouest et de l'Est de mieux explorer la psyché de l'électorat, permettent comme jamais de circonscrire le paradoxe.

Une fois qu'ils l'ont bien délimité, ils découvrent, d'abord et avant tout, plus que deux solitudes : deux attitudes, deux entêtements, bien ancrés, bien assumés et, pour tout dire, exubérants.

En moyenne, les voisins du ROC se présentent à 72 % aux bureaux de scrutin. Ce taux est atteint notamment grâce à la mobilisation des habitants de la Colombie-Britannique, 77 %. Ailleurs, les plus vaillants sont les Albertains (73 %). Les moins intéressés, les Terre-Neuviens (53 %). Quel est leur message ?

Un mémo marqué « secret » rédigé par l'équipe de Joe Clark trois jours après le scrutin et intitulé *Post-game Analysis* (Analyse d'après-match) offre une synthèse des raisons qui ont poussé les canadiens-anglais à voter contre l'entente, à hauteur de 56 % :

> *Les éléments du paquet, pris individuellement, étaient à peu près acceptables par tous les Canadiens, à une exception près : la garantie que le Québec aurait 25 % des sièges aux Communes était incontestablement impopulaire dans le ROC. Entre 60 et 70 % des Canadiens anglais trouvaient cette disposition injuste. Elle suscitait le rejet en soi, mais ravivait aussi le rejet de la clause de société distincte. Ces deux clauses, ensemble, donnaient à penser que, quels qu'aient été les autres objectifs des auteurs de l'Accord, leur principale mission était d'apaiser les nationalistes québécois.*

Le 26 octobre 1992, 4 033 021 Québécois vont cocher leur case, faire leur croix, imposer leur volonté. En tout, 83 % des électeurs inscrits. C'est, sur le continent nord-américain, un taux de participation remarquable. Que disent-ils ? Ils disent Non à l'entente, à 57 %. Pourquoi ? Un groupe d'universitaires canadiens, dirigés par Richard Johnston, de l'Université de Colombie-Britannique, et André Blais, de l'Université de Montréal, tirent cette conclusion de la grande enquête d'opinion qu'ils ont réalisée tout au long de la campagne :

> *Le Non a gagné au Québec parce qu'une importante proportion des non souverainistes ne pouvaient surmonter leurs appréhensions envers l'entente ; ils sentaient que l'entente n'était pas un bon compromis et que le Québec y avait plutôt perdu, et ils n'étaient plus certains de pouvoir faire confiance à Bourassa. De plus, ils pouvaient voter Non sans risque, car*

il leur semblait improbable qu'un rejet de l'entente mène à la séparation.

De tous les éléments de l'entente de Charlottetown, celui qui a le plus pesé sur le vote fut la clause de la société distincte. Massivement, les Québécois étaient favorables à cette reconnaissance mais une majorité, même parmi les non souverainistes, jugeaient qu'elle n'allait pas assez loin. Et puisque cette clause constituait le seul gain important du Québec – le 25 % étant considéré comme sans intérêt –, il était difficile de prétendre que l'entente était bonne.

L'essentiel, dans toute cette analyse, c'est qu'elle pouvait être faite et qu'elle l'avait été largement en 1990, au lendemain de la mort de Meech. Le Canada se trouvait alors dans une impasse. Deux ans plus tard, la voie est toujours sans issue. C'était prévisible, c'était prévu. Vérifiable et vérifié. Alors et à chaque étape, tout au long du chemin.

Avoir lancé le Québec dans ce cul-de-sac, la première fois, c'était un accident. L'y avoir enfoncé, la seconde fois, c'est une faute.

Robert Bourassa nage. C'est un exercice qu'il s'impose quotidiennement, pour garder la forme. C'est aussi une cérémonie. Un rituel qu'il accomplit chaque fois que sa fonction l'oblige à un effort particulier.

Le 26 octobre 1992, il nage deux fois. En début d'après-midi, d'abord, après avoir déposé son vote dans l'urne, ratant de quelques minutes Lucien Bouchard qui a voté dans la boîte voisine et dans le sens contraire. Au sauna, le chef libéral croise le journaliste Claude Desbiens, qui le trouve « de bonne humeur » et en assez bonne forme. Bourassa passe une partie de la journée à la maison, se demandant ce qu'il dira le soir. Ça dépendra du résultat, bien sûr. Il se sait perdant. Mais de combien ?

Grégoire Gollin, de Créatec, l'a avisé qu'il fallait s'attendre au pire : 38 % pour le Oui, peut-être. Bourassa le trouve bien pessimiste et ajoute toujours « 5 % dans l'urne » – le vote des fédéralistes discrets –, ce qui l'amène à 43 %, son résultat du soir.

Pierre Anctil, John Parisella et Jean-Claude Rivest lui font parvenir quelques suggestions pour son discours. Des messages discrets car il est de mauvais ton, même et peut-être surtout le jour du vote, de se préparer à la défaite.

Rien d'étonnant dans leurs conseils sauf, comme au lendemain de la mort de Meech, une absence. Aucun des trois ne mentionne que lors du congrès libéral du 29 août, il a promis à ses militants qu'en cas d'échec référendaire, « ce serait la souveraineté partagée qu'il faudrait considérer sérieusement à ce moment-là». Ses trois conseillers savent quelle valeur accorder aux paroles du premier ministre, et ils ne le dérangent pas pour si peu.

Bourassa a d'ailleurs résumé toute son action dans une entrevue à la CBC, pendant la campagne. Sa «position, du début jusqu'à aujourd'hui, n'a pas changé» a-t-il dit. Il s'agit de garder «le Québec à l'intérieur du Canada; tout le reste n'est que du bavardage – comment dites-vous? Du *gossip*.»

Devant ses conseillers, Bourassa résume l'humeur ambiante par ces mots: «On tourne la page, la vie continue, c'est un regret.»

Beaumarchais, qui avait de la politique une vision assez noire, donc assez proche de celle de Bourassa, eut une formule qui décrit bien la situation. Parlant de l'homme politique, il affirma: «Le scrupule seul peut lui nuire.»

Robert Bourassa n'en a pas. Et c'est un à un qu'il a rompu, sans l'ombre d'un remords ou d'une excuse, les engagements publics – «le *gossip*» – pris sur la route qui mène de la mort de Meech au naufrage de Charlottetown:

1: Négocier dorénavant à 2 et «jamais» à 11 – (23 juin 1990) – Il a négocié à 14.

2: Obligation de résultat – (29 janvier 1991) – Avec le rejet de l'entente par les électeurs, il n'y a aucun résultat.

3: Le *statu quo* est la pire solution pour le Québec – (mars 1991) – C'est pourtant là qu'il laisse le Québec.

4: Organiser un référendum sur la souveraineté, au plus tard le 26 octobre 1992 – (mars et mai 1991, loi 150) – Il ne l'a jamais voulu.

5: Seule une offre liant formellement le Canada et les provinces pourra être examinée – (29 mars 1991) – l'«entente» de Charlottetown, rejetée par référendum, ne liait ni les provinces ni Ottawa.

6 : **Réforme en profondeur, sinon souveraineté** – (texte signé par lui, mars 1991) – Il ne livre ni l'un, ni l'autre.

7 : **La réforme doit être « en profondeur », pas une « réformette »** – (entrevue septembre 1991) – Il n'a rien négocié de tel.

8 : **Ne pas organiser de référendum sans être sûr de le gagner** – (mars 1992) – La seule façon de remplir cet engagement aurait été de tenir un référendum sur la souveraineté.

La vie continue. Pour le chef libéral, survivant d'un cancer, c'est encore plus vrai. Son organisateur des beaux jours, Pierre Bibeau, l'appelle de la Floride pour prendre de ses nouvelles. Naguère fervent d'un virage libéral souverainiste, Bibeau n'a jamais aimé l'accord de Charlottetown et a parié, dès le début de la campagne, que le Non l'emporterait.

Bibeau : *Je lui ai demandé ce qu'il retenait du référendum. Je pensais qu'il me répondrait sur le contenu. Mais sa conclusion, c'était qu'il était capable de faire l'élection !*

L'auteur : *Il constatait qu'il en avait les capacités physiques ?*

Bibeau : *C'est ça. Comme il avait réussi à faire la campagne référendaire, il pouvait donc se reprendre à l'élection. Il était pas pogné émotivement par les enjeux du référendum.*

Robert Bourassa nage. Pourtant, il fait toujours semblant que rien ne le mouille. Que tout lui glisse sur le corps, sauf parfois, l'espace d'un instant, quand il lit une transcription dans le *Globe and Mail*, ou quand il reçoit un exemplaire particulièrement dévastateur de *L'actualité*. On dit qu'alors, il s'est fâché. Il aurait même sacré. Un instant seulement.

Ces pointes d'humanité n'ont rien à voir avec son état de santé. Rivest, parmi d'autres, confirme que Bourassa n'a eu besoin d'aucune médication pendant la campagne. On n'avait d'ailleurs pas surchargé son horaire de campagne, le plus souvent limité à une ou deux apparitions publiques. Juste de quoi occuper les journaux télévisés du soir (ce dont Mulroney se plaint, d'ailleurs, en privé).

Son autre ange gardien, Mario Bertrand, est le second témoin du Bourassa émergeant de l'échec comme un touriste de retour de longues vacances : « Il a tellement rationalisé l'échec du référendum auprès de son entourage et dans sa propre raison, dit Bertrand, que le lendemain matin, il était en pleine forme. »

Quelques jours après le scrutin, Bourassa part pour Miami avec Bertrand, qui le trouve « confiant, sûr de lui ». En privé, pendant toute l'année écoulée, Bertrand avait entendu Bourassa lui dire : « Compte tenu que j'ai retrouvé la santé, je pense que je vais faire les élections. Qu'est-ce que t'en penses ? » Mais pour la première fois, au lendemain du référendum, la chose ne se présente plus sous forme interrogative. Maintenant qu'il vient de franchir sans défaillir l'étape difficile de la campagne référendaire, le chef a décidé que « c'était absolument certain qu'il se représentait aux prochaines élections », rapporte Bertrand à sa compagne en s'écriant : « Ah ! Ben tabarnak ! Il s'en va vraiment en campagne ! »

Pas question pour Bourassa de déclencher ces élections avant l'élection fédérale, cependant. Élu en septembre 1989, le chef libéral n'a pas épuisé son carburant principal, le seul atout qui l'empêche de couler corps et biens : le temps. Il faut souligner à double trait que l'histoire du Québec du début des années 90 aurait pris une autre tournure si la mort de Meech avait surpris Robert Bourassa à mi-mandat ou plus tard encore. Étiré à son extrême limite, le mandat de son gouvernement peut courir jusqu'en octobre 1994. L'ordre de présentation au marbre électoral lui importe énormément. Il compte toujours que les Québécois « se défoulent » au cours de la manche fédérale, en votant pour le Bloc Québécois, puis,

soulagés peut-être, laissent passer mollement les balles lou-
voyantes du lanceur Bourassa.

Le premier ministre, toujours, pose sur les électeurs québécois le jugement qu'il avait déjà formé en 1973, et que son ami
Pierre Bourgault résumait ainsi : si Bourassa « vole à hauteur
des épaules, c'est parce qu'il a décidé une fois pour toutes que
c'est à cette altitude qu'il rencontrerait la majorité des électeurs québécois ».

Deux mois après le référendum, le 20 décembre 1992 pour
être exact, il déchante en apprenant que son cancer de la peau
est de retour. Son calendrier politique est compromis. Lui qui
voulait se faire absoudre par l'électorat de sa tricherie de 1990-
1992, lui qui voulait se faire dire : « T'as bien fait, Robert » par
un peuple qu'il voulait cocu et content, ne pourra tenter une
nouvelle fois sa chance.

C'est dommage. Bourassa aurait eu, là, un vrai rendez-vous
avec son passé. Au sens strict et civil : un règlement de comptes.

Mais le premier ministre, qui avait réussi à passer pour
un mou alors qu'il avait la couenne la plus dure de toute la
classe politique sera atteint, une seconde fois, par une maladie
qui ronge sa carapace. Au printemps de 1993, un traitement
expérimental le remettra d'aplomb. Jusqu'à l'automne, il laissera s'éterniser d'inutiles et improductives spéculations sur sa
retraite, avant d'annoncer qu'il quitte la scène. Ce qu'il fera
au Salon rouge, le 14 septembre 1993.

Assis exactement là où il avait déclaré, 39 mois auparavant,
que « le Québec a la liberté de ses choix », il dira maintenant
toute la vérité, dans la dernière phrase de son allocution de
démissionnaire. Usant d'un mot qu'il affectionne et qui signifie « prendre à son compte » et « se charger de », il résumera
ainsi son action des trois années précédentes :

« J'ai assumé le destin du Québec. »

CONCLUSION
UNE TRAGIQUE ERREUR DE *CASTING*

On ne saurait, en somme, exiger de M. Bourassa
qu'il agisse contrairement à ses convictions.
On doit toutefois exiger qu'il n'engage en aucune
manière notre avenir sans que nous ayons
eu notre mot à dire dans la décision.

CLAUDE RYAN, ÉDITORIALISTE
PARLANT DE L'AVENIR DU QUÉBEC EN 1971

J'ai écrit en introduction que Robert Bourassa avait été, au total, nuisible pour le Québec. Je me suis mal exprimé. J'aurais du dire qu'il a été nuisible pour le Québec et pour le Canada.

Pourquoi si sévère ? Parce que les décennies qui passent noircissent le tableau. Au sujet de leur place dans le Canada, les électeurs québécois du début du XXIᵉ siècle entendent une expression : «Le fruit n'est pas mûr». Ce sont les chefs fédéralistes qui le disent. Pas mûr pour quoi ? Pour reprendre, avec nos partenaires canadiens, une discussion qui pourrait conduire le Québec à modifier, puis à accepter, la plus importante des lois, celle qui détermine toutes les autres, la Constitution.

Il n'est plus mûr, ce fruit, depuis la fin du récit que vous venez de lire. Depuis 1992. Mais s'il a jamais été mûr, c'était avant. Tous les historiens canadiens vous le diront. L'histoire politique canadienne comprend une phase, allant du milieu des années 1960 jusqu'en 1992, où une énergie considérable a été déployée pour doter le Canada de sa loi fondamentale.

Deux raisons fortes le motivaient : la volonté d'un Canada, sorti du giron britannique, ayant atteint une vraie maturité politique, de se doter d'une Constitution en propre – la sienne n'étant encore qu'une loi du parlement britannique ; la volonté des fédéralistes québécois de renégocier la place du Québec au sein de cette fédération.

Plus on s'éloigne de 1992, plus on constate que nous ne sommes plus dans cette phase. Nous sommes sortis de la période où le changement était possible.

La tragédie québécoise de cette période est d'avoir eu aux commandes un homme qui, tout bêtement, ne s'intéressait pas à la question. Et ce n'est pas une mince ironie de constater qu'il a dû y consacrer une part importante de son énergie politique.

Le malentendu vient de loin. Ayant participé aux travaux des réformistes libéraux des années 1960, ayant produit quelques textes songés sur la question, chacun a conclu que ces questions étaient au centre des préoccupations de Bourassa. En inventant les slogans de « fédéralisme rentable », puis de « souveraineté culturelle », il se créait une marque de commerce laissant supposer qu'il y avait de la marchandise derrière la vitrine.

Mais dès sa prise du pouvoir, en 1970, il n'a eu de cesse que de se débarrasser du dossier constitutionnel.

Claude Morin, qui était son conseiller en 1970, écrit dans son livre *Mes premiers ministres* que le jeune premier ministre considérait le débat constitutionnel comme une « méthode par excellence pour perdre son temps et distraire le gouvernement de ce qui intéressait authentiquement la population : la recherche des investissements et la création d'emplois. »

« Ce serait formidable si j'arrivais à résoudre cette question en deux mois ! » affirme Bourassa à son conseiller qui n'en croit pas ses oreilles.

À cette étape de la négociation, Pierre Trudeau tiens mordicus, déjà, à rapatrier la Constitution. Normal que le Québec use de ce levier pour demander, en échange, de nouveaux pouvoirs. La chose est désormais connue : plutôt que de monter la charge, de saisir l'occasion, Bourassa négocie en privé avec Trudeau une entente qui ne comporte aucun gain pour le Québec. Il veut régler rapidement, à l'amiable, et passer à autre chose.

C'est seulement lorsque la nature de l'entente est rendue publique que, face à une opinion réfractaire – menée notamment par son ministre Claude Castonguay et par le directeur du *Devoir*, Claude Ryan –, Bourassa décide de ne rien signer.

Pierre Trudeau lui en voudra longtemps pour ce revirement, mais il est important de noter qu'un autre fédéraliste que Bourassa (disons, justement, Castonguay ou Ryan) aurait mené une véritable bataille pour les pouvoirs du Québec. Avec quel succès ? On ne le saura jamais.

Cette première incursion de Bourassa dans ses pourparlers avec les premiers ministres anglophones laisse les partenaires canadiens du Québec avec deux constats : lorsqu'ils négocient vraiment, les représentants québécois ne demandent pas grand-chose. Et lorsqu'ils concluent une entente, ils ne tiennent pas parole.

Lors de son retour au pouvoir en 1985, la décision de Robert Bourassa de régler, avec son ami Brian Mulroney, la question constitutionnelle est aussi motivée par le souhait de « fermer le dossier ».

Une fois apaisé par Meech et sa « société distincte », le nationalisme des Québécois pourrait s'assoupir. Selon Bourassa, déjà cité sur ce point, « ça nous permettait de nous rendre en l'an 2000, peut-être, dans un climat de relative stabilité ». Il faut aussi noter que rien, dans l'Accord du lac Meech, n'ajoutait de pouvoir nouveau au Québec. Rien de plus à gérer. L'accord répondait parfaitement au désir de Bourassa de ne pas avoir de responsabilités supplémentaires, donc pas de soucis de plus.

Pour la galerie, il était question d'une « deuxième ronde », après Meech, où on discuterait de la vraie bataille : la répartition des pouvoirs. En fait, on pouvait compter sur Bourassa – et sur Brian – pour que rien ne vienne troubler la tranquillité de l'après-Meech.

« C'est pas ça qui le passionnait, la Constitution, avoue son conseiller Pierre Bibeau à l'auteur Julien Brault. Au contraire, c'est un des obstacles qu'il fallait qu'il contourne. Lui, ce qui le passionnait, c'était l'économie. Il suivait les entrées d'argent [au ministère des Finances] de façon religieuse. »

Vue sous cet angle, toute l'opération de l'après-Meech se comprend comme un gigantesque effort de Robert Bourassa… pour faire le moins d'effort possible. Son refus de pouvoirs supplémentaires en matière linguistique, culturelle, en santé sont autant de signes forts qu'on n'était pas en présence, avec Bourassa, d'un fédéraliste québécois comme les autres.

La chose est nette : si Jean Lesage, Claude Ryan, Claude Castonguay, Marcel Masse ou même un Gil Rémillard version 1990 avaient mené cette négociation, jamais ils n'auraient rejeté pareilles ouvertures. Jamais ils n'auraient été aussi peu ambitieux dans leurs discussions avec leurs homologues du reste du pays.

On sait, à cause du document présenté plus tôt, que Claude Ryan aurait été tenté d'appliquer, lui, la stratégie dite du « couperet sur la gorge ». Une vraie réforme, sinon, on part.

Et si un autre que Robert Bourassa avait représenté le Québec, l'auteur de ce livre ne disposerait pas de ce surréaliste extrait d'entrevue avec le premier ministre ontarien Bob Rae :

Rae: *Il* [Bourassa] *voulait attendre que l'opinion, qui était assez extrême, finisse par se pacifier.* [...] *Il ne m'a jamais donné une indication que sa préférence, à quelque moment que ce soit, était autre chose qu'une solution canadienne.*

L'auteur: *Même si la nouvelle tentative de réforme constitutionnelle ne marchait pas?*

Rae: *Tout à fait. Il était d'ailleurs très sceptique quant aux chances de succès des nouvelles négociations.* [...]

L'auteur: *Mais, si vous saviez que Bourassa n'allait pas mettre sa menace de référendum sur la souveraineté* [selon la loi 150] *à exécution, comment sa stratégie pouvait-elle être efficace?*

Rae: *Bien, je pense que c'est justement* [Ici, Rae s'interrompt pour rire un peu]. *Je ne sais pas. J'essaie d'être aussi franc que possible...* [nouveau rire]. *Au risque de dire quelque chose d'imprudent, je dois admettre que le problème central de la stratégie de négociation du Québec était que nous* [du Canada anglais] *étions en présence d'un mécanisme dans lequel nous ne pouvions pas perdre.*

Son levier de négotiation – la menace de la souveraineté – ainsi complètement perdu, Bourassa en avait-il d'autres? Oui. Pendant la négociation, quand les premiers ministres de l'Ouest l'appellent pour le convaincre d'appuyer la création d'un Sénat égal, il pouvait leur faire une contre-proposition lourde. Il pouvait s'en saisir et dire: Oui, mais seulement si vous nous donnez tous les pouvoirs en main-d'œuvre, éducation, santé, culture; Oui, mais seulement si vous reconnaissez le principe d'asymétrie; Oui, mais seulement si vous adoptez une demie, un quart, un tiers d'Allaire.

Il ne le fait pas. Il ne négocie qu'à la marge. Il laisse passer. «Il négocie d'une drôle de manière» dit Rivest, dans un moment de transparence.

Rien ne dit qu'un autre fédéraliste que Bourassa aurait réussi une vraie réforme du Canada.

Début 1992, par exemple, des voix s'élèvent pour dire qu'après tout, pour le bien du Canada, on pourrait accepter le principe de «fédéralisme asymétrique». «J'ai vraiment pensé qu'on avait trouvé quelque chose», confiera le ministre Joe Clark à la journaliste Susan Delacourt pour son livre *United We Fall.* Clark se met à téléphoner dans les capitales provinciales, pour tester la réaction des premiers ministres. Ce serait si simple… «J'ai parlé même aux chefs de l'opposition des provinces, chefs du NPD, chefs libéraux, chefs conservateurs.»

«Que pensez-vous de l'asymétrie? leur demande-t-il. Pourriez-vous l'acheter?»

«Je ne peux pas acheter ça», lui répond-on.

«J'ai appelé et appelé, raconte Clark, et je n'ai pas pu trouver un seul élu où que ce soit, même un chef de l'opposition, même un leader d'un tiers parti, qui pense sérieusement que l'asymétrie puisse être acceptée par une seule assemblée législative provinciale au pays.» Le Canada à deux vitesses, conclut-il, «n'est pas viable». Fin de l'embellie. Elle aura duré une semaine.

Pendant la négociation de Pearson, un membre de la délégation de Colombie-Britannique, Mark Stevenson, résume à quel niveau s'est logé le refus de reconnaître la différence québécoise:

> Je peux vous dire qu'en Colombie, il y a tellement d'opposition à ce qu'on donne, asymétriquement, un pouvoir quel qu'il soit au Québec, que même si les Québécois se retrouvaient avec la compétence exclusive sur les déchets toxiques, il y aurait un vaste mouvement d'opposition à ça.

Bref, la tâche de donner au Québec une place distincte au sein du Canada est peut-être impossible. Mais tout dit qu'un autre fédéraliste que Robert Bourassa aurait vraiment tenté de la réaliser. Tout dit que Bourassa, par sa longévité et sa ténacité, a gaspillé la fenêtre historique pendant laquelle la réforme interne du Canada était envisageable. Et maintenant, elle ne l'est plus.

Ce qui nous ramène au caractère singulier du personnage. Nous ne sommes pas en présence d'un politicien, voire d'un Machiavel, comme les autres.

Après les rapports Allaire et Bélanger-Campeau, Bourassa avait réussi un tour de force. Pas moins de 80 % des Québécois croyaient en lui et affirmaient aux sondeurs que la stratégie du Québec « n'était pas un bluff ». Que Bourassa allait vraiment tenter une grande réforme, sans laquelle il ferait la souveraineté. Cela fait beaucoup de dupes pour un seul homme.

C'est Jean Lapierre, pas le dernier venu en politique partisane, qui traduit le mieux l'œuvre bourassienne : « Il nous a tous menés en bateau ! »

Lucien Bouchard aussi, qui fut à son corps défendant un rouage important dans l'œuvre de désinformation du tricheur, tire cette conclusion :

> *On se trompe tout le temps quand on évalue Bourassa ; quand on pense qu'il va se sentir lié par ce qu'il dit, par ce qu'il fait. Il se sent lié par rien, lui. Pis c'est rare, ça. C'est très, très rare des gens comme ça. J'en connais pas, moi. Il n'y a que lui.*

ÉPILOGUE

La journaliste Madeleine Poulin, du magazine télévisé *Le Point*, n'est pas la meilleure intervieweuse au Québec. Elle n'a pas l'approche mordante et dangereuse d'une Denise Bombardier. Elle n'a pas l'agressivité informée d'un Paul Arcand ou d'un Michel Lacombe.

Poulin les dépasse tous, cependant, dans l'attaque imprévue – par elle comme par son interlocuteur. C'est la spécialiste de la question qui jaillit du cœur et qui frappe aux tripes. « C'est la pire ! se plaignait un jour un conseiller de Brian Mulroney. L'air de pas y toucher, elle lui balance des vacheries pas possibles, il ne sait plus comment s'en sortir. »

Il y a quelque chose de très québécois chez Madeleine Poulin. Une façon timide de s'affirmer. Une revendication qui sonne comme une lamentation. On l'entend avec une netteté sans pareille le jour où Bourassa signe le Rapport Bélanger-Campeau, le jour où il conclut avec les Québécois un pacte – une grande réforme, ou on part ! – dont il annonce, simultanément, qu'il pourra l'enfreindre à son gré.

Poulin tente vainement de lui faire dire ce qu'il compte faire. Référendum ? Souveraineté ? Fédéralisme ? Élection ? On verra, répond-il. On va regarder ça. On va en discuter.

Poulin sent la mauvaise foi derrière toute cette vase. Elle lui « en balance » une belle : « Les Québécois sont majoritairement en faveur, actuellement, de la souveraineté, je ne vous l'annonce pas. Est-ce que ça ne serait pas bafouer la volonté populaire que de leur refuser, au moins, de se prononcer là-dessus ? »

Bourassa, un peu irrité, proteste : « Nous avons accepté le rapport Bélanger-Campeau, alors je ne vois pas pourquoi on présume aujourd'hui que je n'ai pas l'intention de l'appliquer ! »

C'est tout ce qu'elle peut en tirer.

L'entrevue terminée, mais alors que la caméra tourne encore, Poulin-la-journaliste devient Poulin-la-citoyenne.

« Ce qui est terrible, lance-t-elle en regardant le plafond pour y trouver les mots, c'est qu'on a l'impression que l'avenir du Québec est quelque part... dans le secret que vous gardez dans le cœur de vous-même et auquel personne n'a accès. »

Bourassa esquisse un sourire crispé. Agrippé des deux mains aux accoudoirs de son fauteuil, il surveille d'un œil la caméra, dont le petit voyant est toujours allumé. Que dire ? Poulin n'a pas posé de question. Elle a gémi d'impuissance. Et c'est comme si tout le Québec était assis avec elle sur sa chaise, à geindre, à souhaiter, à réclamer qu'on ne lui confisque pas son destin.

« C'est terrible, reprend-elle, de penser que l'avenir du Québec est dans le jardin secret d'un homme. »

Bourassa entend l'appel. Il ne l'entend que trop. Il n'a qu'une réponse.

« Faites-moi confiance. »

CHRONOLOGIE SOMMAIRE

ROBERT BOURASSA

1933, 14 JUILLET : Naissance.

1950, MAI : Décès de son père Aubert Bourassa.

1956-1960, ÉTUDES : Licence en droit de l'Université de Montréal, maîtrise en sciences économiques et politiques d'Oxford, en Angleterre, en 1959, et maîtrise en fiscalité et droit financier à l'Université Harvard en 1960.

1960-1966, PREMIERS EMPLOIS : Conseiller fiscal au ministère du Revenu national, à Ottawa, de 1960 à 1963. Secrétaire et directeur des recherches de la Commission Bélanger sur la fiscalité de 1963 à 1965.

1966 : Élection comme député du Parti libéral dans Mercier.

REPÈRES UTILES DE L'HISTOIRE DU QUÉBEC

1939-1944 : Adélard Godbout, premier ministre du Parti libéral du Québec.

1944 À SEPTEMBRE 1959 : Règne de Maurice Duplessis, premier ministre de l'Union nationale.

1960 : Élection du Premier ministre libéral Jean Lesage et de son « équipe du tonnerre » dont René Lévesque, Éric Kierans, Paul Gérin-Lajoie.

1962 : Réélection de Lesage sur le thème de la nationalisation de l'électricité.

1966 : Élection de Daniel Johnson, de l'Union nationale. Le Rassemblement pour l'indépendance nationale (RIN) et le Ralliement National (RN), souverainistes, obtiennent 10 % du vote.

1967

JUILLET : Visite du Général de Gaulle, « Vive le Québec libre ! »

OCTOBRE : Congrès du PLQ, René Lévesque publie Option Québec, quitte le PLQ et fonde le Mouvement Souveraineté Association qui deviendra, en 1968, le Parti québécois.

1968 : Élection de Pierre Elliott Trudeau à titre de chef du Parti libéral du Canada, puis de premier ministre du Canada.

1970

JANVIER : Robert Bourassa devient chef du PLQ.

AVRIL : Robert Bourassa devient premier ministre du Québec.

OCTOBRE : Crise d'Octobre, suspension des libertés civiles.

1971 : Lancement du projet de la Baie James.

1973 : Élections anticipées ; avec 55 % des voix, Robert Bourassa remporte 102 des 112 sièges.

1974 : Adoption de la loi 22 faisant du français la langue officielle.

1976 : Élection du Parti québécois de René Lévesque, Robert Bourassa battu dans sa circonscription par Gérald Godin.

1980, MAI : Référendum où René Lévesque demande un mandat de négocier la souveraineté-association. Résultat : 60 % des Québécois, dont la moitié des francophones, votent Non. Pierre Trudeau promet que ce « non » ouvrira la porte à du « changement ».

1982, AVRIL : Rapatriement de la Constitution canadienne avec l'accord de neuf provinces, sauf le Québec. La nouvelle Constitution comprend une charte des droits qui limite la capacité de l'Assemblée nationale à légiférer en matière de langue. Claude Ryan, chef libéral, et la majorité de ses députés, y compris Daniel Johnson, s'opposent au rapatriement.

1983, OCTOBRE : Robert Bourassa, premier ministre du Québec de 1970 à 1976, de retour d'une longue traversée du désert, est à nouveau élu chef du Parti libéral du Québec avec une majorité écrasante.

1984

SEPTEMBRE : Brian Mulroney, chef du Parti conservateur, est élu premier ministre du Canada avec la plus grande majorité de l'histoire. Il a promis de réintégrer le Québec dans la constitution canadienne « dans l'honneur et l'enthousiasme ».

OCTOBRE-NOVEMBRE : Le premier ministre québécois, René Lévesque, prend le virage dit du « beau risque » et met en veilleuse l'objectif souverainiste. Trois députés et sept ministres, dont Jacques Parizeau, démissionnent.

1985 : Élections provinciales, le Parti libéral du Québec obtient la majorité. Robert Bourassa, non élu dans sa circonscription, doit déclencher une partielle.

1987

AVRIL : Réunis au lac Meech, les 10 premiers ministres des provinces et Mulroney s'entendent sur un accord qui permet la réintégration du Québec dans la Constitution, moyennant cinq demandes : reconnaissance du Québec comme une « société distincte », droit de veto québécois pour tout changement futur dans les institutions fédérales, capacité de nommer trois juges québécois à la Cour suprême, droit de retrait québécois des futurs programmes fédéraux, enchâssement dans la Constitution de pouvoirs partagés en immigration. Les provinces ont un délai de trois ans pour ratifier l'entente.

NOVEMBRE : Décès de René Lévesque.

1988

MARS : Jacques Parizeau est élu, sans opposition, chef du Parti québécois. Il promet que le PQ fera la promotion de la souveraineté « avant, pendant et après les élections ».

NOVEMBRE : Élections fédérales, Brian Mulroney reporté au pouvoir grâce aux votes québécois. L'élection a porté sur le libre-échange canado-américain, très impopulaire hors Québec.

DÉCEMBRE : La Cour suprême invalide les dispositions de la loi 101 sur la langue d'affichage. Robert Bourassa passe outre et impose l'affichage unilingue sur les façades, mais bilingue à l'extérieur.

1989 : Robert Bourassa et les libéraux sont réélus. Le fédéralisme n'est « pas éternel » dit Bourassa. L'Accord du lac Meech est de plus en plus impopulaire au Canada anglais.

1990

AVRIL : Le nouveau premier ministre de Terre-Neuve, Clyde Wells, fait annuler par l'assemblée législative de sa province la ratification de l'Accord du lac Meech. Le Manitoba et le Nouveau-Brunswick n'ont toujours pas ratifié l'Accord dont Pierre Trudeau réclame le rejet.

MAI : Le lieutenant québécois et vieil ami de Brian Mulroney, Lucien Bouchard, démissionne du cabinet et du caucus et se déclare souverainiste.

9 JUIN : Réunis à Ottawa pour une semaine de négociations, les premiers ministres du pays adoptent une nouvelle fois l'Accord du lac Meech. Wells s'engage à laisser son assemblée législative se prononcer sur l'Accord avant la date limite du 23 juin.

22 JUIN : Au Manitoba un député néo-démocrate, l'autochtone Elijah Harper, refuse depuis 10 jours de donner son consentement pour la suspension des règles habituelles de procédure qui permettrait la ratification de l'Accord du lac Meech. Le gouvernement refusant de suspendre les règles, l'Accord ne peut être ratifié. À Terre-Neuve, Clyde Wells refuse de laisser son assemblée voter pour ou contre l'accord, dont on doit par conséquent constater le décès.

À Québec, Robert Bourassa déclare que *Quoi qu'on dire...*. Jacques Parizeau lui « tend la main ».

23 JUIN : À Calgary, Jean Chrétien, associé au mouvement anti-Meech, est élu chef du Parti libéral du Québec. Plusieurs militants et deux députés, Jean Lapierre et Gilles Rocheleau, démissionnent sur-le-champ.

À Québec, Robert Bourassa annonce qu'il ne négociera plus « jamais » avec l'ensemble des premiers ministres. Il annonce la création d'un forum bipartisan avec le PQ pour étudier l'avenir du Québec. Il dit aussi attendre les réflexions d'un comité du Parti libéral qui se penche sur la question. Il n'exclut aucune option sauf le *statu quo* et l'annexion aux États-Unis.

24 JUIN : De 200 000 à 350 000 Québécois manifestent à Montréal pour la Fête nationale. Depuis plusieurs mois, les sondages indiquent qu'une majorité de québécois sont en faveur de la souveraineté.

11 JUILLET : Début de la « crise d'Oka » opposant les Mohawks aux forces de police puis à l'armée. L'affrontement fait une victime chez les policiers. La crise se termine à la fin de septembre.

25 JUILLET : Fondation du Bloc québécois, parti souverainiste œuvrant sur la scène fédérale, avec à sa tête Lucien Bouchard. Robert Bourassa a personnellement encouragé Bouchard, Jean Lapierre et Gilles Rocheleau à se lancer dans l'aventure du Bloc.

11-12 AOÛT: L'aile jeunesse du Parti libéral du Québec se déclare souverainiste. Leur document d'orientation a été revu et approuvé par Bourassa.

13 AOÛT: Élection partielle fédérale dans Laurier-Sainte-Marie. Le candidat
du Bloc québécois, Gilles Duceppe, remporte 66 % des suffrages.

4 SEPTEMBRE: Adoption par l'Assemblée nationale de la loi créant la
Commission sur l'avenir politique et constitutionnel du Québec, dont les
coprésidents sont Michel Bélanger et Jean Campeau.

6 SEPTEMBRE: En Ontario, le néo-démocrate Bob Rae est élu, contre le
libéral David Peterson, notamment accusé d'avoir trop favorisé le
Québec dans l'entente du lac Meech.

12 SEPTEMBRE: Robert Bourassa, atteint d'un cancer de la peau, est opéré à
Bethesda, près de Washington. De septembre à décembre, il sera fonctionnel une semaine sur deux.

6 NOVEMBRE: Début des audiences publiques de la Commission Bélanger-
Campeau. Les mémoires, y compris ceux de groupes de gens d'affaires,
sont massivement autonomistes ou souverainistes.

9-10 NOVEMBRE: Réunis à huis clos au Alpine Inn, dans les Laurentides, les
membres du comité libéral chargé de renouveler le programme constitutionnel du parti, présidé par Jean Allaire, se prononcent pour la souveraineté à 11 contre 2.

28 DÉCEMBRE: En convalescence à Miami, Robert Bourassa se fait présenter,
au téléphone, les conclusions du rapport Allaire.

1991

29 JANVIER: Publication du rapport Allaire, qui réclame 22 pouvoirs
exclusifs pour le Québec à défaut de quoi le PLQ proposera la « souveraineté dans un cadre confédéral » à l'automne de 1992.

Début des rencontres à huis clos des membres de la Commission Bélanger-
Campeau au Domaine Maizerets, près de Québec.

19 FÉVRIER: Les coprésidents de la Commission Bélanger-Campeau
proposent la tenue dès 1991 d'un référendum sur la souveraineté, à effet
suspensif et conditionnel à la réception de bonnes offres fédérales.

8-10 MARS: Congrès du Parti libéral du Québec, qui adopte majoritairement le rapport Allaire et repousse les amendements proposés par l'aile
fédéraliste dirigée par Claude Ryan. Celui-ci menace de démissionner. En

début de congrès, Robert Bourassa refuse de dire s'il est souverainiste ou fédéraliste. En fin de congrès, il prononce un discours à saveur fédéraliste. Mario Dumont remplace Michel Bissonnette à la tête de la Commission jeunesse du parti.

17-24 MARS : Marathon de négociations pour dégager un consensus à la Commission Bélanger-Campeau.

25 MARS : Le rapport de la commission est adopté. Il prévoit que le gouvernement aura jusqu'en octobre 1992 au plus tard pour recevoir des offres fédérales mais qu'un seul référendum, sur la souveraineté du Québec au sens strict, sera tenu en fin de processus. Robert Bourassa signe après s'être assuré que sa signature n'avait aucune valeur juridique. Il promet de passer outre aux recommandations du rapport.

21 AVRIL : Remaniement du gouvernement fédéral, Brian Mulroney nomme Joe Clark ministre responsable des Affaires constitutionnelles.

13 MAI : Discours du trône fédéral. Mulroney annonce que Joe Clark fera des propositions de réforme à l'automne de 1991, qu'elles seront ensuite soumises à la discussion, puis adoptées par la Chambre des communes en mai 1992.

20 JUIN : L'Assemblée nationale adopte la loi 150, qui reprend les conclusions du rapport Bélanger-Campeau : mise sur pied d'une commission pour étudier des offres « liant » les gouvernements canadiens ; d'une commission étudiant la souveraineté ; tenue d'un référendum sur la souveraineté au sens strict en juin ou en octobre 1992. Le PQ, accusant le gouvernement de double langage, refuse de voter la loi.

3-4 AOÛT : Congrès de la Commission jeunesse du PLQ, qui réitère sa position souverainiste.

1992

6 FÉVRIER : À Bruxelles, Robert Bourassa dit qu'en cas d'échec des négociations, il pourrait poser la question suivante aux Québécois : « Voulez-vous remplacer l'ordre constitutionnel par des États souverains associés dans une union économique, responsable à un Parlement élu au suffrage universel ? »

12 MARS : Début des négociations constitutionnelles multilatérales avec le fédéral, les neuf provinces anglophones, les deux territoires et quatre représentants autochtones, qui se poursuivront tout le printemps. Le Québec ne participe pas mais chacun a Bourassa au téléphone.

26 MARS : Brian Mulroney annonce qu'en cas d'échec du processus multilatéral, il fera adopter une proposition de réforme par le Parlement et la soumettra à tous les Canadiens par voie de référendum.

17 AVRIL : Robert Bourassa déclare au journal français *Le Monde* qu'il est maintenant convaincu que les offres seront suffisamment bonnes pour qu'il n'ait pas à tenir un référendum sur la souveraineté.

7 JUILLET : Les représentants des provinces, des autochtones et Joe Clark signent une «entente historique» qui donne au Québec la «substance de Meech», à l'Ouest un «Sénat égal» et aux autochtones le «droit inhérent à l'autogouvernement». L'accord provoque un tollé dans le cabinet fédéral et dans l'opinion québécoise. Robert Bourassa réagit avec réserve.

4 ET 10 AOÛT : Rencontres «informelles» entre premiers ministres, y compris Robert Bourassa, au lac Harrington.

15-16 AOÛT : Congrès des jeunes libéraux, qui refusent toute entente qui serait fondée sur l'accord du 7 juillet et qui réclament un référendum sur la souveraineté.

18-22 AOÛT : Négociations à l'édifice Pearson, à Ottawa, entre tous les premiers ministres, y compris Bourassa, et les autochtones. Conclusion d'un accord intérimaire.

24 AOÛT : Adoption, sans avoir accès aux textes, de l'accord intérimaire par le Conseil des ministres du Québec, le caucus et la majorité de l'exécutif du PLQ, au terme d'un affrontement entre Jean Allaire et Robert Bourassa.

26-28 AOÛT : Suite et fin de la négociation constitutionnelle à Charlottetown, Île-du-Prince-Édouard. Annonce de la tenue d'un référendum de ratification de l'accord dans tout le pays le 26 octobre 1992.

29 AOÛT : Congrès du Parti libéral du Québec qui approuve «l'entente de Charlottetown». Défection de Jean Allaire, de Mario Dumont et d'une poignée de militants, qui créeront le Réseau des libéraux pour le Non au référendum.

15 SEPTEMBRE : Début de l'affaire Diane Wilhelmy-André Tremblay. Une bobine d'une conversation de ces deux proches conseillers de Bourassa affirmant «on s'est écrasés, c'est tout» pendant les négociations est entre les mains d'une station de radio. Une injonction, qui sera levée le 30 septembre, en empêche la diffusion, mais une transcription des propos est publiée à Toronto et circule sous le manteau.

20 SEPTEMBRE : Dans un essai publié dans *L'actualité* et *Maclean's*, Pierre Trudeau dénonce l'Accord de Charlottetown et appelle les Canadiens à rejeter le « chantage » des Québécois.

28 SEPTEMBRE : Dans un discours à Sherbrooke, Brian Mulroney déchire une feuille faisant la liste de 31 gains du Québec pour signifier les conséquences d'un vote négatif.

7 OCTOBRE : Le ministre des Affaires constitutionnelles de la Colombie-Britannique, Moe Sihota, déclare que Bourassa a « frappé un mur » pendant les négociations.

16 OCTOBRE : *L'actualité* publie des documents secrets des conseillers constitutionnels de Bourassa, critiquant le contenu de l'Accord. Contredisant son conseiller Rivest, Bourassa dira : « Ce sont des faux ! »

26 OCTOBRE : Référendum. Majorités négatives dans six provinces, dont le Québec (56 %).

1993

24 FÉVRIER : Brian Mulroney démissionne. Il sera remplacé par Kim Campbell lors d'un congrès en juin.

13 SEPTEMBRE : Après avoir souffert, en janvier précédent, d'une nouvelle manifestation de son cancer de la peau, Robert Bourassa démissionne. Il sera remplacé à la tête du parti et du gouvernement à la fin de l'année par Daniel Johnson.

ÉVÉNEMENTS POSTÉRIEURS AU RÉCIT DU *PETIT TRICHEUR*

1993 (SUITE)

25 OCTOBRE : Élections fédérales, le Parti conservateur est décimé, ne gardant que deux sièges, dont celui du nouveau chef, Jean Charest. Jean Chrétien forme le gouvernement, mais Lucien Bouchard devient chef de l'opposition officielle. Preston Manning, chef du Reform Party, de droite, devient la voix de l'opposition du ROC.

1994

Fondation de l'Action démocratique du Québec, par Jean Allaire et Mario Dumont.

MARS, JUIN: Publication du *Tricheur* et du *Naufrageur.*

SEPTEMBRE: Élection du Parti québécois de Jacques Parizeau.

1995, OCTOBRE: Référendum sur la souveraineté. Jacques Parizeau, Lucien Bouchard et Mario Dumont sont unis pour faire la campagne du Oui. Robert Bourassa fait de brèves apparitions en faveur du Non. La campagne du Non, menée par Daniel Johnson, Jean Chrétien et Jean Charest (alors chef du Parti conservateur fédéral) estime que la figure de Pierre Trudeau est trop controversée pour lui demander de faire campagne. Victoire du Non avec 50,6 % des voix. Démission de Jacques Parizeau.

1996

JANVIER: Lucien Bouchard devient premier ministre du Québec. Il est remplacé à la tête du Bloc québécois par Michel Gauthier, puis par Gilles Duceppe.

OCTOBRE: Décès de Robert Bourassa.

1999, DÉCEMBRE: Dépôt puis adoption par le gouvernement de Jean Chrétien de la Loi dite sur la Clarté, qui donne au parlement fédéral et aux provinces droit de veto sur une éventuelle décision démocratique québécoise d'opter pour la souveraineté.

2000

JANVIER: Démission de Lucien Bouchard, remplacé par Bernard Landry.

SEPTEMBRE: Décès de Pierre Trudeau.

2003, AVRIL: Élection de Jean Charest, devenu chef du PLQ, au poste de premier ministre. Bernard Landry est chef de l'opposition, et le parti de Mario Dumont passe de un à quatre députés.

2005: Après la démission du premier ministre Jean Chrétien, menacé d'être rejeté dans un vote de confiance au sein de son parti, et son remplacement par le ministre des Finances Paul Martin, éclate le «scandale des commandites». Preuve est faite que d'importantes sommes d'argent destinées à mousser l'identité canadienne au Québec ont été détournées au profit d'amis du Parti libéral et vers le Parti lui-même.

L'intention de vote souverainiste atteint 55 %.

2006, FÉVRIER : Des élections fédérales permettent au nouveau chef du Parti conservateur, Stephen Harper, de former un gouvernement minoritaire.

2007, MARS : Nouvelles élections au Québec. Les Libéraux de Jean Charest sont reportés au pouvoir, mais minoritaires. L'ADQ de Mario Dumont forme l'opposition officielle. Le Parti québécois, dirigé depuis peu par André Boisclair, est en troisième place. M. Boisclair démissionne peu après, remplacé par Pauline Marois.

2008, DÉCEMBRE : Nouvelles élections où Jean Charest retrouve sa majorité et où Pauline Marois redonne au PQ l'opposition officielle. Déçu, Mario Dumont démissionne.

2011, MAI : Élections fédérales où le Parti conservateur obtient une majorité, mais recule au Québec, où le Nouveau Parti démocratique crée la surprise en emportant 56 sièges et réduisant le Bloc québécois à seulement quatre sièges. Gilles Duceppe, défait dans sa circonscription, démissionne.

MEMBRES DE LA TROUPE / QUE SONT-ILS DEVENUS ?

ALLAIRE, JEAN : Responsable de la Commission juridique du PLQ, propulsé président du Comité constitutionnel du parti en avril 1990, préside ce qui sera appelé le « comité Allaire ». / Va fonder avec Mario Dumont en 1994 l'Action démocratique du Québec et participer avec le camp du Oui au référendum de 1995. En 2011, il plaide pour une fusion de l'ADQ avec un nouveau parti, la Coalition Avenir Québec.

ANCTIL, PIERRE : Directeur général, donc véritable responsable du PLQ et un des trois conseillers politiques principaux de Bourassa. Nationaliste, il est le vrai conducteur du comité Allaire. / Deviendra chef de cabinet du Premier ministre Daniel Johnson, le successeur de Robert Bourassa, puis un des responsables de la campagne du Non en 1995. Quittant la politique, il œuvrera ensuite dans le domaine de l'ingénierie.

BACON, LISE : Ministre québécoise de l'Énergie, proche de Bourassa. / Sera nommée au Sénat canadien par Jean Chrétien en 1994. Retraitée depuis 2009.

BÉLAND, CLAUDE : Président du Mouvement Desjardins, membre de la Commission Bélanger-Campeau, un des neuf non-alignés prosouverainistes. / Donnera un appui tactique au camp du Oui en 1995. Après son départ de la direction de Desjardins, dirigera une Commission de réforme du mode de scrutin dont les recommandations ne seront pas appliquées, puis sera actif dans le domaine de l'économie sociale.

BÉLANGER, MICHEL : Coprésident de la Commission Bélanger-Campeau, ex-mandarin devenu banquier, tenu pour fédéraliste inconditionnel. / Deviendra président du Comité du Non pour le référendum de 1995, où ses déclarations de 1991 viendront le hanter. Décès en décembre 1997.

BERNARD, LOUIS : Ex-secrétaire général du gouvernement Lévesque, devenu conseiller épisodique de Bourassa. / Deviendra secrétaire-général puis conseiller du Premier ministre Jacques Parizeau en 1994-1995. Sera candidat estimé mais défait à la direction du PQ en 2006. Il obtient d'importants mandats des gouvernements péquistes et libéraux pour les questions autochtones.

BERTRAND, MARIO : Meilleur ami de Robert Bourassa, ancien chef de cabinet, devenu président de TVA. / Quitte ensuite la politique pour les affaires, notamment pour le développement de la téléphonie sans-fil en Europe pour la compagnie de Charles Sirois. En 2012, il annonce quitter la famille libérale pour appuyer le nouveau parti Coalition Avenir Québec, fondé par l'ancien ministre péquiste François Legault avec l'appui de Sirois.

BIBEAU, PIERRE : Ancien organisateur en chef du PLQ et conseiller de Bourassa, devenu président de la Régie des installations olympiques, mais toujours proche du premier ministre. / Toujours actif dans les cercles libéraux, est depuis 2003 premier vice-président de Loto-Québec.

BISSONNETTE, MICHEL : Président de la Commission jeunesse du PLQ jusqu'en mars 1991. Membre du comité Allaire. / Refusera de suivre Mario Dumont dans le Réseau des libéraux pour le Non au référendum de 1992 et retournera au PLQ. Fait carrière dans le monde de l'audiovisuel et reste proche de la famille libérale étant appelé, avec John Parisella, à conseiller Jean Charest lors d'un passage difficile.

BOILEAU, PIERRE : Secrétaire général du PQ, en charge de l'organisation. Membre du comité de stratégie. / Après 1994, sera conseiller de Jacques Parizeau, puis cadre à la Commission des normes du travail.

BOUCHARD, BENOÎT : Ministre de Brian Mulroney, nationaliste mais chargé d'empêcher les autres députés conservateurs de passer au Bloc québécois, puis nommé par Mulroney coprésident, avec Joe Clark, de la caravane constitutionnelle. / A occupé depuis plusieurs fonctions dans l'appareil fédéral, fut Ambassadeur canadien à Paris au moment du référendum de 1995 où il s'illustra en insultant Philippe Séguin, président de l'Assemblée nationale française, ami des souverainistes, et proche du président Jacques Chirac.

BOUCHARD, LUCIEN : Ministre de Brian Mulroney jusqu'en mai 1990, fonde le Bloc québécois, souverainiste, à l'été, et devient une figure centrale de la Commission Bélanger-Campeau sur l'avenir du Québec et du référendum de 1992 et de 1995.

Devient premier ministre québécois de 1996 à janvier 2000. Il signe ensuite le « Manifeste des lucides » proposant des réformes importantes de centre-droit. Son retour en politique est souvent évoqué mais n'a pas de suite. En 2011, il étonne en acceptant la présidence de l'Association pétrolière et gazière alors très critiquée pour sa gestion de l'exploration du Gaz de schiste au Québec.

CAMERON, DON : Premier ministre de la Nouvelle-Écosse de 1991 à 1993.

CAMPEAU, JEAN : Coprésident de la Commission Bélanger-Campeau, ex-président de la Caisse de dépôt. / Devient ministre des Finances du gouvernement de Jacques Parizeau en 1994. Assumera plusieurs ministères puis se retire de la vie politique en 1998.

CLARK, JOE : Ex-premier ministre conservateur, devient ministre responsable de la Constitution en avril 1991. / Redevient chef du Parti conservateur fédéral en 1998 jusqu'en 2002. Il refuse de rester dans le Parti conservateur lorsque celui-ci se fusionne au Reform Party (devenu l'Alliance canadienne) et que le fruit de cette fusion est dirigé par Stephen Harper.

COSGROVE, WILLIAM : Ingénieur, candidat libéral défait en 1989, a représenté la communauté anglophone au sein du comité Allaire. / Engagé ensuite dans des organismes favorisant la privatisation de l'eau, sa nomination en 1994 à la présidence du Bureau d'audiences publiques sur l'environnement (BAPE) a fait quelques vagues.

CÔTÉ, MARC-YVAN : Ministre québécois de la Santé, organisateur libéral pour l'est du Québec. Membre le plus nationaliste du Conseil des ministres. / Promoteur d'une réforme de la santé qui suscitait une importante résistance chez les médecins, il fut victime du retrait de l'appui de Bourassa. Il démissionna comme député et ministre en janvier 1994 pour devenir vice-président de la compagnie d'ingénierie Roche jusqu'en 2005. Il fut mêlé cette année-là au scandale des commandites et dut avouer avoir transporté une enveloppe d'argent comptant pour financer les activités du Parti libéral du Canada.

DUFOUR, GHISLAIN : Président du Conseil du patronat du Québec, membre de la Commission Bélanger-Campeau, un des leaders du groupe des huit fédéralistes associés. / Il resta au Conseil du Patronat jusqu'en 1997, après quoi il œuvra au sein de la société de relations publiques National.

DUMONT, MARIO : Bras droit de Michel Bissonnette à la Commission jeunesse dont il devient le président en mars 1991. / Fit la campagne du Réseau des libéraux pour le Non en 1992, puis fonda l'Action démocratique du Québec en 1994, participa à la campagne du Oui au référendum sur la souveraineté en 1995. Il fut chef de l'opposition officielle depuis l'élection de 2007 jusqu'à celle de décembre 2008. La chute de son parti lors de ce dernier scrutin le poussa à démissionner. Il anime une émission quotidienne d'affaires publiques à la chaîne V.

FILMON, GARY : Premier ministre du Manitoba de 1988 à 1999, opposé à Meech.

GAUTRIN, HENRI-FRANÇOIS : Député libéral de Verdun, pro-Ryan, anime un groupe de députés fédéralistes orthodoxes. / Il est resté jusqu'à ce jour une figure de la députation libérale québécoise.

GETTY, DON : Premier ministre de l'Alberta de 1985 à 1992. Principal défenseur du Sénat égal. Ex-joueur de football.

JOHNSON, DANIEL : Président du Conseil du Trésor québécois, fédéraliste inconditionnel au Cabinet. / Remplacera Robert Bourassa comme premier ministre. Chef de l'opposition après l'élection de septembre 1994, il dirigera le camp du Non en 1995. Compte tenu de sa grande impopularité, il démissionnera au printemps 1998 et incitera Jean Charest à venir prendre sa place. Retourné à la pratique du droit, il jouera un rôle important dans le torpillage du projet de CHUM à Outremont, pourtant favorisé par Charest.

LALONDE, FERNAND : Ancien ministre de Bourassa dont il reste un ami, membre du comité Allaire. Coordonnateur, en septembre 1992, de la campagne du Oui. / Aujourd'hui avocat et administrateur.

LAPIERRE, JEAN : Ex-député libéral fédéral passé au Bloc québécois, garde des liens importants avec ses amis libéraux provinciaux, est le bras droit de Lucien Bouchard. Devient en septembre 1992 commentateur à Télémédia. / Il retourne en politique fédérale en 2004 comme lieutenant québécois du premier ministre libéral Paul Martin. Il pourfend ses anciens alliés du Bloc mais le scandale des commandites redonne une majorité de circonscriptions québécoises au Bloc à l'élection de 2006. Réélu dans Outremont, Lapierre démissionne à nouveau et retourne, immédiatement, à sa carrière de commentateur politique, cette fois au réseau TVA, entre autres.

LAROSE, GÉRALD : Président de la CSN, membre de la Commission Bélanger-Campeau, *whip* du groupe des neuf non-alignés prosouverainistes. / Après son départ de la CSN, sera chargé par Lucien Bouchard d'une importante commission sur la situation du français, puis présidera le Conseil de la souveraineté.

LEMIEUX, JEAN-GUY : Député libéral de Québec, très nationaliste. / Ne s'est pas représenté à l'élection de 1994 puis a tenté sans succès d'être élu maire de Québec en 1997. Est depuis 1999 cadre à la Commission des normes du travail.

LISÉE, JEAN-FRANÇOIS : Auteur du *Tricheur* et du *Naufrageur*, qui furent d'importants best-sellers en 1994, Lisée est devenu conseiller de Jacques Parizeau au lendemain de son élection en septembre 1994. Resté conseiller de Lucien Bouchard, il démissionna en 1999 pour écrire un livre proposant une autre stratégie souverainiste, *Sortie de secours,* en 2000. Toujours présent dans les cercles souverainistes et conseiller occasionnel de Pauline Marois, il est directeur exécutif fondateur, en 2004, du CERIUM, ainsi que commentateur et blogueur.

MASSE, MARCEL : Ministre fédéral de la Culture, puis de la Défense à compter d'avril 1991. Ancien ministre de l'Union nationale, est un nationaliste à tendance Lionel Groulx, tenant de la théorie des deux nations. / Fut très discret pendant la campagne référendaire de 1992, puis ne s'est pas représenté à l'élection de 1993. En 1994, il devint président d'une des Commissions régionales mises sur pied par Jacques Parizeau pendant la phase pré-référendaire. Il fut actif pour le Oui pendant la campagne de 1995, puis fut Délégué général du Québec à Paris jusqu'en 1997. Il fut ensuite actif dans plusieurs organisations culturelles.

MCKENNA, FRANK : Premier ministre du Nouveau-Brunswick de 1987 à 1997. Fut ambassadeur du Canada à Washington de 2005 à 2006.

MERCREDI, OVIDE : Grand chef de l'Assemblée des Premières Nations, principale organisation autochtone au Canada, de 1991 à 1997.

PARISELLA, JOHN : Chef de cabinet de Bourassa, fédéraliste orthodoxe venu d'Alliance Québec. / Toujours actif dans les cercles libéraux, Parisella dirigea la firme publicitaire BCP, conseilla ponctuellement Jean Charest, qui le nomma Délégué général à New York de 2009 à 2012. Également actif dans le milieu universitaire.

RAE, BOB : Premier ministre de l'Ontario à compter de septembre 1990 jusqu'en 1995. Revient à la politique en 2006, mais comme député libéral fédéral. Devient en 2011 chef intérimaire du PLC.

RÉMILLARD, GIL : Ministre québécois délégué aux Affaires intergouverne-mentales, donc chargé de la constitution. / De retour à la pratique du droit et à l'enseignement à l'ENAP en 1994, il fait un virage vers le fédé-ralisme orthodoxe, appuyant même Jean Chrétien. Il organise chaque an-née la Conférence de Montréal, importante rencontre de décideurs politiques et économiques mondiaux. L'événement jouit de l'appui poli-tique du gouvernement fédéral, et économique de la famille Desmarais.

RIVEST, JEAN-CLAUDE : Conseiller de Bourassa pour les questions poli-tiques et constitutionnelles, maître d'œuvre du premier ministre dans la Commission Bélanger-Campeau. Ancien député et ministre. / Fut nommé sénateur par Brian Mulroney en 1993, où il devient une figure indépen-dante et crédible.

ROY, MICHEL : Ex-éditorialiste au *Devoir* et éditeur-adjoint à *La Presse*, il devient, au début de 1991, conseiller constitutionnel de Brian Mulroney. / Après son aventure fédérale, il devint ambassadeur canadien en Tunisie, puis Président du Conseil de Presse du Québec. Est décédé en 2011.

ROYER, JEAN : Conseiller spécial de Jacques Parizeau, membre du comité de stratégie du PQ. / A quitté ses fonctions au lendemain du référendum de 1995 mais reste présent dans les cercles péquistes. Est vice-président à Loto-Québec.

RYAN, CLAUDE : Ministre québécois des Affaires municipales et de la Sécu-rité publique, membre de la Commission Bélanger-Campeau, ex-chef du PLQ, auteur en 1980 du Livre beige sur la dualité canadienne et la réforme constitutionnelle. / Il a quitté la vie politique en 1994, a publié quelques ouvrages, mais aucun récit biographique. Est décédé en 2004.

SPECTOR, NORMAN : Chef de cabinet de Brian Mulroney jusqu'en janvier 1991. / Fut ambassadeur canadien à Jérusalem. Est commentateur politique.

TREMBLAY, ANDRÉ : Conseiller de Bourassa et de Rémillard pour les affaires constitutionnelles, professeur de droit, vieux compagnon de route du PLQ. / Est retourné à la pratique du droit et à l'enseignement. A notam-ment défendu Slobodan Milosevic devant le Tribunal Pénal International pour l'ex-Yougoslavie en 2002.

WELLS, CLYDE : Premier ministre de Terre-Neuve de 1989 à 1996, chef de file des opposants à Meech. Constitutionnaliste, il fut juge en chef de la plus haute cour de Terre-Neuve de 1999 à 2009.

WILHELMY, DIANE : Sous-ministre responsable des affaires constitutionnelles, conseillère favorite de Robert Bourassa. / Elle est active dans l'organisation des Sommets économiques de 1996 de Lucien Bouchard, qui la nomma Déléguée générale du Québec à New York de 1998 à 2002. Elle prit sa retraite de la fonction publique en 2004.

SOURCES

Des entrevues ont été réalisées avec :

Jean Allaire,
Pierre Anctil,
Lise Bacon,
Claude Beauchamp,
Louise Beaudoin,
Marcel Beaudry,
Claude Béland,
Guy Bélanger,
Michel Bélanger,
Louis Bernard,
Mario Bertrand,
Pierre Bibeau,
Lise Bissonnette,
Michel Bissonnette,
Roch Bolduc,
Benoît Bouchard,
Lucien Bouchard,
Robert Bourassa,
Pierre Bourgault,
Douglas Brown,
Henri Brun,
David Cameron,
Don Cameron,
Claude Castonguay,
David Cliche,
Marc-Yvan Côté,
Jean Cournoyer,
Bill Cosgrove,

Donna Dasko,
Michel David,
Ghislain Dufour,
Mario Dumont,
Richard Drouin,
André Forgues,
Yves Fortier,
Michel Fréchette,
Jacques Gauthier,
Henri-François Gautrin,
Marie Gendron,
Don Getty,
Paul Ghata,
Jean-Claude Gobé,
Allan Gregg,
Louise Harel,
Jim Horsman,
Daniel Johnson,
Pierre-Marc Johnson,
Guy Laforest,
Yvon Lafrance,
Michel Lalonde,
Bernard Landry,
Jean Lapierre,
Philippe Lapointe,
Jean Larin,
Gérald Larose,
Jean-Guy Lemieux,

Michel Lepage,
Normand Lester,
Marcel Masse,
Patrick Monahan,
Jacques Parizeau,
Yvon Picotte,
Maurice Pinard,
Charles-Albert Poissant,
Mario Proulx,
Frank McKenna,
John Parisella,
David Peterson,
Ronald Poupart,
Bob Rae,
Jean-Claude Rivest,

Gilles Rocheleau,
Damien Rousseau,
Michel Roy,
Jean Royer,
Jean-Guy Saint-Roch,
Alexandre Sakiz,
Hugh Segal,
Jeffrey Simpson,
Paul Tellier,
Michèle Tisseyre,
Hubert Thibault,
Serge Turgeon,
Bill Vander Zalm,
Michel Vastel,

Ainsi qu'une quinzaine de journalistes et quelques sources ayant demandé l'anonymat.

Pour consulter la liste complète de la documentation utilisée, visitez le :
www.quebec-amerique.com/PetitTricheur

INDEX

Les folios suivis d'un « n » renvoient à une note en bas de page.

REMERCIEMENTS

Ce livre existe parce que des dizaines de personnes ont pris le risque de me raconter, alors que se déroulaient les événements, des choses qui ne devaient pas être connues avant la fin de cette histoire. « Ce n'est pas une fuite, ce sont les chutes du Niagara ! » a un jour dit une de ces sources, dans son sous-sol, alors qu'il compulsait ses notes. Je les en remercie.

Les historiens auront des problèmes majeurs avec les gouvernements québécois actuels. Les lois d'accès à l'information, la peur des fuites et une certaine inculture réduisaient au minimum la rédaction de mémos et de comptes rendus au bureau du premier ministre Bourassa. Seule l'histoire orale, l'enregistrement presque contemporain des souvenirs des protagonistes peut permettre, dans ces conditions, la préservation d'importantes tranches d'histoire. Mais j'invite les acteurs comme les scribes à songer à laisser plus de traces derrière eux, pour conjurer l'oubli et éviter peut-être ainsi que l'histoire ne se répète.

Dans la phase de recherche pour ce livre, des proches du premier ministre ont été avec moi d'une grande candeur et le regrettent peut-être aujourd'hui. J'ai tenté de rendre avec exactitude leur version des faits, même si je suis en désaccord avec la moralité politique de leurs actions. Ils ne l'ignoraient pas complètement pendant le déroulement de nos entrevues. Mais leur conviction que tous, autour d'eux, sont aussi cyniques qu'eux-mêmes a pu provoquer un aveuglement qui a alimenté la franchise. Il se développe aussi entre le protagoniste et l'enquêteur au long cours une dynamique particulière où ce dernier ne sait pas toujours s'il assiste à un récit, à une plaidoirie ou à une confession. Reste que Pierre Anctil, Jean-Claude Rivest, John Parisella, notamment, m'ont consacré du temps et de l'énergie pour lesquels je leur suis reconnaissant.

De même, M. Bourassa a accepté à l'été de 1990 de se lancer dans cette aventure, faisant en sorte que ce récit repose beaucoup sur les heures d'entrevue qu'il m'a accordées en 1991, puis en 1994 lorsqu'il savait la première publication imminente. À Ottawa, feu Michel Roy fut un guide intellectuel hors pair, en plus d'un extraordinaire raconteur. Les témoins privilégiés n° 2 et n° 3 furent aussi d'un secours aussi indispensable qu'agréable, même s'ils ne s'adressent plus l'un l'autre la parole.

Je ne peux pas nommer ici tous les députés, ministres, conseillers, organisateurs, apparatchiks qui m'ont ouvert leurs portes – et leurs porte-documents –, mais ils ont fait en sorte que ce livre soit aussi un peu le leur. J'aimerais remercier en particulier « la source » des « Dossiers secrets » publiés pendant la campagne référendaire de 1992. Elle a pris un risque considérable pour faire en sorte qu'une partie de la vérité soit rendue publique en temps opportun et je lui souhaite bonne chance dans ses projets.

Beaucoup de gens m'ont rendu la tâche plus facile, par pur altruisme et je voudrais dire ici qu'il n'y a pas de pénurie de gens aimables et empressés en ce pays. Gilles Paré, le documentaliste du *Devoir*, fut une de mes principales victimes, me fournissant presque un détail par jour, avec la rigueur et la conscience professionnelle du missionnaire du *fact-checking*.

Merci aussi à Jacques Godbout, qui m'a permis de consulter les transcriptions d'entrevues de M. Bourassa pour son film *Le Mouton noir*. Je le remercie également pour son soutien enthousiaste au moment de la conception et de la publication des ouvrages d'origine, et pour son intervention déterminée auprès de l'éditeur pour s'assurer que *Le Naufrageur* serait publié sans qu'une phrase en soit retranchée. Ma reconnaissance n'est pas entamée par le fait que son enthousiasme semble tempéré par les années.

L'équipe de la défunte émission d'affaires publiques de la CBC, *The Journal*, Terry McKenna, Hubert Gendron, Jim Williamson, en me donnant accès aux transcriptions des entrevues réalisées pour leur série *The Making of a Deal*, sur la négociation constitutionnelle de 1992, m'ont été d'un très précieux secours.

Merci énormément à Maryse Crête-d'Avignon pour les milliers de pages d'impeccables transcriptions d'entrevues – même les jurons étaient correctement orthographiés. Merci à feu Michel Vastel, du *Soleil*, qui a eu la gentillesse de m'ouvrir ses archives d'entrevues avec Robert Bourassa.

Mon ami Daniel Creusot fut le premier lecteur du manuscrit et m'a encouragé quand j'en avais besoin, ce dont je me suis vengé en le faisant travailler encore plus fort que d'habitude sur le documentaire basé sur le premier tome. Daniel a inventé quelques formules dont le lecteur a eu vent dans le corps du texte, d'autres dont il a été épargné (notamment : Le Allaire de la peur; Allaire, t'as la bombe; l'Outrementeur et Rase Poutine). Jean Paré, de *L'actualité,* a reconnu son brillant néologisme « Absurdistan ».

Guy Crevier, le président de TVA, n'a pas manqué de cran lorsque je l'ai appelé pour lui parler d'un projet de documentaire « qu'aucun diffuseur ne voudra mettre en ondes ». Faux, il y en avait un. Guy ainsi que Philippe Lapointe ont ensuite tenu le fort quand des pressions nombreuses ont voulu faire dérailler le projet[*].

---

[*] On peut le visionner en ligne ici : bit.ly/tricheur

Des gens ont lu des parties du manuscrit pour l'enrichir de leurs commentaires sur le fond – ils se reconnaîtront – et sur la forme. Dans ce dernier groupe, Andrée et Marie Claude Lisée, François Baillargeon et Pierre Duhamel ont été d'un grand secours, pour me rassurer ici, m'inquiéter là. Merci à Andrée d'avoir veillé sur moi pendant le premier sprint d'écriture. Ma tendre et compétente conjointe, Sandrine Perrot, a relu ce nouveau manuscrit avec l'œil neuf que seule une spécialiste des conflits africains pouvait jeter sur l'originalité de nos conflits locaux. Merci pour toutes les corrections, précisions et câlins qu'elle a apportés à cet ouvrage et à son auteur reconnaissant.

Marquis imprimeur inc.

Québec, Canada

2012

 L'impression de cet ouvrage sur papier recyclé a permis de sauvegarder l'équivalent de 31 arbres de 15 à 20 cm de diamètre et de 12 m de hauteur.